北方工业大学特殊引进人才科研基金项目
山东省高等学校教学改革研究项目（项目批准号2009214）

▶ 21SHIJI GAOXIAO SIXIANG ZHENGZHI LILUN KE JIAOXUE GAIGE YANJIU

21世纪
高校思想政治理论课
教学改革研究

林建华 / 著

知识产权出版社
全国百佳图书出版单位

图书在版编目（CIP）数据

21世纪高校思想政治理论课教学改革研究／林建华著. —北京：知识产权出版社，2014.6

ISBN 978-7-5130-2784-7

Ⅰ.①2… Ⅱ.①林… Ⅲ.①高等学校-思想政治教育-教学改革-研究-中国 Ⅳ.①G641

中国版本图书馆CIP数据核字（2014）第127273号

责任编辑：李学军　　**责任校对**：董志英

封面设计：张　冀　　**责任出版**：刘译文

21世纪高校思想政治理论课教学改革研究

林建华　著

出版发行：知识产权出版社有限责任公司　　**网　　址**：http：//www.ipph.cn

社　　址：北京市海淀区马甸南村1号　　**邮　　编**：100088

责编电话：15611868862　　**责编邮箱**：752606025@qq.com

发行电话：010-82000860转8101/8102　　**发行传真**：010-82000893/82005070/82000270

印　　刷：保定市中画美凯印刷有限公司　　**经　　销**：各大网上书店、新华书店及相关专业书店

开　　本：787mm×1092mm　1/16　　**印　　张**：15.25

版　　次：2014年6月第一版　　**印　　次**：2014年6月第一次印刷

字　　数：242千字　　**定　　价**：48.00元

ISBN 978-7-5130-2784-7

目　录

绪　论

高校思想政治理论课承担着对大学生进行系统的马克思主义理论教育的任务，是对大学生进行思想政治教育的主渠道，是高校党建和思想政治工作的重要组成部分。自1949年中华人民共和国成立以来，高校思想政治理论课教育教学的深刻性、广泛性、不间断性和有效性，事关培养社会主义事业建设者和接班人的根本问题，是社会主义大学与资本主义大学的本质区别。改革开放以来，特别是进入21世纪以来，高校思想政治理论课教育教学在既一脉相承又与时俱进中肩负着传播先进理论、启迪思想觉悟、明确理想目标、引领价值取向、提升人生境界的重要使命，面临着与以往不同的机遇和挑战，并因而在我国高等教育中有着特殊的地位和作用。在总结经验教训的基础上，理性分析影响推进高校思想政治理论课教学改革的问题及成因，着力探求增强高校思想政治理论课教学的针对性、实效性、长效性与亲和力、感染力、凝聚力的对策及路径，保持高校思想政治理论课永续的魅力和生命力，具有极其重要的时代价值和现实意义。

一、问题的提出

高校思想政治理论课教学改革是一个复杂的系统工程，涉及诸多领域、诸多环节，既有异常丰富的形式和内容，也有自身独特的逻辑和规律。本书的研究对象和研究范围主要是21世纪初我国全日制普通高等学校为本科生开设的思想政治理论课教学改革的若干重要问题。问题的提出，源于当代高等学校的职能，对当代大学生成长、成才与高校思想政治理论课之间关系的思考，以及我在思想政治理论课教学实践和教学管理中的体会。

在当代世界和当代中国，人才培养、科学研究、服务社会、引领未来作为大学的功能，日益成为人们的共识。“大学在创造、保存、传播和应用知识方面扮演着重要的角色。”❶“我们已经进入了一个对高等教育和学习机会的需要和要求急速增长的时代。”❷ 而大学之所以不同于其他社会部门，就在于它首先承担着“培养什么样的人”、“怎样培养这样的人”这两大根本性的任务。

21世纪是铸就中国梦想、实现中华民族伟大复兴的世纪。而21世纪的头20年，则是我国全面建成小康社会、加快推进社会主义现代化的关键时期。世界多极化、经济全球化深入发展，文化多样化、社会信息化持续推进，科技革命孕育新突破，人才竞争日趋激烈。我国经济建设、政治建设、文化建设、社会建设以及生态文明建设全面推进，工业化、信息化、城镇化、市场化、国际化深入发展，人口、资源、环境压力日益加大，调整经济结构、转变发展方式的要求更加迫切。这就进一步凸显了提高国民素质、培养创新人才的重要性和紧迫性，而高校则承担着特殊的责任和使命。《国家中长期教育改革与发展规划纲要（2010～2020年）》明确提出，要“牢固确立人才培养在高校工作中的中心地位，着力培养信念执著、品德优良、知识丰富、本领过硬的高素质专门人才和拔尖创新人才”，并进而提出要“创新人才培养模式。遵循教育规律和人才成长规律，深化教育教学改革，创新教育教学方法，探索多种培养方式，形成各类人才辈出、拔尖创新人才不断涌现的局面”。这就构成了包括思想政治理论课教育教学在内的高校一切工作的出发点和落脚点。

教育包括两层含义，一是“教”，一是“育”。东汉许慎在《说文解字》中说：“教，上所施、下所效也”；“育，养子使作善也”。教是知识、技能的传授，重点在成才；育是品格、人格的教化，重点在成人。因此，在教育的范畴里，“育”是核心，重点在于提高人才培养质量。“教育是一项充满期望的活动，教育是一项理想的事业。任何民族、任何文化的上一代人向下一代人传授知识、技能、思想、观念、信念，都是上一代人认为值得和应该传递给下一代的，都是确信对下一代人是好的、有用的。并且

---

❶ ［美］詹姆斯·杜德斯达：《21世纪的大学》，刘彤、屈书杰、刘向荣译，北京大学出版社2005年版，第260页。

❷ ［美］詹姆斯·杜德斯达：《21世纪的大学》，刘彤、屈书杰、刘向荣译，北京大学出版社2005年版，第246页。

或多或少包含着他们对世界发展的理解和预测，也就是说，认为对下一代人不仅当下是有用的，而且对他们将来也是有用的。”[1] 高等教育的职能和作用也是如此。大学既是学习专业知识、提高专业能力的场所，也是陶冶理想、精神生成的场所。大学生作为当代中国社会的重要群体，其政治态度、政治选择在一定程度上是社会政治价值判断的风向标和晴雨表，关乎中国特色社会主义事业以及中华民族的前途和命运。而在塑造当代中国大学生政治品格、推进当代中国大学生全面发展的过程中，高校思想政治理论课教育教学和教学改革既与其他课程形成共同的作用机制，又具有其他任何课程所无法比拟和取代的特殊重要的地位与作用，它的始终在“场”是一种必然要求。

由中国共产党中央委员会政治局讨论、决定高校思想政治理论课课程设置，这在高校课程建设中是独有的，充分表明了党和国家的高度重视。近年来，党和国家有关部门先后印发了一系列文件，着力推进高校思想政治理论课教学改革。2005 年，先后印发了《中共中央宣传部、教育部关于进一步加强和改进高等学校思想政治理论课的意见》、《〈中共中央宣传部、教育部关于进一步加强和改进高等学校思想政治理论课的意见〉实施方案》、《国务院学位委员会和教育部关于调整增设马克思主义理论一级学科及所属二级学科的通知》等文件。2006 年，先后印发了《中共中央宣传部、教育部、新闻出版总署关于加强高校思想政治理论课教材出版管理的通知》、《教育部办公厅关于进一步加强高等学校思想政治理论课教材编写管理、规范教材使用的通知》等文件。2008 年，印发了《中共中央宣传部、教育部关于进一步加强高等学校思想政治理论课教师队伍建设的意见》。2011 年，印发了《教育部高等学校思想政治理论课建设标准（暂行）》。

高校思想政治理论课的特殊重要地位，源于它的特殊属性和特殊功能。

高校思想政治理论课的课程属性可以从多维度进行分析，诸如从课程的本质属性来看，它具有思想性、政治性、理论性、教育性、践履性；从功能属性来看，它具有主导性、整合性、人文性；从学科属性来看，它具有整体性、综合性、基础性；从课程类型来看，它是一系列学科课程、隐

---

[1] 袁振国：《教育原理》，华东师范大学出版社 2001 年版，第 1 页。

性课程、国家课程、必修课程、公共课程；从教学目标属性来看，它是一系列现实性、针对性、增益性较强的课程。高校思想政治理论课程的必修课有以上这些共同属性，但具体到每门课又有其个性，如“马克思主义基本原理”课主要有方法性、基础性的属性，“毛泽东思想和中国特色社会主义理论体系概论”课主要有政策性、现实性、发展性的属性，“中国近现代史纲要”课主要有对比性、实证性的属性，“思想道德修养与法律基础”课主要有修养性、规范性的属性。[1] 概而言之，高校思想政治理论课具有双重属性，即思想性、意识形态性的属性与科学性、理论性的属性。思想性、意识形态性是高校思想政治理论课的本质和方向，而科学性、理论性则是高校思想政治理论课的基础和支撑。方向性和基础性是构成高校思想政治理论课的不可或缺的两个方面，它们彼此相互依存，不能相互替代。高校思想政治理论课旨在使大学生全面、深刻地领会、掌握高校思想政治理论课教学内容，以及这些教学内容所体现出来的对社会现象客观、准确的认识和概括，并使他们所获得的思想性、意识形态性教育建立在科学性、理论性的理性思维基础之上。因此，高校思想政治理论课具有两项特殊功能：知识教育功能和思想教育功能。

从教育教学的发生学意义上来说，知识教育是高校思想政治理论课的原生形态。[2] 高校思想政治理论课是实现对大学生的思想武装、提高其思想认识态度和觉悟并统一于社会主导价值取向的教育实践活动，这一过程的完成是以大学生的知识视野与知识底蕴为基础和平台的。因此，高校思想政治理论课不能以抽象的形式单独存在和展开，而应寓于知识形态的教育活动之中。否则，高校思想政治理论课就成为无源之水、无本之木，更不可能有活力和生命力。但是，高校思想政治理论课不仅仅是一般的知识教育，而是一种思想政治素养教育。思想政治理论课首先是在知识教育中完成对象主体对思想政治素养的吸纳，使他们获得这一理解和认知的平台，进而合理构建当代大学生的社会政治理想信念。这就是说，高校思想政治理论课教育教学既是知识教育，更是思想教育或意识形态教育，即信仰教

---

[1] 尹艺琳：“高校思想政治理论课程属性探论”，河南师范大学2011年硕士学位论文。

[2] 胡沫、彭智勇：“大学生思想政治教育的逻辑进路——政治素养教育”，载《河南广播电视大学学报》2006年第2期。

育。在高校设置的所有课程中，高校思想政治理论课坚持“教书育人、育人为本，德智体美、德育为先”，这是最能直接体现大学教育的理念和“培养什么样的人”的价值取向的。社会主义大学的教育，一方面要培养大学生掌握自然科学知识和社会科学知识、提高认识世界和改造世界的能力，另一方面又要引导大学生形成符合辩证唯物主义和历史唯物主义的世界观、人生观、价值观，树立科学的社会主义、共产主义理想信念。否则，社会主义大学的教育就是不成功的，至少是充满危机和风险的。[1] 2004 年颁布的《中共中央、国务院关于进一步加强和改进大学生思想政治教育的意见》明确指出：“哲学社会科学中的绝大部分学科都具有鲜明的意识形态属性，对于帮助大学生坚定正确的政治方向，正确认识和分析复杂的社会现象，提高思想道德修养和精神境界具有十分重要的作用。要坚持和巩固马克思主义在意识形态领域的指导地位，在哲学社会科学教学中充分体现马克思主义中国化的最新理论成果，用科学理论武装大学生，用优秀文化培育大学生。”[2] 而经由知识教育上升到思想教育、意识形态教育，使“知识在脑中”上升到“信仰在心中”，这也正是高校思想政治理论课的作用生发机制。

相应地，高校思想政治理论课主要有两大目标指向：其一，大学生的目标。引导大学生树立科学的世界观、人生观、价值观，为大学生的成长、成才提供思维的启迪和方向的指引，并促进大学生身心和谐、全面发展。这一目标侧重于为大学生服务。其二，国家和社会的目标。引导大学生树立正确的道德观和法律观，使其成为国家的合格公民和社会的所需之才，并最终通过大学生的持续发展和成长使思想政治理论课的知识转化为一种

---

[1] 150 多年前，英国红衣主教纽曼在《大学的理念》一书中认为，大学是一切知识和科学、事实和原理、探索和发现、实验和思索的高级保护力量，它描绘出理想的疆域，并表明力量在哪里对任何一边既不侵犯也不屈从。纽曼认为，人认识宇宙、认识自己，需要两部分知识，即“造物的知识”和“造物主的知识”。前一部分是知识教育，是教育的世俗目的；后一部分是信仰上帝与价值观教育，是教育的永恒目的。纽曼从大学追求科学知识的垄断地位中，揭示了知识教育的危机和风险，强调信仰教育（也是另一种知识教育）对培养健全人格的重要性，并将信仰教育这另一种知识教育作为自然科学知识教育的前提条件，如果不坚持这一点，就会培养出有知识、有能力但缺失道德良知与社会责任感的人，大学教育就出现了危机。今天来看，去除其中的宗教色彩，纽曼的观点对大学教育特别是思想政治理论课教育教学还是具有启迪意义的。

[2] 《中共中央、国务院关于进一步加强和改进大学生思想政治教育的意见（2004 年 8 月 26 日）》，中国人民大学出版社 2008 年版，第 202 ~ 203 页。

强大的精神力量来调控社会秩序，进而推动社会的繁荣与和谐。这一目标侧重于为国家和社会服务。从理想状态来看，这两个目标具有一致性，彼此之间具有正相关作用，旨在避免使当代大学生成为内心没有声音、前行没有方向的“空心”之人，同时为国家和民族的未来揽储人才、培养中坚力量。

1981年9月至1985年7月，我就读于聊城师范学院政治系思想政治教育专业，并留校任教。2000年12月至2004年1月，任聊城师范学院（2002年2月更名为聊城大学）经法学院副院长，分管教学、科研工作。2004年1月至2005年1月，任聊城大学政法学院院长。2005年1月至2011年9月，任聊城大学教务处处长，其间，2006年至2008年兼任聊城大学高等教育研究所所长，2010年1月起任校长助理兼教务处处长，并具体负责聊城大学思想政治理论课教学改革政策的制定，组织实施了聊城大学马克思主义理论学科的整合。[1] 2011年9月，我调到北方工业大学思想政治理论教研部任教，从教学管理岗位直接回到教学第一线。这种特殊的经历，使我对高校思想政治理论课多了一份感知和感情，更多了一份思考和责任。因此，如何遵循高校思想政治理论课教学改革的规律性，切实提高高校思想政治理论课的实效性，充分实现高校思想政治理论课的知识教育功能和思想教育功能以及二者的有机统一，是我在教学实践和教学管理实践中经常思考的现实问题。诸如，高校思想政治理论课的学科建设问题，高校思想政治理论课在人才培养和全校教学安排中的地位问题，高校思想政治理论课诸课程与思想政治教育专业诸课程的关系问题，高校思想政治理论课教材建设和教材使用问题，高校思想政治理论课教学内容安排的科学性和合理性问题，高校思想政治理论课面向不同专业、不同年级学生开设的针对性问题，高校思想政治理论课的教学方法、方式问题，对高校思想政治理论课教师的道德修养、职业操守和教学水平的要求较之于其他专

[1] 2007年10月，作为教务处处长和高等教育研究所所长，我曾参加聊城大学调研组赴南京师范大学、杭州师范大学、河南师范大学、郑州大学、吉首大学、湖南师范大学等高校了解马克思主义理论学科整合和思想政治理论课教学改革的做法和经验，并撰写了调研报告。在充分论证的基础上，聊城大学对思想政治理论课教学管理体制、运行机制进行了调整：2008年1月，思想政治理论课教学部从管理学院中划拨出来，与政法学院合并，成立思政与马克思主义学院。2012年4月，聊城大学马克思主义学院成立，具体负责思想政治理论课教学以及马克思主义理论学科硕士点建设。

业课教师更高、更严格的问题，高校思想政治理论课教学中学生的主体性、自主性问题，高校思想政治理论课中实践教学的特殊重要性问题，高校思想政治理论课的考核与评价问题，高校思想政治理论课教学资源建设和配置问题，高校思想政治理论课的体制机制建设与经费保障问题，高校思想政治理论课的实效性、长效性问题等。

在21世纪初的语境中，虽然高校思想政治理论课教学改革取得了重大成绩，积累了丰富经验，但在体制机制建设、课堂环境建设、教材建设、师资队伍建设、学科建设、课程标准建设等领域和环节也存在着一些问题，并聚焦于高校思想政治理论课的实效性和教学质量问题，也就是如何使高校思想政治理论教学状况有新的明显改善的问题。鉴往知来。高校思想政治理论课的重要性，持续推进高校思想政治理论课教学改革的必要性，21世纪初高校思想政治理论课教学改革的复杂性，使得如何进一步加强和深化高校思想政治理论课教学改革研究成为经常萦绕于我脑海的重大课题。

我主持申报的“21世纪初我国高校思想政治理论课建设与教育教学改革和创新——以聊城大学为例”获批2009年度山东省高等学校教学改革立项项目（项目批准号2009214）[1]，并于2012年9月通过结项鉴定，鉴定专家组鉴定意见认为：“项目总体水平达到国内领先水平。”[2] 2012年5月，我主持申报的“21世纪初高校思想政治理论课教学改革研究”获批北方工业大学特殊引进人才科研基金项目，并获得经费资助。我参加了马克思主义理论研究和建设工程重点教材《国际共产主义运动史》一书绪论、第一章初稿的撰写以及全书的修改和统稿，该书于2012年由人民出版社出版。此外，我还参加了多项相关课题的研究工作，发表了《高校思想政治理论课教学改革的理论诉求和实践诉求及其对策》、《论1917年俄国十月社会主义革命的历史进程特质》、《中国特色社会主义：三重矛盾的突围与突破》、《论中国特色社会主义的人民特色》、《马克思主义的时代化、本土化与中国化》、《科学发展观的形成与发展》、《构建社会主义和谐社会是中国

---

[1] 《关于公布2009年度山东省高等学校教学改革研究项目的通知》（鲁教高字〔2010〕13号）。

[2] 2011年9月，我调到北方工业大学思想政治理论教研部任教。该项目主持人变更为聊城大学马克思主义学院党总支书记魏宪朝教授，我以北方工业大学思想政治理论教研部教授的身份位列除主持人魏宪朝教授之外的项目组成员第一位。

社会建设的底色和基调》等多篇相关论文。目前，我主持2011年度国家社会科学基金项目“马克思主义中国化、时代化、大众化的历史进程、基本态势及未来走势”（项目批准号11BKS018）；作为主要研究人员，我参与承担了华中师范大学聂运麟教授主持的教育部哲学社会科学研究重大课题攻关项目“世界社会主义主要流派的历史演进研究”（项目批准号13JZD002）。所有这些研究，为本书的写作和修改提供了有利的基础条件。

高校思想政治理论课教学是对大学生进行思想政治教育的主渠道、主课堂、主阵地，是推进马克思主义中国化、时代化、大众化的重要路径，是“培养什么样的人”、“怎样培养这样的人”的重要方式，也是推动当代大学生全面发展、培养创新型人才的根本保证。不断推进高校思想政治理论课教学改革，增强高校思想政治理论课教学的针对性、实效性和长效性，提高高校思想政治理论课教学质量，同样成为党和国家、高校、教师、学生以及全社会共同关注的重要课题。基于这种认识和判断，正是在我的老师别敦荣教授的悉心指导下，在主持、承担上述教学改革项目、科研项目和前期研究的基础上，为了进一步拓展、深化这一领域的研究，我最终选定“21世纪高校思想政治理论课教学改革”作为研究对象。本书就是这一研究的阶段性成果，并被知识产权出版社列入重点出版计划。

二、研究的意义

多年来，特别是21世纪初的10余年来，高校思想政治理论课教学改革持续推进，成效显著，积累了丰富的经验，但是也存在一些不容忽视的问题，需要在深化改革中加以解决。因此，全面总结、跟踪研究高校思想政治理论课教学改革，探寻新的思路和对策，具有重要的理论意义和实践意义。

第一，本项研究有助于进一步强化对高校思想政治理论课地位和作用的认识。

高校思想政治理论课教学改革是一个不断推进的动态过程。但是，高校思想政治理论课的根本宗旨始终未曾改变，即帮助大学生确立马克思主义的世界观、人生观、价值观和道德观、法律观，促使大学生养成良好的政治品质和思想道德品质，成为中国特色社会主义事业的合格建设者和可靠接班人。高校思想政治理论课的内在逻辑始终未曾改变，即以学生成长、成才所需要接受的思想政治教育为主体，以理想信念教育为核心，以爱国主义教育为重点，以基本道德规范为基础。高校思想政治理论课地位和作用始终未曾改变，即对大学生进行马克思主义理论教育和思想政治教育的主渠道、主课堂、主阵地。但是，高校在育人中面临的形势和面对的对象的特征不断发生着变化，相应地，高校思想政治理论课在教学改革中实施了不同的方案，诸如“85方案”、“98方案”、“05方案”等，逐步形成了结构合理、功能互补、相对稳定的课程体系。通过研究，我们认识到，改革的目的不是削弱而是强化高校思想政治理论课的地位和作用。

马克思主义理论教育、思想政治教育并举，一方面体现了高校思想政治理论课特有的地位和作用，另一方面也体现了社会主义高等教育的本质特征。事实上，长期以来，高校思想政治理论课一直是作为公共必修课纳入高校各专业的课程体系之中的，甚至被认为是“国课”并处于“显学”地位。[1] 在中国高等教育史上，在高校各类学科中，没有任何一门课程被提到这样的高度。但是，高校思想政治理论课这种应然性制度安排，并不意味着一定取得实然性结果。在学校、社会和家庭中，对高校思想政治理论课也一直存在着认识上的偏见和差异。在教学管理、教师教学和学生学习中，也一直存在着重视专业课而忽视思想政治理论课的现象。这是不和谐的音符。巩固和强化高校思想政治理论课的定位，明确高校思想政治理论课到底是什么教育的问题，这是解决高校思想政治理论课建设和教学改革所有问题的基础和前提。

第二，本项研究有助于进一步加深对高校思想政治理论课建设和教学改革规律的认识。

高校思想政治理论课教学改革是一个复杂的系统工程。高校的根本任务是人才培养，即“培养什么样的人”、“怎样培养这样的人”。从教学管理的角度来说，这就需要科学设计人才培养的课程体系，并通过课程体系的有效实施来完成人才培养的任务。

课程是大学教学的最基本单元。课程教学是决定大学人才培养质量的最基本要素之一，也是提高大学办学效益和效率的基本要素之一。任何一

---

[1] 张玉莹、钟凯、熊玉文：“新形势下高校思想政治理论课教师的困境与危机分析”，载《南京邮电大学学报》（社会科学版）2010年第3期。

门课程，都涉及多种要素，诸如课程的目的、课程的理念、课程的知识体系、课程的教学模式、课程的教学资源、教师等。任何一门课程，都有自己建设的规律。要了解一门课程的建设规律，必须厘清课程的构成要素、课程建设的本质和内在要求。课程建设，实质上就是教师与教学管理人员及其他保障人员不断提升课程诸要素的内在素质和外在水平，并使诸要素相互融入、相互渗透、相互依赖、相互制约或相互促进，从而建立起诸要素的合理联系。具体来说，一是要适时调整课程诸要素的具体内涵，使其既符合人才培养的内在规律，又符合经济社会发展对人才培养的客观要求；二是要按照人才培养的内在要求，使课程诸要素形成一个协调、有效的整体；三是要把课程诸要素特别是教学内容的取舍、教学方法的选择与教学对象有机联系起来，服务于大学生的学习活动和成长过程。

作为高校课程体系的有机组成部分，思想政治理论课不是一门课程，而是由若干门课程组成的系列课程，具有学科性质；不是纯知识性课程，而是具有鲜明的思想性的课程。高校思想政治理论课的宗旨和使命，就是从时代思维的视角，立足于培育大学生的理想信念，通过系统的马克思主义理论教育和思想政治教育，培养具有改革创新精神、社会责任感和历史使命感的，既有知识和能力又有理想和信念的社会主义建设者和接班人。因此，高校思想政治理论课教学不能运用信仰教育统一于知识教育的逻辑说理方法，仅仅停留在知识教育层面，以概念分析、概念演变、体系结构作为思想政治理论课的核心内容，强调知识的逻辑关联，用知识取代信仰，认为信仰是逻辑推导出来的；而应运用知识教育统一于信仰教育的体验理解方法，从知识教育层面推进到信仰教育层面，将时代和社会发展的基本问题作为思想政治理论课的核心内容，强调这些基本问题在不同的时代、不同的社会发展条件下，都有其特殊的表现和表达方式，即相应的思考范畴体系和方法，更加注重知识教育背后的历史动态考察，主张核心问题的历史对话和平等沟通。但是，这并不是说知识教育需要灌输，信仰教育不需要灌输。列宁曾指出：“我们说，工人本来也不可能有社会民主主义（即科学社会主义——引者注）的意识。这种意识只能从外面灌输进去”，“而社会主义学说则是从有产阶级的有教养的人即知识分子创造出来的哲学理论、历史理论和经济理论中发展起来的。现代科学社会主义的创始人马克思和恩格斯本人，按他们的社会地位来说，也是资产阶级知识分子”。❶马克思和恩格斯是在完成了阶级立场由资产阶级知识分子到无产阶级知识分子的转变、哲学观点由唯心主义者到唯物主义者的转变、政治观点由民主主义者到共产主义者的转变之后，才创立了新的科学世界观和科学共产主义理论，指明了只有实现共产主义才能取得无产阶级和全人类的解放，达到每个人的自由解放和全面发展。❷但是，列宁所说的“灌输”并不是生硬的强制性灌输，而是在特定的历史体验和事实中受到教育和熏陶而理解与体悟出来的。也就是说，信仰是历史灌输出来的，而不是通过知识传递演绎出来的。

就此而论，高校思想政治理论课同样有着自己特殊的规律，即马克思主义理论体系转化为高校思想政治理论课课程体系，课程体系转化为教学体系，教学体系转化为大学生思想政治素质及综合素质体系，进而转化为大学生信仰体系和行动体系的规律，并具体表现为：以知识教育为依托实现科学价值观教育；以能力培养促进科学价值观的形成和巩固；教书育人过程中教育教学主客体交替与互动；坚持主导价值观教育与鼓励学生个性发展相结合；课内和课外“两个课堂”与专职和兼职“两支队伍”相结合的教育教学；教育教学各环节相互配合、补充和促进的系统运作，等等。基于此，高校思想政治理论课建设和教学改革须着重关注一些重要的基本问题，诸如目的的明确性、目标的具体性、体系的合理性、理念的先进性、进程的循序性等内在要求，建立一系列清晰、合理、系统、协调的课程建设制度和规范，有序地进行课程的设计、筛选、资助、认证等工作。不断拓展高校思想政治理论课教学改革研究的广度和深度，其目的正是在于进一步加深对高校思想政治理论课建设和教学改革规律的认识。

第三，本项研究有助于为进一步提高高校思想政治理论课教学质量、教学水平提供学理支撑。

高校思想政治理论课教学改革是一个不断深化的认识过程。进入21世纪，党中央的一系列重大部署对高校思想政治理论课的体制机制建设、课

---

❶ 《列宁选集》（第1卷），人民出版社1995年版，第317～318页。

❷ 高放：“马克思主义人的解放科学第一次应运诞生”，载《中国延安干部学院学报》2013年第5期。

程体系、教材建设、师资队伍建设、学科建设、教学方法和教学手段、课程标准等都提出了新思路、新举措，各有关部门、各高校及思想政治理论课教师进行了教学改革的探索，取得了诸多富有价值的理论成果和实践成果，且直接指向教育教学的向度、思想政治理论教育的向度、学生成长成才的向度。但是，高校思想政治理论课教学改革也面临着一些问题和困境。诸如：(1) 宏观环境问题。除学校、课堂教学外，大学生的成长、成才还要受到国际、国内以及社会、家庭等课堂之外的宏观环境的影响。有些大学生甚至思想政治理论课教师看不到国际形势的复杂性、我国改革开放的艰巨性和中国特色社会主义建设的长期性，认识问题、思考问题难免具有多样化甚至片面性和极端化的倾向，并由此导致了高校思想政治理论课一元的主流思想与一些学生、教师多元的思想诉求之间的现实矛盾和冲突。(2) 师资队伍问题。思想政治理论课教师是高校教师队伍的一支重要力量，是党的理论、路线、方针、政策的宣讲者，是大学生健康成长的指导者和引路人。进一步加强思想政治理论课教师建设，提高教学水平，用中国特色社会主义理论体系武装大学生，用马克思主义意识形态、社会主义核心价值体系、社会主义核心价值观剖析并引领各种社会思潮、凝聚社会共识，把他们培养成德、智、体、美全面发展的中国特色社会主义事业的建设者和接班人，对于实施科教兴国战略和人才强国战略、创新驱动战略，确保全面建成小康社会、实现社会主义现代化的宏伟目标，确保中国特色社会主义事业兴旺发达、后继有人，具有十分重大而深远的意义。因此，教师是高校思想政治理论课教学改革的关键。但是，在一些高校中，在一定程度上还存在着思想政治理论课教师教学缺乏当代视野、世界视野和比较视野，信息更新不及时，科学研究相对薄弱，教学缺乏针对性、整体性等问题。同时，高校思想政治理论课教师整体数量相对不足、进修提高困难、待遇条件偏低、职称晋升缓慢等因素的存在，也导致师资队伍建设相对滞后，师资队伍相对不稳定。(3) 教学模式问题。教育教学的理想追求是因材施教。高校思想政治理论课具有特殊性，它重传道，重授业，更重解惑，它要解决大学生的思想实际问题，而目前高校思想政治理论课教师采用统一的、相对单一的教学模式与授课方式，再加上学生数量偏多、课堂规模偏大，实际上就内蕴着面向大学生整体的一致性与面向大学生个体的因材施教相冲突的因子，预期的教学效果就会被打折扣，等等。所有这些问题，要求不断深化高校思想政治课教学改革研究并提出可操作性对策，从而为进一步提高高校思想政治理论课教学质量、教学水平提供学理支撑。

总之，时代发展的新特征、思想政治教育发展的新形势和高校思想政治理论课教学改革的新要求，需要我们对高校思想政治理论课教学改革作出全方位的回应和进一步的思考，增强高校思想政治理论课教学改革的科学性、针对性、实效性和吸引力、感染力、影响力，切实把高校思想政治理论课建设成为大学生真心喜爱、终生受益的优秀课程。

三、文献综述

一般而言，教育科学研究包括三大领域，即教育基础理论研究、教育改革发展研究和教育评价研究。高校思想政治理论课教学改革研究则属于综合性研究，它涉及教育科学研究诸领域。所谓文献综述，就是在对文献进行阅读、选择、比较、分类、分析和综合的基础上，研究者用自己的语言对某一问题的研究状况进行综合叙述的研究成果。高校思想政治理论课教学改革研究，同样要在对既有的主要相关研究成果和观点进行综合叙述和分析评价的基础上进行。

新中国成立以来，特别是改革开放以来，高校思想政治理论课教学改革研究与高校思想政治理论课教学改革实践一样，虽因时因地而异，但经久不衰。通过网上对国家社会科学基金项目、教育部全国教育科学规划基金项目、教育部人文社会科学研究项目、教育部人文社会科学研究专项任务项目（高校思想政治理论课）、马克思主义理论研究和建设工程项目等科研项目立项的查询，对中国优秀博/硕士论文全文数据库、Proquest 博士论文全文数据库、中国人民大学复印报刊资料全文数据库、中国重要报纸全文数据库、中国知识资源总库、读秀知识库、北京大学天网搜索、百度搜索、谷歌搜索等的专业查新，可以发现，高校思想政治理论课教学改革的相关研究领域非常广泛且著述丰硕。

高校思想政治理论课教学改革研究与高校思想政治理论课教学改革实践一样，也有自己的领域和重点、突破和创新。本书着重从高校思想政治理论课课程体系的演化及其基本特点的研究、高校思想政治理论课建设规律的研究、高校思想政治理论课教材建设的研究、高校思想政治理论课教学模式的研究、高校思想政治理论课考核的研究、高校思想政治理论课师资队伍建设的研究、高校思想政治理论课课程评价的研究、高校思想政治理论课建设成绩与经验以及问题与对策的研究到借鉴国外高校思想政治理论课建设经验的研究这样一个逻辑思路，梳理并叙述本领域研究的现状，进而探求进一步加强本领域研究的努力方向。

（一）关于高校思想政治理论课建设规律的研究

高校思想政治理论课建设和教学改革，内容极其丰富，且有自己内在的逻辑和规律。有的学者认为，高校思想政治理论课教学改革研究的根本任务和基本方向，就是要深入探索和揭示高校思想政治理论课建设和发展的规律。高校思想政治理论课建设的规律，主要体现为马克思主义理论体系转化为高校思想政治理论课课程体系的规律、高校思想政治理论课课程体系转化为高校思想政治理论课教学体系的规律、高校思想政治理论课教学体系转化为大学生思想道德素质和综合素质体系的规律。深入探索和把握高校思想政治理论课建设的规律，是进一步加强和推进高校思想政治理论课建设和教学改革，提高高校思想政治理论课教学的实效性，充分发挥大学生思想政治教育主渠道作用的迫切需要。❶

（二）关于高校思想政治理论课课程体系的演化及其基本特点的研究

相关研究成果较为系统地阐述了自新中国成立以来，特别是党的十一届三中全会以来高校思想政治理论课的演化，并重点分析了“98 方案”与“05 方案”各自实施的背景、特点以及二者的衔接问题。这既有助于推进“05 方案”的实施，也有助于推进高校思想政治理论课教学改革研究。其中，顾海良撰写的《高校思想政治理论课程体系的演化及其基本特点》提出：“‘05 方案’既继承了之前思想政治理论课程体系的长处，同时也面对当今世界和当代中国发展变化的实际，面对当代大学生成长成才的实际，做出了多方面的创新。”因此，“必须高度关注和充分理解‘05 方案’与‘85 方案’、‘98 方案’之间继承性与创新相统一的辩证关系”，并用下图

---

❶ 骆郁廷：“高校思想政治理论课建设的规律性初探”，载《思想理论教育导刊》2007 年第 3 期。

清晰地勾勒出改革开放以来高校思想政治理论课诸方案和课程体系的关系状态❶。

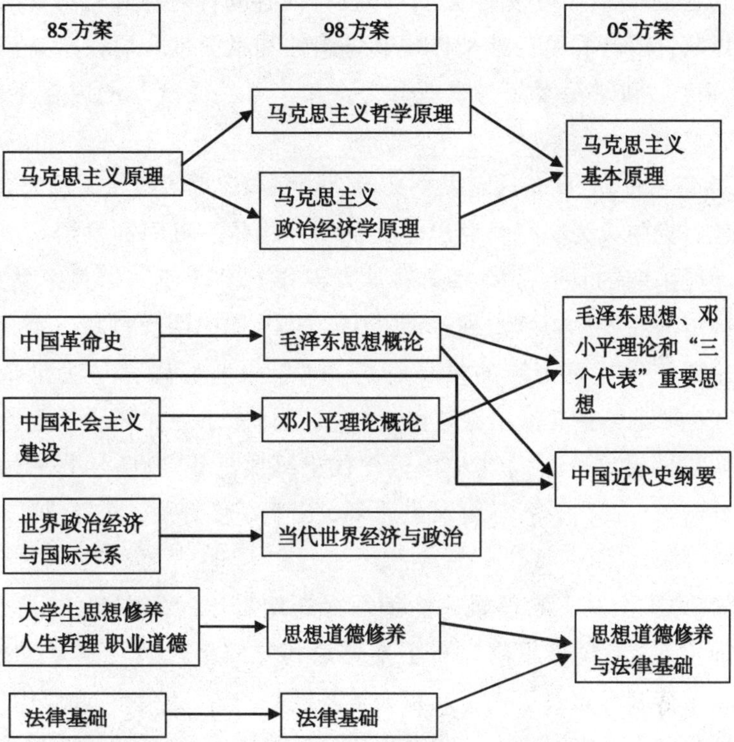

高校思想政治理论课“85方案”、“98方案”、“05方案”的课程体系

（三）关于高校思想政治理论课教材建设的研究

教材是课程教学之本，是教学思想、培养目标、教学内容和课程体系的载体，是教师“教”与学生“学”的依据。高校思想政治理论课教材内容具有系统性、完整性、规范性和理论性的特点。因此，教材编写过程实际上也是对教材建设进行研究的过程。

有的学者认为，高校思想政治理论课教材应反映教育教学规律和大学

❶ 顾海良：“高校思想政治理论课程体系的演化及其基本特点”，载《教学与研究》2007年第2期。

生思想健康成长的规律和轨迹，因此，其教材不应是某一学科的学术专著。评判教材水平不应仅仅以学术水平的“高度”和“深度”为主要标准，而应以“适合度”和“可接受度”，即教材内容的针对性和可行性为主要标准，并以其针对性和可行性来体现其思想性和科学性。要正确认识和处理教材“高度”和“深度”与“适合度”和“可接受度”的内在逻辑关系，并使之有机地统一起来。[1]

2004年4月27日，马克思主义理论研究和建设工程在人民大会堂正式启动。这是党中央为坚持马克思主义的指导地位、巩固和发展马克思主义理论阵地所采取的具有战略意义的重大步骤。2005年，中共中央宣传部、教育部确定的高校思想政治理论课“05方案”4门课程教材，则是马克思主义理论研究和建设工程的重要成果。《思想道德修养与法律基础》于2006年，《马克思主义基本原理概论》、《毛泽东思想、邓小平理论和“三个代表”重要思想概论》、《中国近现代史纲要》于2007年先后由高等教育出版社出版。此后，各教材又先后多次出版了修订版，并于2013年出版了最新修订版。

《马克思主义基本原理概论》编写课题组首席专家召集人、南开大学教授逄锦聚，《毛泽东思想、邓小平理论和“三个代表”重要思想概论》编写课题组首席专家召集人、北京大学教授吴树青，《中国近现代史纲要》编写课题组首席专家召集人、北京大学教授沙健孙，《思想道德修养与法律基础》编写课题组首席专家召集人、中国人民大学教授罗国杰等人对教材和教材建设的认知和观点具有一定的代表性。[2]

逄锦聚指出：（1）要从中国特色社会主义事业发展全局的高度，深刻

---

[1] 王秀阁、杨仁忠主编：《马克思主义理论学科前沿问题研究》，人民出版社2010年版，第491～493页。

[2] 逄锦聚：“《马克思主义基本原理概论》编写体会和讲授建议”，载《思想理论教育导刊》2007年第5期；周溯源：“正确地了解过去、认识现在、把握未来——就《中国近现代史纲要》出版访沙健孙、李文海、程中原、田居俭”，载《求是》2007年第10期；李文阁：“用马克思主义中国化的理论成果武装青年——访《毛泽东思想、邓小平理论和“三个代表”重要思想概论》首席专家吴树青”，载《求是》2007年第9期；本刊记者：“《思想道德修养与法律基础》教材编写的有关问题——访教材编写组首席专家（召集人）罗国杰教授”，载《思想理论教育导刊》2006年第6期；逄锦聚等：“‘马克思主义理论研究和建设工程’重点教材建设工作启动三周年笔谈”，载《思想理论教育导刊》2007年第5期。

认识加强马克思主义基本原理研究和教材编写的重要意义，增强编写教材的责任感，把教材编写过程作为接受马克思主义再教育的过程；（2）结合时代和实践的发展深入研究马克思主义基本原理，努力对马克思主义作出既准确又符合时代要求的阐述，把教材编写过程作为对马克思主义再学习的过程；（3）在教材编写过程中，努力提高编写组成员自身的马克思主义理论水平，把教材的编写作为马克思主义理论队伍建设的过程。

关于历史研究的重要意义和重要原则，沙健孙指出：（1）研究历史、总结历史经验，是推进马克思主义中国化事业的需要。（2）了解历史，才能坚定建设中国特色社会主义的信念，把握正确的前进方向。（3）懂得历史，是中国发展的精神动力。相应地，研究历史，必须坚持以唯物史观为指导；研究历史，必须尽可能系统地收集和整理第一手资料，坚持实事求是，一切从实际出发；研究历史，必须坚持立足现实，为现实服务。

吴树青指出：我国是社会主义国家，中国共产党是中国特色社会主义事业的领导核心，马克思主义是党的指导思想、社会主义意识形态的旗帜、社会主义核心价值体系的灵魂。因此，教材编写过程中要坚持“三个突出”：（1）突出马克思主义中国化各个理论成果之间的一脉相承；（2）突出马克思主义中国化各个理论成果所体现的不同时代的时代特征和历史背景，以及它们赖以形成的实践经验，它们在不同历史条件下进行的理论创新，它们的深刻内涵和精神实质；（3）突出马克思主义中国化各个理论成果解放思想、实事求是、与时俱进的理论品格，既坚持马克思主义基本原理，不丢“老祖宗”，又根据形势和实践的发展，敢于讲“老祖宗”没有讲过的新话，实现对马克思主义的坚持和发展、继承和创新的统一。在此基础上，教材要正确处理两个关系、形成两个特点：（1）正确处理理论性和知识性的关系问题。在帮助大学生把握“是什么”的知识层面的基础上，把重点放在帮助大学生搞清楚“为什么”的理论层面。（2）正确处理理论与政策之间的关系问题。理论和政策既相联系，又有区别。理论是规律性的认识，具有稳定性。政策是在理论指导下，根据时间、地点、条件的不同而提出的解决实际问题的方法，具有可变性。因此，不能把政策当作理论去论证。通过这样对教材的理解和把握，帮助大学生具体学习和掌握马克思主义的立场、观点和方法。

罗国杰指出：（1）在科学技术迅速发展、经济竞争日趋激烈的今天，人的素质的竞争已成为决定整个竞争链条中最关键、最重要、最有决定意义的环节；（2）在社会主义市场经济条件下，在培养和提高人的素质方面，给我们提出了更高的要求，这就是既要重视人们的思想道德素质，又要重视人们的法律素质，而思想道德素质和法律素质又各有自己的内涵；（3）大学生是中国特色社会主义事业的建设者和接班人，是抵制不良社会风气、改善社会道德风尚、提升互信气氛、促进人际和谐的先进集体，也是引领、传承、倡导、力行社会思想道德素质和法律素质的中坚力量，因此，党和国家对大学生给予更高期望。

（四）关于高校思想政治理论课教学内容、教学方法、教学手段即教学模式的研究

有的学者认为，高校思想政治理论课有着自己的境界，可分为三个层次：（1）初级层次，教师坚持马克思主义的指导思想，准确领会理论的内在精神，完成对理论的正确阐释；（2）中级层次，教师要超越自身地位的局限，以高远的切入视角，站在更开阔的历史、时代、国家、民族的视阈，展开理论的分析和对历史事件的评述，引导学生透过现象看本质，透过历史、现在看未来；（3）最高境界，教师要实现高校思想政治理论课科学性、思想性与艺术性的完美结合。❶

有的学者从高校思想政治理论课教学理念与方法关系的角度集中探讨了“05方案”教学改革和创新问题，指出更新教学观念是实施“05方案”的首要之举，这主要体现在：（1）以人本发展观代替文本发展观；（2）以引导性教育代替强制性教育，引导大学生对马克思主义理论的自觉认同和主动选择。还有的学者认为，高校思想政治理论课在遵循教材的基础上，要不断优化教学内容，解决“教什么”的问题，主要包括：（1）“准”，讲授的内容要正确、准确、规范；（2）“深”，讲授的内容要有深度；（3）“新”，讲授的内容要有新信息、有新意。

有的学者认为，教学方法的改革是提高高校思想政治理论课教学质量的根本途径，教学方法的创新是提高高校思想政治理论课教学有效性的关键。教学方法改革的目标是选择最优的教学方法，适应素质教育的要求，

---

❶ 原丽红：“高校政治理论课的境界”，载《理论学习》2007年第11期。

变注入式为启发式，变封闭式为开放式，变单一式为多样式。教学方法改革的基本原则：一是科学性与方向性相统一；二是理论与实践相结合；三是教师主导和学生主体相联动；四是正面教育与积极疏导相渗透；五是直观教学与抽象概括相融合。教学方法改革的根本取决于教师的态度，改革的核心在于教师的自我突破。教学法、教学模式、教学平台等是教学方法改革常用的概念，也是教学方法创新的具体实践。诸如专题讲授式教学法、设计式教学法、问题探究式教学法、对话互动式教学法、案例式教学法、讨论式教学法、以学生为中心的指导式教学法等；案例式教学模式、专题式教学模式、研讨式教学模式、多媒体教学模式、情感式教学模式、实践式教学模式、和谐型课堂教学模式、点态式教学模式、生态式教学模式、情景式教学模式等；优化课堂教学平台、拓展社会实践平台、发挥校园网络平台、搭建心理咨询平台等。❶

关于教学手段的改革，有的学者提出，要充分利用网络、多媒体、QQ空间等辅助教学手段，增强高校思想政治理论课的感染力、吸引力和影响力。

（五）关于高校思想政治理论课考核的研究

从教学环节来说，考核是教学过程的末端，但是它又能反过来引导教学方式方法的改革，从这个意义上来说，考核又处于教学过程的前端。有的学者对高校思想政治理论课传统考核模式进行了检讨，认为传统考核模式用整齐划一的卷面（闭卷或开卷）考核方式来检验高校思想政治理论课的教学效果，单纯用分数来衡量学生的学习成绩。这种考核模式与“05 方案”的教学理念和教育目标、考核的基本方向不相适应，因此，会削弱“05 方案”的教学效果。“05 方案”形成了超越以往的全新教学理念，即引导性教育和问题式教育的理念。“05 方案”的教育目标是，对大学生进行系统的马克思主义理论教育和思想道德教育、法律教育，帮助他们树立正确的世界观、人生观、价值观、道德观和法律观。“05 方案”原则性地阐述了考核的基本方向，即“要改进和完善考试方法。采取多种方式，综

---

❶ 郭秀兰、张丽娜：“基于学生满意度的高校思想政治理论课教学方法创新”，载《思想政治教育研究》2011 年第 2 期。

合考核学生对所学内容的理解和实际表现，力求全面、客观反映大学生的马克思主义理论素养和道德品质”。基于此，有的学者提出了高校思想政治理论课“05方案”考核改革的新思路：（1）更新考核理念，诸如考核要以人为本，考核是工具和手段而不是目的，考核有开卷和闭卷等多种形式，统一考核不是唯一的方式等；（2）建立起复合型的、过程性的考核指标评价体系，把形成性考核和终结性考核结合起来。[1]

（六）关于高校思想政治理论课师资队伍建设的研究

“05方案”实施后，各省、市教育主管部门和各高校更加重视思想政治理论课教师队伍建设。如教育部发布了《关于进一步加强高等学校思想政治理论课教师队伍建设的意见》（教社科〔2008〕5号），北京市发布了《关于进一步加强北京高校思想政治理论课教师队伍建设的实施意见》（京教工〔2009〕4号）等，这些文件既是政策，也是研究成果。有的学者发表了调研报告，对湖北省高校思想政治理论课教师队伍建设的现状进行了研究，指出，“05方案”实施后，高校思想政治理论课教师队伍建设形成了与“98方案”实施时期不同的特点，主要有：（1）湖北省高校思想政治理论课教师队伍结构更趋合理；（2）湖北省高校思想政治理论课教师培训力度加大；（3）湖北省高校思想政治理论课教师队伍素质提高，等等。但是，湖北省高校思想政治理论课教师队伍建设也存在一些问题，主要有：（1）湖北省高校思想政治理论课教师人数仍显不足；（2）各高校思想政治理论课教师水平参差不齐；（3）在高校思想政治理论课教师队伍中，大多数青年教师的科研水平尚待提高；（4）思想政治理论课教师师德师风和业务培训力度还需加强；（5）高校思想政治理论课教师队伍“隐性”流失较严重，比较典型的表现是思想政治理论课教师既讲授思想政治理论课，又讲授专业课，并逐渐转向专业课领域发展等。[2] 关于进一步加强高校思想政治理论课教师队伍建设，有的学者给出了自己的思考性对策，诸如：（1）提高领导认识，理顺管理体制；（2）加强学科建设，促进科研发展；

---

[1] 吴锦旗：“‘05方案’语境下的高校思想政治理论课考试革新”，载《经济与社会发展》2009年第3期。

[2] 杨荣：“湖北高校思想政治理论课教师队伍建设的现状及思考”，载《思想理论教育导刊》2010年第5期。

（3）加大经费投入，建立长效机制；（4）完善绩效考核，健全评价体系；（5）重视教学研究，加强信息交流，等等。还有的学者着重研究了进一步加强高校思想政治理论课教师队伍建设的制度保障，提出要加强以下诸方面制度建设：（1）学时及中班教学管理制度；（2）教学督导制度；（3）实践教学制度；（4）教师评价与职务聘任制度，等等。

（七）关于高校思想政治理论课课程评价的研究

有的学者认为，高校思想政治理论课课程评价是高校思想政治理论课建设的重要环节。开展高校思想政治理论课课程评价，根本目的在于促进高校思想政治理论课建设，提高高校思想政治理论课教学的质量和效果，更好地发挥高校思想政治理论课作为高校思想政治教育主渠道的作用，促进大学生的全面发展和健康成长。还有的学者指出，作为教学的必要环节，高校思想政治理论课课程评价在优化教学过程、检验教学效果、改进课程管理与决策，进而提高思想政治理论课教学质量等方面具有重要的作用。在高校课程评价相关基本理论的基础上，针对我国高校思想政治理论课课程评价的特殊性，有的学者分析了高校思想政治理论课课程评价现状，总结了课程评价方面存在的不足，如课程评价主体单一化、课程评价标准缺乏科学性和合理性、课程评价方式过于量化等。有的学者引入多元发展型高校思想政治理论课课程评价模式，对这一评价模式的基本特征及理论依据进行了阐释，对这一评价模式的基本架构如课程评价标准、课程评价主体、课程评价内容等进行了论证，提出应设计科学系统的课程评价指标，建立独立完整的课程评价体系。有的学者还专门就高校思想政治理论课课程评价的主体进行了研究，指出高校思想政治理论课课程评价主体是参与教育评价活动的组织者与实施者，并按照一定的标准对评价客体进行价值判断。高校思想政治理论课课程评价，涉及对高校思想政治理论课课程的要素、过程及效果的评价，归根结底，涉及高校思想政治理论课课程满足个人和社会发展需要的价值判断，因而涉及的相关主体也是多方面的，多种评价主体相结合才能对高校思想政治理论课课程作出全面、科学的评价。[1]

---

[1] 蔡晓良：“高校思想政治理论课程评价的历史演进及其启示”，载《学校党建与思想教育》2007年第7期。

为了进一步加强宏观指导，指导高校思想政治理论课的组织管理、教学管理、队伍管理和学科建设，教育部制定了《高等学校思想政治理论课建设标准（暂行）》（教社科〔2011〕1号）。《高等学校思想政治理论课建设标准（暂行）》包括组织管理、教学管理、队伍管理和学科建设等4个一级指标和1个特色项目，领导体制、工作机制、机构建设、专项经费、管理制度、课程设置、教材使用、课堂教学、实践教学、教学方法改革、教学效果、政治方向、教师选配、培养培训、职务评聘、经济待遇、表彰评优、学科点建设、科研工作、教学改革特色项目等20个二级指标，以及若干个三级指标，并划定了指标类型和责任部门，同时也制定了评价标准。

（八）关于高校思想政治理论课建设成绩与经验、问题与对策的研究

有的学者认为，21世纪的10余年间，高校思想政治理论课的成功做法和经验主要有：（1）领导高度重视，这是高校思想政治理论课建设和改革的重要保证；（2）理论联系实际，一切从实际出发，这是高校思想政治理论课教育教学中始终倡导和实践的一个基本原则；（3）着眼于实效性，这是高校思想政治理论课教育教学以及建设和改革的根本目标；（4）深化高校思想政治理论课建设规律性的研究，使高校思想政治理论课建设更趋科学化；（5）高校思想政治理论课教师队伍与学校党团组织工作者和班主任、辅导员队伍“两支队伍”相结合，使高校思想政治理论课教育教学更有现实感和针对性；（6）高校思想政治理论课小课堂与社会实践和社会教育大课堂“两个课堂”相结合，是高校思想政治理论课实现理论与实践相结合、深化对马克思主义理论的理解、强化学生素质培养和能力培养的有效方式；（7）精品课程建设常抓不懈；（8）构建“以问题为中心”的研究型教学模式和启发式教学模式，实现教学模式的根本转变；（9）紧紧抓住教师队伍建设这个关键。

有的学者分析了高校思想政治理论课面临的困境指出，《中共中央、国务院关于进一步加强和改进大学生思想政治教育的意见》（中发〔2004〕16号）、《中共中央宣传部、教育部关于进一步加强和改进高等学校思想政治理论课的意见》（教社政〔2005〕5号）和《〈中共中央宣传部关于进一步加强和改进高等学校思想政治课的意见〉实施方案》（教社政〔2005〕9号）等文件的颁布，为高校思想政治理论课的发展提供了政策依据和理论

依据，带来了前所未有的历史机遇。但是，批判的武器不能代替武器的批判。高校思想政治理论课要真正充分发挥其对大学生进行思想政治教育的主渠道作用，还必须提出对策来突破它面临的重重困境。高校思想政治理论课面临的困境主要有宏观环境困境、体制机制困境、教学模式困境、师资队伍困境、学生受多样化社会思潮影响的困境等。关于如何进一步推进高校思想政治理论课“05方案”教学改革，有的学者指出：（1）建立健全组织保障机制，加强管理和监控，使党中央的文件精神能够得到充分落实；（2）多渠道并举，切实加强师资队伍建设；（3）切实改进思想政治理论课教育教学方式和方法等。

（九）关于国外高校思想政治理论课建设的研究

他山之石，可以攻玉。虽然国外高校一般不使用“思想政治理论课”这一概念，但他们也十分重视思想政治理论课的设置和建设。日本十分重视思想政治教育，在日本高校的教育构成体系中，思想政治理论课课程是其重要的组成部分。日本高校的“一般教育课程”、“教养教育课程”、“共通教育课程”等，实际上都具有思想政治理论课课程的性质。日本高校思想政治理论课课程的设置，各高校各有特色，不尽一致，但总体来说，是以文部省的中央教育审议会的决议和政策为依据的。还有的学者认为，以培养“有教养的人”、“完整的人”为目标的美国大学的通识教育与我国高校思想政治理论课教学有许多相通之处。我们应当借鉴美国大学建立通识教育核心课程的经验，确立高校思想政治理论课在我国大学通识教育课程中的核心地位，正确认识和实现我国高校思想政治理论课教学的科学性与价值性，培养学生具有学习、沟通和整合人类文明的能力与智慧，促进学生的全面发展。[1]

[1] 朱小菲：“资本主义国家思想政治教育的借鉴与启示”，载《思想政治教育研究》2007年第4期；王友良、周勇：“日本思想政治教育之剖析”，载《南华大学学报》2006年第6期；石书臣、高丽娟：“中美高校坚持思想政治教育主导性比较研究”，载《思想教育研究》2007年第7期；阮一帆、傅安洲：“德国政治教育国家资源体系及其对我国思想政治工作的启示”，载《黑龙江高教研究》2007年第10期。

（十）关于研究问题较有深度的著作和涵盖较广的论文集

这方面研究成果主要有，顾海良、佘双好主编的《高校思想政治理论课程教学改革研究》（论文集）（武汉大学出版社 2006 年版），主要探讨了高校思想政治理论课“05 方案”设置和实施过程中的理论和实践问题，内容涉及高校思想政治教育整体研究、高校思想政治理论课程教学研究、高校思想政治理论课程学科建设研究和高校思想政治理论课程新方案实施等重要问题的研究。该论文集中的研究成果密切结合时代发展的新特点、思想理论发展的新形势和思想政治理论课程建设的新要求，从理论和实践相结合的角度，对高校思想政治理论课程改革与发展问题作出了多方面的回应和思考。骆郁廷著的《高校思想政治理论课程论》（武汉大学出版社 2006 年版），以高校思想政治理论课程建设实践为基础，以加强和改进大学生理论形态的思想政治教育为目的，以高校思想政治理论课程建设中马克思主义理论体系转化为高校思想政治理论课程体系、高校思想政治理论课程体系转化为高校思想政治理论课程教学体系、高校思想政治理论课程教学体系转化为大学生思想道德素质及综合素质体系的客观规律的探索为主线，从理论与实践、纵向与横向、借鉴与创新相结合的角度，深入探索了高校思想政治理论课程的时代价值、基础理论、课程体系、历史发展、教学过程、教学原则、教学方法、教学评价、国际视野，为遵循和运用高校思想政治理论课程建设规律，切实改进高校思想政治理论课教学，不断增强高校思想政治理论课教学的吸引力、创造力和说服力，提供了有益的启示。石云霞主编的《“马克思主义理论课”“思想品德课”“两课”教学法研究》（武汉大学出版社 2003 年版），在继承已经取得的“两课”教学法研究成果的基础上，对“两课”教学法进行了系统、深入的研究，内容涉及“两课”教学与教学法内涵的界定、中外教学法的历史发展及其对“两课”的借鉴意义、“两课”教学的教学过程和基本规律、“两课”教学的基本原则及哲学方法和一般方法、“两课”教学的具体方法和运用艺术、“两课”教学的评价方法、“两课”教学的教学研究方法、“两课”教学的教学管理方法、“两课”教学法改革与素质教育、“两课”教学手段创新与现代教育技术等。黄蓉生主编的《改革开放 30 年大学生思想政治教育若干问题研究》（西南师范大学出版社 2009 年版）论文集认为，改革开放 30

年、新中国成立60年、《关于进一步加强和改进大学生思想政治教育的意见》颁布5周年，为改革开放以来大学生思想政治教育研究提供了非凡的时代境遇与现实背景；改革开放以来，大学生思想政治状况发生了显著变化，大学生思想政治教育在培养高素质人才、推动高等教育改革发展、维护学校和社会稳定等方面发挥了重要作用。该论文集对改革开放以来大学生思想政治教育实践、大学生思想政治教育理论发展与创新、大学生思想政治教育队伍建设，特别是高校思想政治理论课建设等进行了多方面的研究，对改革开放以来思想政治理论课改革的历程与内容、改革开放以来高校思想政治理论课师资队伍建设、改革开放以来高校思想政治理论课教学方式方法改革、改革开放以来高校思想政治理论课教学改革的经验等进行了系统的研究和总结。首都师范大学刘文革撰写的博士论文《思想政治理论课教学实效性研究》（2011年），直接指向高校思想政治理论课教学改革的要害和关键之所在，即高校思想政治理论课教学的实效性。该博士论文在对高校思想政治理论课教学实效性进行界定的基础上，考察了当前高校思想政治理论课教学实效性的现状及其存在的问题，分析了教学实效性问题产生的原因，并针对这些原因提出了提高高校思想政治理论课教学实效性的实施路径等。该博士论文认为，大学生对高校思想政治理论课认可但学习目标模糊、对教师满意但学习主动性不够、思想品德有提升但存在着深层次的问题。之所以产生这些问题，主要是由于在教学中存在轻教学设计而导致教学目标模糊、不注重增强大学生的内在学习动机、不重视知识内容向思想品德转化的规律、教学效果评价标准不明确等因素。这些问题的解决和思想政治理论课教学实效性的提高，要依据马克思主义理论学风的根本要求、加强和改进思想政治理论课的一贯要求以及大学生思想品德培养规律的内在要求，以教学目标为导向进行教学设计、以理想信念为核心增强内在学习动机、以问题教学法为主促进知识内容向思想品德转化、以运用能力为标准进行教学效果评价等作为可供选择的路径。此外，非常有价值和影响的学术著作和论文集还有：教育部社会科学司组编的《普通高校思想政治理论课文献选编（1949～2008）》[1]；周向军主编的《高校思

---

[1] 教育部社会科学司组编：《普通高校思想政治理论课文献选编（1949～2008）》，中国人民大学出版社2008年版。

想政治理论课教学改革与创新》（论文集）[1]；曹顺仙、郭兆红主编的《高校思想政治理论课教学的实践与探索》（论文集）[2]；张凤华、梅萍、万美容等著的《高校思想政治理论课“05方案”实施及测评的实证研究》[3]，邹礼玉著的《仰望星空，脚踏实地——高校思想政治理论课魅力课堂的构建》[4]；林庭芳主编的《高校思想政治理论课教育教学现代化研究》[5]；顾钰民主编的《高校思想政治理论课教学方法研究》（论文集）[6]；王炳林主编的《思想政治理论课教学方法创新研究》[7]；洪明主编的《碰撞 共鸣 认同——高校思想政治理论课互动教学探索》[8]；杨慧民著的《高校思想政治理论课案例教学法研究》[9]；吕志、黄紫华主编的《面向社会，实践育人——高校思想政治理论课实践教学探索》[10]；陈洪涛著的《高校思想政治理论课评价论》[11]；李腊生、龚萱、闵杰等著的《高校思想政治理论课教学实效性研究》[12]；胡涵锦主编的《上海高校思想政治理论课教师队伍建设研究报告》[13]；张红峻等著的《北京高校思想政治理论课教学质量保障体系建

---

[1] 周向军主编：《高校思想政治理论课教学改革与创新》（论文集），山东大学出版社2011年版。

[2] 曹顺仙、郭兆红主编：《高校思想政治理论课教学的实践与探索》（论文集），合肥工业大学出版社2010年版。

[3] 张凤华、梅萍、万美容等：《高校思想政治理论课“05方案”实施及测评的实证研究》，中国社会科学出版社2011年版。

[4] 邹礼玉：《仰望星空，脚踏实地——高校思想政治理论课魅力课堂的构建》，天津大学出版社2012年版。

[5] 林庭芳主编：《高校思想政治理论课教育教学现代化研究》，人民出版社2006年版。

[6] 顾钰民主编：《高校思想政治理论课教学方法研究》，复旦大学出版社2012年版。

[7] 王炳林主编：《思想政治理论课教学方法创新研究》，北京师范大学出版社2011年版。

[8] 洪明主编：《碰撞 共鸣 认同——高校思想政治理论课互动教学探索》，湖北人民出版社2012年版。

[9] 杨慧民：《高校思想政治理论课案例教学法研究》，高等教育出版社2007年版。

[10] 吕志、黄紫华主编：《面向社会，实践育人——高校思想政治理论课实践教学探索》，华南理工大学出版社2009年版。

[11] 陈洪涛：《高校思想政治理论课评价论》，中国社会科学出版社2012年版。

[12] 李腊生、龚萱、闵杰等：《高校思想政治理论课教学实效性研究》，武汉大学出版社2011年版。

[13] 胡涵锦主编：《上海高校思想政治理论课教师队伍建设研究报告》，复旦大学出版社2009年版。

构研究》[1]；叶天放主编的《高校思想政治理论课教学管理初探》[2]，等等。

（十一）关于高校思想政治理论课教学改革的综述性文章

综述性文章立足于原著者的观点，能使阅读者在较短时间内基本了解其所介绍的专题领域的进展状况，为自己的教学、科研等节省大量时间，因而有很高的引用率。这方面的研究成果主要有：吕宗华撰写的《关于1998年以来高校马克思主义理论课研究综述》[3]，高璐撰写的《“05方案”以来高校思想政治理论课改革研究综述》[4]，何建娥撰写的《关于高校思想政治理论课课堂教学方法的文献综述》[5]等。大连海事大学葛莉撰写的《我国高校思想政治理论课教学的研究前沿——基于文献计量和知识图谱的视角》立足于中国社会科学引文索引（CSSCI）数据库，以1998～2009年12年间我国高校思想政治理论课教学的文献为研究对象和计量单元，将自然科学和社会科学交叉渗透、定量分析和定性评价相结合，运用国际新兴的CiteSpace软件和可视化方法进行文献计量和知识图谱绘制。在可视化图谱定量分析的基础上进行“我国高校思想政治理论课教学的研究前沿”的定性研究，提出了我国高校思想政治理论课教学领域的十大研究前沿，即教学测评系统、案例教学、教学实效性、教学方法与改革、教学质量与监控机制、实践教学、教学基本策略、教学主体、教学设计、课堂教学，并概括、分析、评价了各前沿研究领域所取得的成果的主要内容、重点和创新点，从而为我国高校思想政治理论课教学领域的研究开拓了全新的视角和平台。[6]

综上所述，高校思想政治理论课教学改革研究取得了一系列很有价值

---

[1] 张红峻等：《北京高校思想政治理论课教学质量保障体系建构研究》，北京理工大学出版社2009年版。

[2] 叶天放主编：《高校思想政治理论课教学管理初探》，复旦大学出版社2010年版。

[3] 吕宗华：“关于1998年以来高校马克思主义理论课研究综述”，载《辽宁教育行政学院学报》2009年第12期。

[4] 高璐：“‘05方案’以来高校思想政治理论课改革研究综述”，载《思想政治教育研究》2008年第5期。

[5] 何建娥：“关于高校思想政治理论课课堂教学方法的文献综述”，载《当代教育论坛·学科教育研究》2008年第5期。

[6] 李梁主编：《切问近思——高校思想政治理论课教学方法创新研讨会暨首届“上海大学思政论坛”论文集》（上册），上海大学出版社2011年版，第15～24页。

的理论成果和实践成果。但是，高校思想政治理论课课程建设和教学改革的实践正处于进行时，因此，对高校思想政治理论课教学改革的研究也需要不断加强和深化。

首先，进一步加强21世纪初新形势下高度重视高校思想政治理论课建设和教学改革意义的研究。进一步研究高校思想政治理论课如何用马克思主义中国化的最新成果武装当代大学生，用社会主义核心价值体系、社会主义核心价值观教育当代大学生，帮助当代大学生树立正确的理想信念，坚定走中国特色社会主义道路的决心和信心。进一步研究高校思想政治理论课教学改革如何按照党中央的工作部署和政策指导，结合当代大学生的思想特点和成长、成才需要的实际，充分发挥高校思想政治理论课的功能，为党和国家的大局服务。进一步研究高校思想政治理论课教师如何树立坚定的信念，具备扎实的理论基础，深入了解社会现实和大学生所思所想，加强教学内容研究和更新，运用多样化的教学方法和现代化的教学手段，帮助大学生深刻理解党的路线、方针和政策，正确认识重大理论问题和现实问题，不断增强高校思想政治理论课的亲和力、吸引力和感染力，真正发挥高校思想政治理论课对大学生思想认识的引导作用和意义。

其次，进一步加强21世纪初高校思想政治理论课教学改革规律的研究。进一步研究高校思想政治理论课教学改革的来龙去脉，把握高校思想政治理论课教学改革的基本态势和未来走势。进一步研究高校思想政治理论课教学改革的动因、主要内容和主要特点，把握高校思想政治理论课建设和教学改革的规律。进一步研究高校思想政治理论课教学改革的系统性、综合性、复杂性和长期性，增强高校思想政治理论课建设和教学改革的自觉性和主动性。

最后，进一步加强21世纪初高校思想政治理论课教学改革实效性的研究。进一步研究影响和制约21世纪初高校思想政治理论课教学改革实效性的诸因素及其互动关系。进一步研究提升21世纪初高校思想政治理论课教学改革实效性、长效性的新思路和对策，并使之实化和具体化，使之具有可操作性、可评估性和可持续性，构建具有中国特色的高校思想政治理论课教学模式，切实提高高校思想政治理论课教学质量和教学水平。

四、研究目标和内容

高校思想政治理论课教学改革研究，实际上涉及三个方面的内容，即改革的动因、改革的内容、改革的对策。具体而言，主要研究和阐明教学改革的必要性、可能性、现实性问题；教学改革的目标和理念问题，过程及本质问题，效率和结果评价问题；教学改革实践中理想教师和学生的价值定位，师生关系的价值定位和定性，以及二者在实践中的应然追求问题；一定时期教学改革研究的出发点、突破口与重点和难点的确立，以及解决思路、解决方法和解决程度等问题。

本书研究的目标是，通过分析21世纪初我国高校思想政治理论课的基本态势，着重探讨进一步提升高校思想政治理论课教学实效性的思路和对策，探求高校思想政治理论课建设和教学改革的规律。育人为本，德育为先。这是社会主义大学的本质属性和必然要求。在长期的实践中，高校思想政治理论课课程建设和教育教学取得了突出的成绩，发挥了重大的作用，积累了丰富的经验，形成了鲜明的特点，但是，也存在着不足和缺憾，有着深刻的教训，需要在改革中不断完善。21世纪初，我国高校思想政治理论课教学改革面临着新的机遇和挑战，如何聚焦问题、破解难题、寻求对策，遵循高校思想政治理论课课程建设规律、教师教学规律、学生认知和成长规律等实施新的课程方案、构建新的教学模式，并以科学的、可操作的课程建设标准进行评估和调适，是本书研究的重要目标。在此基础上，把高校思想政治理论课教学改革作为一个系统工程，并把目标聚焦于更好地把马克思主义理论体系转化为高校思想政治理论课课程体系，把课程体系转化为教学体系，把教学体系转化为大学生思想道德素质和综合素质体系，并把思想道德素质和综合素质体系转化为信仰体系和行动体系，进一步提升高校思想政治理论课教学的针对性和实效性、长效性，把高校思想政治理论课建设成为当代大学生真心喜爱、终生受益、毕生难忘的优秀课程。

本书研究的内容是围绕着研究的目标而展开的，始于问题，终于对策，并构成一个相对完整、严谨的逻辑体系。全书由绪言、高校思想政治理论课教学改革的必要性、高校思想政治理论课教学改革的整体设计和课程方案、高校思想政治理论课教学改革效果评估、高校思想政治理论课教学改革的成绩与经验、深化高校思想政治理论课教学改革的对策 、结语等七部分组成。

绪论主要包括问题的提出、研究的意义、文献综述、研究目标和内容、研究方法等。

第一章主要论述高校思想政治理论课教学改革的必要性。这一部分提出，新中国成立以来，在60余年的建设和改革中，我国高校思想政治理论课走过了曲折、复杂的历史行程，逐步构建了具有自己特色的课程体系。在人才培养方面，高校思想政治理论课始终在“场”且发挥着独特的作用。它既是新中国高等教育区别于旧中国高等教育的分水岭，也是社会主义高等教育区别于资本主义高等教育的重要标志。但是，在21世纪初，高校思想政治理论课建设和教学改革则遇到了与以往不同的新形势、新情况、新问题，它既面临着一系列新的机遇，诸如全面推进高等教育改革和发展所带来的历史性机遇、科教兴国战略、人才强国战略和创新驱动发展战略所带来的导向性机遇，以及知识经济迅速发展所带来的超前性机遇等，也面对着一系列新的挑战，诸如社会主义市场经济的新特点的挑战、国际形势和世界格局所出现的新特点的挑战等。因此，在继续深化高校思想政治理论课教学改革的同时，进一步加强高校思想政治理论课教学改革研究，就成为一项重大的现实性课题，且意义深远。

第二章主要论述高校思想政治理论课教学改革的整体设计和课程方案。在对新中国成立以来高校思想政治理论课嬗变进行梳理的基础上，重点对高校思想政治理论课教学改革“98方案”，特别是“05方案”的内容和特点以及两个方案的衔接与创新进行了分析，力图勾画出高校思想政治理论课课程体系演化的轨迹，揭示出其演化的规律性。

第三章主要论述高校思想政治理论课教学改革效果评估。这一部分提出，对教学改革效果进行科学的评估，是加强和改进高校思想政治理论课建设的重中之重，也是一项系统工程，其核心内容是课程建设标准的制定和课程教学评价。课程建设标准是一种尺度。高校思想政治理论课教学改革就是以这种尺度作为基本依据，在动态的调控过程中不断向前推进的。

第四章主要总结高校思想政治理论课教学改革的成绩与经验。这一部分提出，高校思想政治理论课在改革中加强、在创新中发展，特别是“05

方案”实施以来，既取得了重要的阶段性成绩，又在教育教学改革的实践中积累了宝贵的经验，从而为进一步深化高校思想政治理论课教育教学改革打下了坚实的基础。主要成绩是：全面构建并实施了“05 方案”课程体系，编写出了各门课程的新教材及相应读物，对任课教师进行了全面培训，积极探索教学方法方式改革，卓有成效地推进学科建设等。主要经验是，坚持正确的政治方向，用马克思主义中国化的最新理论成果武装当代大学生，这是高校思想政治理论课教学改革最基本的经验；坚持以人为本，突出教师的主导地位和当代大学生主体地位；坚持解放思想、改革创新，不断增强高校思想政治理论课的针对性、实效性和吸引力、感染力；坚持加强宏观指导，建立有效的领导体制和工作机制，形成工作合力，统筹推进课程体系、教材体系、学科体系、教师队伍建设等工作。

第五章主要论述深化高校思想政治理论课教学改革的对策。这一部分分析了高校思想政治理论课教学改革中存在的主要问题以及影响因素。对策性研究是这一部分的重点内容，也是本书的重点内容。面向未来，提出了推进高校思想政治理论课教学改革的思路和对策，诸如，提高对高校思想政治理论课建设和教学改革重要性的认识，增强责任感和使命感；推进高校思想政治理论课建设和教学改革，增强针对性和实效性；加强形势与政策教育，丰富高校思想政治理论课教学内容的背景知识和要求指向；加强实践教学，探索科学理论“进头脑”的现实路径；加强对当代大学生思想政治特点和成人、成长、成才规律的研究，使高校思想政治理论课教育教学更加有的放矢；加强教师队伍建设，提高任课教师的政治素养和理论素养，育人先育己；完善课程建设标准，强化课程管理；正确认识和处理各种关系问题，合理构建高校思想政治理论课建设和教学改革的领导体制和运行机制，等等。提出思路和对策，并使之具有可操作性，旨在期许进一步提升高校思想政治理论课教学的吸引力和实效性，切实发挥高校思想政治理论课在马克思主义理论教育和思想政治教育中的作用。

结语主要包括本书研究的基本结论、创新之处以及不足之处。高校思想政治理论课建设和教学改革始终处于进行时，教学改革研究也不会停止。因此，本书的研究只能是这一进程中的阶段性认识和研究成果，必然存在它的局限性和不足之处。

五、研究方法

教育研究主要由三大要素构成，即客观事实、科学理论和方法技术。运用正确、恰当的研究方法，是研究能否开展和深入的关键，是确保研究成果水平的必要前提。在社会科学研究中，“方法”的使用范畴主要包括：从根本上去描述和揭示客观事物的哲学的原则；收集和处理研究材料的具体技术；选择研究问题、研究资料和研究方向与角度的准则。[1]本书所采用的研究方法，实际上是最后一种意义上的方法。从研究目标和内容出发，本书坚持以马克思主义的历史唯物主义和辩证唯物主义以及唯物辩证法为总的指导，具体方法主要有文献研究法、案例研究法、调查法等。

（1）文献研究法。主要是指搜集、鉴别、整理文献，并通过对文献的分析与研究形成对事实的科学认识的方法。文献是科学研究的基础。文献是指已发表过的或虽未发表但已被整理、报道过的记录着知识的一切载体，它不仅包括图书、报刊、学位论文、科学报告、档案等纸质印刷品，也包括实物形态在内的各种材料。文献研究法，重在对已取得的研究成果进行总结、归纳，并检视已有研究成果的薄弱点，旨在从文献资料中找到新视角、发现新问题、获得新论据、掌握新方法，并确定研究中主要的努力方向和重点领域，提出新观点，形成新认识。

本书以21世纪初高校思想政治理论课教学改革研究为主题，以高校思想政治理论课课程体系的沿革为线索，着重对“98方案”与“05方案”及其相关问题进行纵向的历史研究，探究二者的衔接和替代及其动因和方式，进而总结高校思想政治理论课教学改革的规律。因此，在研究中，同样需对已有的文献进行全面、细致、深入的分析，特别是对一系列文本诸如高校思想政治理论课“98方案”与“05方案”各门课程的全国统编教材以及国家、各省市、各高校颁布的关于思想政治理论课建设与教育教学改革和创新的文件等进行研读。这些方案、教材和文件，既是学术界、理论界的研究成果，也是本书研究的出发点和基本依据。

（2）案例研究法。主要是指通过调查研究和资料搜集等途径，对已发

[1] 俞可平：《西方政治分析新方法论》，人民出版社1989年版，第1页。

生的典型事件，撰写成描述性的文字材料，用客观、公正的态度对其评析或得出解决问题的途径的方法。案例研究法，可使用一个案例或多个案例，关键在于其针对性，因此案例选择应与研究对象具有一致性。案例研究可采用多元的证据来源，诸如文件、档案记录、访谈、直接观察、参与观察、实体人造物等，并形成证据链。运用案例研究法，其作用在于解剖麻雀、见微知著，也就是说，可通过借喻的手段拓宽研究者的思路，使研究更加生动具体，从而给研究者提供系统的观点。

在教育教学实践中，案例是指在真实的教育教学情境中发生的典型事例，是围绕事件而展开的故事，是对事件的描述。案例研究，就是把教学过程中发生的事件用案例的形式表现出来，并对此进行分析、探讨。本书研究的重点是比较“98 方案”与“05 方案”在实施背景、课程设置、课程名称、学时、教学内容、教学方法和手段等方面的不同，以及它们作为一个整体性方案的异同，同时比较“98 方案”与“05 方案”内各门课程之间的异同以及各门课程之间的整合性，从而分析 21 世纪初高校思想政治理论课教学改革的创新和进展。本书选择我所工作过的聊城大学和北方工业大学作为案例，特别是选择聊城大学的综合改革和北方工业大学的实践教学改革为案例，作为解剖高校思想政治理论课教学改革的标本，分析和研究高校思想政治理论课教学改革的成效和问题，为创建高校思想政治理论课不同的教育教学模式、提高高校思想政治理论课教育教学质量提供观点和论据。

（3）调查法。主要是指以正确的思想理论为指导，科学设计问题，通过访谈、问卷、测验、召开座谈会等具体手段和形式，有计划地广泛了解高校思想政治理论课教学改革的历史和现状、成果和经验，有针对性地收集相关资料，综合分析其问题和教训，研究推进改革的思路和对策。调查法的基本要求是保证所取得材料的客观性和可靠性。调查法所取得的成果，是文献资料之外不可或缺的有效补充。

文献研究法、案例研究法、调查法等可以相互观照、相互补充，从而实现高校思想政治理论课教学改革的定性研究与定量研究、实证研究与规范研究的有机统一。

第一章 高校思想政治理论课教学改革的必要性

改革开放以前，高校思想政治理论课教育教学既经历了初建与探索时期，也经历了无序与停滞时期；改革开放以来，高校思想政治理论课教育教学既在恢复和重建中实现了规范和发展，同时又在改革和创新中呈现出整合和升华的新态势。这是一个既一脉相承又与时俱进的过程，并具体表现为阶段性与连续性相统一、前进性与曲折性相统一的辩证发展过程。历史进入21世纪，国际形势的新变化，社会主义初级阶段发展的新情况，特别是我国改革开放和社会主义现代化建设的新实践，高等教育改革、发展和培养高素质创新人才的新要求，大学生学习、生活和思想政治状况的新特点等❶，既是高校思想政治理论课教学改革面临的一种新机遇，也是一种新挑战。这也是进一步推进高校思想政治理论课教学改革的意义之所在。而只有牢牢把握机遇，化解挑战，才能切实深化高校思想政治理论课教学改革，把高校思想政治理论课建设提高到一个全新的水平。

一、高校思想政治理论课教学改革面临的机遇

21世纪初，高校思想政治理论课主要面临着知识经济迅速发展所带来的超前性机遇、科教兴国战略和人才强国战略及创新驱动发展战略所带来的导向性机遇，以及全面推进高等教育改革和发展所带来的历史性机遇等。

❶ 教育部社会科学司编：《普通高校思想政治理论课文献选编（1919～2008）》，中国人民大学出版社2008年版，第191页。

所谓机遇就是契机、时机或机会，它通常被理解为有利的条件和环境。一般来说，机遇有一定的时间限制或有效期，时间过后，就再也得不到了。

（一）知识经济迅速发展所带来的超前性机遇

知识经济是以知识为基础的经济，是一种新型的富有生命力的经济形态。它是与农业经济、工业经济相对应的一个概念。知识经济中的“知识”，实际上是一个已经拓展的概念。它包括：（1）知道是什么的知识，它是指关于事实方面的知识。（2）知道为什么的知识，它是指原理和规律方面的知识。（3）知道怎么做的知识，它是指操作的能力，包括技术、技能、技巧和诀窍，等等。（4）知道是谁的知识，是指对社会关系的认识，以便可能接触有关专家并有效地利用他们的知识，也就是关于管理的知识和能力。由此可知，创新是知识经济发展的动力，教育、文化和研究开发是知识经济的先导产业，是知识经济时代最主要的部门；知识和高素质的人力资源、人才资源是最为重要的资源。

其实，知识经济思想最远可溯及16～17世纪。1620年，英国伟大的哲学家弗兰西斯·培根在《新工具》一书中指出：“人类知识和人类权力归于一；因为凡不知原因时即不能产生结果。要支配自然就须服从自然；而凡在思辨中为原因者在动作中则为法则。”❶ 培根的论述贯穿了“知识就是力量”的思想，包括知识是掌握自然奥秘的巨大手段，和驾驭自然的巨大力量，知识是治理国家和社会变革的力量，知识也是人类自身完善的重要手段。19世纪中期，马克思曾指出：“固定资本的发展表明，一般的社会知识、学问，已经在多大的程度上变成了直接生产力，从而使社会生活过程的条件本身已经在多么大的程度上受到一般知识的控制并根据此种知识而进行改造。”❷

1912年，德国经济学家熊彼特在《经济发展理论》中指出，资本主义发展的根本原因不是资本和劳动力，而是来自内部自身的创造性，即创新。

---

❶ ［英］弗兰西斯·培根：《新工具》，许宝骙译，商务印书馆1984年版，第8页。在没有公开发表的《沉思录》的片断中，培根留下了“知识就是力量”的著名论断，它的拉丁文是：ipsa scientia protestas est。这一名言，使人们认识到知识也是推动社会历史进程的重要力量。

❷ 《马克思恩格斯列宁斯大林论科学技术》，人民出版社1997年版，第31～32页。

创新的关键则是知识和信息的生产、传播和使用。❶

20 世纪下半叶开始的信息技术革命引发了全球信息化浪潮。1959 年夏，美国哈佛大学社会学家丹尼尔·贝尔在奥地利萨尔茨堡学术讨论会上第一次提出了“后工业社会”的概念。他在解释这一概念时指出：“后工业社会是围绕着知识组织起来的，其目的在于进行社会管理和知识革新与变革。”❷ 1973 年，丹尼尔·贝尔出版了《后工业社会的来临》一书。他指出：“后工业社会这个概念是本书的主题，它是有关西方社会结构变化的一种社会预测。”❸ 1962 年，美国经济学家弗里茨·马克卢普在《美国的知识生产和分配》中系统分析和论证了知识和信息对美国经济发展的重要作用。❹

20 世纪八九十年代，世界加快了由传统工业社会向现代信息社会、工业经济向知识经济时代的转变。

1980 年，美国未来学家阿尔文·托夫勒在其发表的《第三次浪潮》一书中预测到：人类在经历了第一次农业化浪潮和第二次工业化浪潮之后，“我相信我们已处在一个新的综合时代的边缘”，以信息化为主要特征的第三次浪潮将把人类带进“信息社会”。虽然大约从 2009 年开始，“大数据”才成为互联网信息技术行业的流行词汇，但是，阿尔文·托夫勒在《第三次浪潮》中就已将大数据热情地赞颂为“第三次浪潮的华彩乐章”。❺

1982 年，未来学家约翰·奈斯比特发表《大趋势》一书，认为“知识是我们经济社会的驱动力”。❻ 基于此种认识，他将信息经济社会定义为：信息经济社会是真实的存在，是创造、生产和分配信息知识的经济社会。❼ 在描绘信息经济社会的主要特征时，他指出，在信息经济社会中起决定作

---

❶［美］约瑟夫·熊彼特：《经济发展理论》，孔伟艳、朱攀峰、娄季芳编译，北京出版社 2008 年版。

❷［美］丹尼尔·贝尔：《后工业社会的来临》，高铦等译，新华出版社 1997 年版，第 43 页。

❸［美］丹尼尔·贝尔：《后工业社会的来临》，高铦等译，新华出版社 1997 年版，第 8 页。

❹［美］弗里茨·马克卢普：《美国的知识生产和分配》，普林斯顿大学出版社 1962 年版。

❺［美］阿尔文·托夫勒：《第三次浪潮》，朱志焱等译，三联书店 1983 年版。

❻［美］约翰·奈斯比特：《大趋势：改变我们生活的十个新方向》，梅艳译，中国社会科学出版社 1984 年版，第 15 页。

❼［美］约翰·奈斯比特：《大趋势：改变我们生活的十个新方向》，梅艳译，中国社会科学出版社 1984 年版，第 1 页。

用的生产要素不是资本而是信息知识；价值的增长是通过知识实现的。[1]他直接用“信息社会”概念取代了“后工业社会”和其他提法。

20世纪90年代初，美国阿斯奔研究所等单位联合组建了信息探索研究所，并在《1993～1994年鉴》中以《知识经济：21世纪信息时代的本质》为总标题发表了6篇论文，从不同方面论述了“明天信息社会”的本质和特征，明确提出：“信息和知识正在取代资本和能源而成为能创造财富的主要资产，正如资本和能源在200年前取代土地和劳动力一样。而且，20世纪技术的发展，使劳动由体力变为智力。产生这种现象的原因，是由于世界经济已变成信息密集型的经济，信息和信息技术具有独特的经济属性。”[2] 1991年，美国政府智囊团首先提出“信息社会”概念。1992年，西方七国集团在布鲁塞尔召开信息技术部长会议，通过了建立信息社会的原则和中间试验计划，并首次确定了“全球信息社会”的构想。1996年5月，联合国在约翰内斯堡召开了信息社会和发展大会的部长级会议，讨论了以信息高速公路为标志的信息社会的到来将引起世界深刻的变化及国际间的合作问题，通过了全球Internet的建设计划、全球环境与资源管理计划、全球紧急情况（如特大自然灾害）管理计划、全球卫星计划（包括遥感卫星）和海洋信息社会建设等重大计划。几乎与此同时，联合国有关研究机构使用了“知识经济”的概念，明确了这种新型经济的性质。

1996年，经济合作与发展组织在《1996年科学、技术和产业展望》的报告中，全面、系统地阐述了知识经济的内涵，明确提出了知识经济的指标体系和测度。报告指出，知识经济是指以知识（智力）资源的占有、配置、生产和使用（消费）为最重要因素的经济。报告把人类迄今创造的所有知识分为四大形态，即事实知识、原理知识、技能知识和人力知识。报告认为，知识经济的主要特征是：（1）科学和技术的研究开发日益成为知识经济的基础。（2）信息和通信技术在知识经济的发展过程中处于中心地位。（3）服务业在知识经济中扮演着主要角色。（4）人力的素质和技能成为知识经济实现的先决条件。

---

[1] ［美］约翰·奈斯比特：《大趋势：改变我们生活的十个新方向》，梅艳译，中国社会科学出版社1984年版，第16页。

[2] 转引自梁凡：“信息文明时代的网络清淤研究”，载《企业科技与发展》2009年第8期。

1998年3月6日，作为“千年系列讲座”的特约嘉宾，英国著名物理学家斯蒂芬·霍金被请到白宫，为美国总统克林顿和几十位科学家作题为“想象和变革：未来一千年的科学”的学术报告。霍金的报告涵盖了时空、宇宙、生物技术、信息科技等领域。他指出：“可以预见由于基因工程发展而与日俱增的生物复杂性以及具有人工智能并能进行自我设计的电脑的发展，未来将不会是停滞不前的……我们已经处在一个新时代的边缘。”❶ 这个新时代就是知识经济时代。

改革开放以来，邓小平强调要尊重劳动、尊重知识、尊重人才，提出了“科学技术是第一生产力”的论断，并把发展教育作为我国的一项基本国策，把“教育要面向现代化、面向世界、面向未来”作为教育方针，为我们迎接知识经济的到来奠定了必要的思想理论基础。1998年2月4日，江泽民同志在中国科学院《迎接知识经济时代，建设国家创新体系》的研究报告作了重要批示：“知识经济、创新意识对于我们21世纪的发展至关重要。”❷ 2002年11月，党的十六大报告指出：“必须尊重劳动、尊重知识、尊重人才、尊重创造，这要作为党和国家的一项重大方针在全社会认真贯彻。”2010年7月30日，中共中央、国务院印发的《国家中长期教育改革和发展规划纲要（2010～2020年）》指出，我国高等教育的功能是培养高级专门人才、发展科学技术文化、促进社会主义现代化建设。提高科学文化水平正在成为全民族的自觉意识，年轻一代对享受优质高等教育资源的愿望更为迫切，这就为高等教育的改革、发展提供了良好的舆论环境和需求动力。

知识经济，其实质就是高技术经济、高文化经济、高智力经济，是以高技术产业为支柱、以智力资源为依托的可持续发展的经济。知识经济时代，其实质就是资源配置集约化、产业支柱高科技化、知识使用智能化、知识驱动多元化的时代，知识、技术与经济结合更紧密的时代，从知识到技术再到经济的作用过程大大缩短，从而引起知识对经济影响的质的飞跃的时代，同时也是科技与经济更加全球化的时代。

---

❶ 转引自苏北：“世纪预言”，载《中华读书报》1998年10月21日。

❷ 《关于印发朱丽兰同志在贯彻全国技术创新大会精神工作会议上的讲话的通知》，《科学技术部文件》（国科发政字〔1999〕373号）。

知识经济的核心是科技，关键是人才，基础是教育，特别是高等教育。在知识经济时代，教育同经济发展的关系将越来越密切，推动经济发展的作用也越来越明显。因此，重视教育，重视学习，重视创新，是知识经济时代极其重要的特征。

知识经济的上述特征，决定了原始性创新是科技竞争的制高点。而推进原始性创新，必须提倡创新精神，完善创新机制，优化创新环境，培育创新文化。这为高等教育的改革指明了方向。高等教育作为知识传播、创新和应用的主要基地，正从经济发展和社会进步的边缘逐步走向中心。高等教育改革的目的，就是通过构建创造性教育模式，充分挖掘受教育者潜在的创造力，提高高等教育促进经济发展和社会进步的贡献率。因此，知识经济的勃兴，使高等教育面临着新的机遇。

适应这一要求，高校必须吸纳先进的教育理念，不断推进办学模式和人才培养模式的改革。这是因为，一方面，不同学科领域的知识相互交织，并构成全球网络。传统的课堂教学受到挑战，大学生对教师的依赖性有所减少，他们可在网络上的“模拟大学”里学习，在“电子教室”里和“电子黑板”上上课，这种新型教育模式已悄然而至。另一方面，学生是学校生存与发展的决定性力量，知识经济呼唤人才的个性和特色，千人一面、千篇一律的标准化培养模式受到挑战。只有不断创新的知识、思想和科学技术，才能满足知识经济对我国高等教育从精英教育阶段向大众化教育阶段发展的要求。

在这一宏大背景下，知识经济的迅速发展为21世纪初高校思想政治理论课教学改革提供了实实在在的超前性机遇。高校思想政治理论课教学改革有可能更加注重把课程教学同帮助大学生掌握人类所创造的丰富知识，特别是最新知识结合起来。这是因为，高校思想政治理论课涉及哲学、政治经济学、科学社会主义等各学科原理，涵盖经济、政治、文化、历史、法律、社会和生态等各领域专业知识。也就是说，高校思想政治理论课是综合性很强的系列课程，因此，当代大学生要在掌握基本理论知识的基础上，积极向书本学习、向实践学习、向人民群众学习，广泛学习经济、政治、文化、科技、社会和国际等各方面的新思想、新知识、新技能，打好理论功底，提高专业素养；增强创新能力，提高包括人文素养和科学素养在内的综合素养。

（二）科教兴国战略、人才强国战略与创新驱动发展战略所带来的导向性机遇

21 世纪将是教育的世纪。一方面，教育与社会将更加紧密结合，促进教育的大发展；另一方面，教育将更加注重质量和人才素质，教育将在时间和空间上进一步拓展，教育的竞争也将更加激烈。科教兴国战略、人才强国战略与创新驱动发展战略的提出，深刻反映了我们党对教育所处历史方位的科学把握，以及对高校思想政治理论课教学的政策导向。

当今世界各国的经济和科学竞争，实质上就是人才的竞争，而且是全世界范围内的人才竞争。谁拥有最多的优秀人才，谁在经济和科技竞争中就占有优势地位。因此，几乎所有经济大国都在谋划教育、科技和人才战略。1995 年 5 月 6 日，我国颁布的《中共中央国务院关于加速科学技术进步的决定》，首次提出在全国实施科教兴国的战略。所谓科教兴国，是指全面落实科学技术是第一生产力的思想，坚持教育为本，把科技和教育摆在经济、社会发展的重要位置，增强国家的科技实力及实现生产力转化的能力，提高全民族的科技文化素质。同年，党的十四届五中全会在关于国民经济和社会发展“九五”计划和 2010 年远景目标的建设中，把实施科教兴国战略列为今后 15 年直至 21 世纪加速我国社会主义现代化建设的重要方针之一。1996 年，第八届全国人民代表大会第四次会议正式提出了国民经济和社会发展“九五”计划和 2010 年远景目标，“科教兴国”成为我们国家的基本国策。为全面落实科教兴国战略，农业、工业、国防、财贸等行业和部门都提出了依靠科技振兴行业的发展战略。各省、市、自治区及各地（市）、县（市）也制定了科教兴省、科教兴市、科教兴县的发展战略和发展方针。

进入 21 世纪，国际、国内形势的新变化，进一步把人才问题提升到了国家发展的战略层面。从国际方面来看，经济全球化深入发展，科技进步突飞猛进，知识创新、科技创新、产业创新不断加速，以经济为基础、科技为先导的综合国力竞争日趋激烈，人才资源成为关系国家竞争力强弱的基础性、核心性、战略性资源。从国内方面来看，中国进入全面建设小康社会和全面建成小康社会、加快推进社会主义现代化的关键时期，经济社会发展要求与人才资源不足的矛盾日益突出，高层次和高技能人才严重短缺；人才结构不合理；人才管理体制、运行机制与市场经济体制不相适应等问题被现实地提到党和国家的议事日程。正是基于这种分析和判断，2000年，中央经济工作会议首次提出“要制定和实施人才战略”。同年，党的十五届五中全会提出，要把培养、吸引和用好人才作为一项重大的战略任务切实抓好，努力建设一支宏大的、高素质的人才队伍。2001年发布的《中华人民共和国国民经济和社会发展第十个五年计划纲要》则专章提出“实施人才战略，壮大人才队伍”。这是中国首次将人才战略确立为国家战略，将其纳入经济社会发展的总体规划和布局，使之成为其中一个重要组成部分。2002年，面对中国加入WTO后的新形势，直面经济全球化和综合国力竞争，为保证建设有中国特色社会主义事业健康发展，中共中央、国务院制定颁发了《2002~2005年全国人才队伍建设规划纲要》，首次提出了“实施人才强国战略”，对新世纪中国人才队伍建设进行了总体谋划，明确了当前和今后一个时期中国人才队伍建设的指导方针、目标任务和主要政策措施。该纲要可以说是对此前提出的国家人才战略的深化和系统展开。2003年12月，中共中央首次召开中央人才工作会议，颁发了《中共中央、国务院关于进一步加强人才工作的决定》，决定特别强调，实施人才强国战略是党和国家一项重大而紧迫的任务，并进一步明确了新世纪、新阶段中国人才工作的重要意义，全面部署了人才工作的根本任务，制定了一系列有关方针政策。2007年，人才强国战略作为发展中国特色社会主义的三大基本战略[1]之一，写进了中国共产党党章和党的十七大报告。由此，人才强国战略的实施进入了全面推进的新阶段。

2006年全国科技大会以及2007年党的十七大都明确提出，科技发展要紧紧围绕经济社会发展这个中心任务，要解决制约经济社会发展的关键问题；要建立以企业为主体、以市场为导向、产学研结合的创新体系，让企业成为创新主体；高技术不再是独立发展的产业，而要与传统产业全面结合。2012年，党的“十八大”对上述认识进行了精辟总结，进一步明确指出：“科技创新是提高社会生产力和综合国力的战略支撑，必须摆在国家

[1] 党的十七大提出的三大基本战略是科教兴国战略、人才强国战略、可持续发展战略。

发展全局的核心位置”[1]；到2020年，我国进入创新型国家行列。国际上普遍认可的创新型国家，科技创新对经济发展的贡献率一般在70%以上，研发投入占GDP的比重超过2%，技术对外依存度低于20%。强调要坚持走中国特色自主创新道路、实施创新驱动发展战略。这是我们党放眼世界、立足全局、面向未来作出的重大决策。

实施创新驱动发展战略，对我国形成国际竞争新优势、增强发展的长期动力具有战略意义。改革开放30多年来，我国经济快速发展主要源于发挥了劳动力和资源环境的低成本优势。进入发展新阶段，我国在国际上的低成本优势逐渐消失。与低成本优势相比，技术创新具有不易模仿、附加值高等突出特点，由此建立的创新优势持续时间长、竞争力强。实施创新驱动发展战略，加快实现由低成本优势向创新优势的转换，可以为我国持续发展提供强大动力。

实施创新驱动发展战略，对我国提高经济增长的质量和效益、加快转变经济发展方式具有现实意义。科技创新具有乘数效应甚至幂数效应，不仅可以直接转化为现实生产力，而且可以通过科技的渗透作用放大各生产要素的生产力，提高社会整体生产力水平。实施创新驱动发展战略，可以全面提升我国经济增长的质量和效益，有力推动经济发展方式转变。

实施创新驱动发展战略，对降低资源能源消耗、改善生态环境、建设美丽中国具有长远意义。实施创新驱动发展战略，加快产业技术创新，用高新技术和先进适用技术改造提升传统产业，既可以降低消耗、减少污染，改变过度消耗资源、污染环境的发展模式，又可以提升产业竞争力。

由此可知，不断扩大对外开放、深入参与经济全球化进程的中国，正在全面推进社会主义经济建设、政治建设、文化建设、社会建设、生态文明建设，正站在由大国变强国的新的历史起点，迫切需要依托面向现代化、面向世界、面向未来的现代教育体系提供坚实的人才支持和知识贡献。特别是经济发展方式的转变，尤其需要把经济发展真正转移到依靠科技进步、劳动者素质提高和管理创新上来，而其重要基础就在于优先发展教育。同

[1] 胡锦涛：《坚定不移沿着中国特色社会主义道路前进 为全面建成小康社会而奋斗——在中国共产党第十八次全国代表大会上的报告（2012年11月8日）》，人民出版社2012年版，第21页。

时，人民群众对通过教育提高素质、改变命运的强烈愿望前所未有，对更高质量、更加公平、更加多样教育的迫切要求前所未有。因此，对21世纪教育的使命和作用，必须站在未来发展的新的战略高度来审视，应当有更加广阔的视野、更加辩证的思考、更加久远的设想，理性选择教育发展战略和改革思路，并由此进一步彰显高校人才培养、科学研究、服务社会、引领未来的功能。

正是基于这样的认识，我国开启了从人力资源大国向人力资源强国迈进的历史新征程，《国家中长期教育改革和发展规划纲要（2010～2020年）》、《国家中长期人才发展规划纲要（2010～2020年）》和《国家中长期科学和技术发展规划纲要（2006～2020年）》、党的十八大报告一起构成新世纪、新阶段深入实施科教兴国战略和人才强国战略与创新驱动发展战略的极为重要的顶层设计，并对高等教育发展特别是人才培养提出了新的标准和要求，注入了新动力、新生机。

因应实施科教兴国战略和人才强国战略与创新驱动发展战略所带来的导向性机遇，在转变教育观念、深化教育教学改革的同时，人才培养的方向性成为"培养什么样的人"的基本诉求。高校思想政治理论课的地位和作用进一步凸显，这与其双重功能即理论教育功能和思想政治教育功能密切相关。

21世纪初，就世界范围而言，各种社会思潮极为活跃，各种观念相互碰撞，不同文化相互激荡。社会主义大学作为育人的重要场所，必须高举中国特色社会主义伟大旗帜，牢牢把握马克思主义在意识形态领域的主导权，从而在高校内部形成更加强大的凝聚力，对社会形成更加广泛的影响力。因此，必须大力弘扬时代精神、爱国精神、科学精神、人文精神，发展社会主义先进文化，培育和践行社会主义核心价值观，充实和创新高校思想政治理论课教育教学内容。这就涉及政治意识导引问题。党的十八大报告明确提出：要"牢牢掌握意识形态工作领导权和主导权，坚持正确导向，提高引导能力，壮大主流思想舆论"。如何结合所处时期的世情和国情特点，适时地改进政治意识导引方法，在潜移默化中放大执政党和政府所要导引的主导政治意识蓝本，获得当代大学生的共鸣，是世界各国执政党和政府的主要工作之一。而高校思想政治理论课教学改革则是改善政治意识导引方法的重要内容。这是因为，高校思想政治理论课教学的对象是当代大学生这一特殊青年群体，他们的成长、成才关系到国家的政治稳定和政治发展，影响着国家的经济社会发展环境和前景，也是国家和民族的希望与未来。

（三）全面推进高等教育改革和发展所带来的历史性机遇

20世纪、21世纪之交，我国新一轮高等教育改革启动，并呈现出高校招生规模扩大与高等教育改革速度加快两者并进的显著特点，其目的就在于促进我国高等教育办学模式向着适应社会主义市场经济体制的方向转变。

新一轮高等教育改革的方针是“巩固、深化、提高、发展”，即巩固成果，深化改革，提高质量，实现高等教育的跨越式发展。“巩固”，是指要做好高校布局结构调整的后续工作，使高校在新的体制和机制下正常、有序、科学、高效地运转；“深化”，是指要在已经取得成绩的基础上，使教育资源优化组合的效应充分发挥出来，把高校改革的重点由宏观整体布局调整转向学校内部管理体制的完善，使高校内部管理体制更加适应社会市场经济体制和高等教育发展的需要；“提高”，是指要搞好学科建设，提高教学质量，提高学术水平，为国家培养更多、更好的合格人才；“发展”，是指要加快高等教育事业的发展步伐，最大限度地满足广大青年日益增长的接受高等教育的迫切需要。

新一轮高等教育改革的内容，主要包括：

1. 深化高等教育管理体制改革，优化教育资源配置。中央和省级政府两级管理、以省级政府管理为主的高等教育管理的新体制逐步形成。新体制理顺了关系，调动了地方政府和社会各方面发展高等教育的积极性，密切了高校与区域经济社会发展的联系，这对于我国高等教育事业的发展有着深远的战略意义。

2. 深化高等学校内部管理体制和机制改革。各高校按照“转换机制、优化结构、增强活力、提高效益”的原则，改革学校内部管理模式，转变职能，着力改革和调整教学、科研管理的组织方式，继续深化人事制度改革，积极推行教师聘任制和全员聘用合同制，逐步建立起适合教师特点的分配制度、激励机制和约束机制，提高了办学效益。

3. 高等教育成本分担机制改革、高校毕业生就业制度改革平稳推进。接受高等教育适当缴费，同时，逐步完善包括国家奖学金、教育储蓄、学生助学贷款、学生困难补助、勤工助学等措施在内的国家助学体系，基本形成了社会主义市场经济条件下的教育成本分担机制。同时，逐步建立起市场导向、政府调控、学校推荐、学生和用人单位双向选择的毕业生就业体制机制。

4. 高考改革正在朝着有利于全面推进素质教育的方向逐步深化。1998年以来，高等学校统一招生考试制度的改革不断推进，“3 + X”考试科目改革在试点的基础上，已在大部分省（自治区、直辖市）推开；考试内容更加注重对考生能力、素质的考核。

5. 高校后勤社会化改革取得重大突破。1999 年以来，高校后勤社会化改革使高校后勤保障条件大为改善，同时有力地推动着高等教育办学模式与办学观念的深刻转变，促进了高等教育的可持续发展。

高等教育改革和发展为高校教育教学改革，特别是高校思想政治理论课教学改革提供了历史性机遇。这是因为，在高等教育改革和发展进程中，必须始终思考和解决两大战略问题，即“建设什么样的大学，怎样建设这样的大学”、“培养什么样的人，怎样培养这样的人”。2001 年，教育部发布了《关于加强高等学校本科教学工作提高教学质量的若干意见》（教高〔2001〕4 号）。各高校不断深化教学改革，秉持育人为本的理念，把培养高素质的创造性人才、德智体美全面发展的人才作为根本任务。在这方面，高校思想政治理论课有着不可替代的功能和重要作用。特别是从 2004 年以来实施的马克思主义理论研究和建设工程，是不断开辟马克思主义发展新境界的必然要求，是巩固马克思主义在意识形态领域指导地位的重大举措，是全面建设小康社会、不断开创中国特色社会主义事业新局面的迫切需要，是加强党的理论建设、保持党的先进性、巩固党的执政地位的重要保证。这一工程实施 10 年来，着眼于世界变化，立足于新的实践，加强了对马克思主义经典著作的编译和研究，回答了哪些是必须长期坚持的马克思主义基本原理、哪些是需要结合新的实际加以丰富发展的理论判断、哪些是必须破除的对马克思主义的教条式理解、哪些是必须澄清的附加在马克思主义名下的错误观点，用科学的态度对待马克思主义。同时，这一工程逐步构建起具有时代特征的马克思主义理论的学科体系，编写并修订出版了一大批充分反映毛泽东思想、邓小平理论、“三个代表”重要思想和科学发展观的哲学、政治学、社会学、法学、史学、新闻学、文学等哲学社会科学重点教材。高校思想政治理论课教学改革迎来了难得的历史性机遇，进一步得到重视和加强，并由此使大学生的思想道德素质和文化科学素质、创新精神和实践能力有了明显提高。

二、高校思想政治理论课教学改革面临的挑战

机遇与挑战常常是如影随形、并存同在的。在机遇与挑战面前，必须学会用辩证的思维、辩证的眼光、辩证的措施分析问题，善于把握机遇，敢于迎接挑战，积极主动采取各种行之有效的举措，不断推进高校思想政治理论课教学改革，从而达到我们期冀的目的。

早在1995年10月，国家教委《关于高校马克思主义理论课和思想品德课教学改革的若干意见》指出："'两课'教学需要深化改革。在世界风云变幻、国际竞争日趋激烈、科学技术迅速发展的形势下，在改革深化、开放扩大，尤其是建立社会主义市场经济体制和以公有制和按劳分配为主体、其他多种经济成分和分配方式并存的社会环境里，怎样帮助青年学生认清人类历史的走向和社会主义发展的前景，使他们确立坚定正确的政治方向，提高贯彻执行党的基本路线的自觉性；树立马克思主义的世界观、人生观、价值观，培养良好的道德品质，成为社会主义事业的建设者和接班人，这是'两课'教学需要研究解决的新情况和新问题。近年来，高校'两课'教学改革和建设已取得了积极的进展，但是当前在思想认识、教学内容和方法、学科建设、政策保障，尤其是师资队伍建设等方面，都还不能完全适应形势发展的新要求。继续抓好'两课'的教学改革和建设不仅是必要的，而且是十分紧迫的。"❶

2005年2月，《中共中央宣传部、教育部关于进一步加强和改进高等学校思想政治理论课的意见》进一步指出："新的形势对高等学校思想政治理论课教育教学提出了新的任务和要求。世界多极化和经济全球化的趋势在曲折中发展，科技革命日新月异，综合国力竞争日趋激烈。各种思想文化相互激荡，西方敌对势力加紧对我实施西化、分化的政治图谋。我国

❶ 教育部社会科学司组编：《普通高校思想政治理论课文献选编（1949~2008）》，中国人民大学出版社2008年版，第158页。

改革开放进一步深入，社会经济成分、组织形式、就业方式、利益关系和分配方式日益多样化。如何引导大学生正确认识当今世界错综复杂的形势，把握国际局势的发展变化和人类社会的发展趋势；如何引导大学生正确认识国情和社会主义建设的客观规律，增强在中国共产党领导下全面建设小康社会、加快推进社会主义现代化的自觉性和坚定性；如何引导大学生正确认识肩负的历史使命，努力成为德智体美全面发展的中国特色社会主义事业的建设者和接班人，是必须认真研究解决的重大而紧迫的课题。”❶

近十年来，面对新的变化和新的情况，高等学校思想政治理论课教育教学还存在着一系列亟待解决的问题。诸如，学科建设基础比较薄弱，课程内容重复，教材使用不得当，教学方式方法比较单一，教学的针对性、实效性不强；教师队伍数量相对不足，素质有待提高，优秀中青年学术带头人缺乏；一些学校不同程度地存在认识不足、重视不够、管理不到位的情况，等等。高校思想政治理课课教学改革面临着一系列挑战。综合分析，挑战则主要是社会主义市场经济的新特点以及世界形势和国际格局的新特点所生发的。

（一）社会主义市场经济的新特点对高校思想政治理论课的挑战

生产关系同生产力、上层建筑同经济基础相适应，经济社会持续健康发展，其中，经济体制改革起着重要的牵引作用。在相当长的一个时期，经济体制改革的核心问题都是如何处理好政府和市场的关系，如何使市场在资源配置中起决定性作用和更好发挥政府作用问题。市场决定资源配置是市场经济的一般规律，健全社会主义市场经济体制必须遵循这条规律，着力解决市场体系不完善、政府干预过多和监管不到位问题。❷具体地说，就是使经济活动遵循价值规律要求，适应供求关系的变化；通过价格杠杆和竞争机制的功能，把资源配置到效益较好的环节中去，并给企业以压力和动力，实现优胜劣汰；运用市场对各种经济信号比较灵敏的优点，促进生产和需求的及时协调；针对市场自身的弱点和消极方面，国家对市场进

---

❶ 教育部社会科学司组编：《普通高校思想政治理论课文献选编（1949～2008）》，中国人民大学出版社 2008 年版，第 213～214 页。

❷ 《中共中央关于全面深化改革若干重大问题的决定》，人民出版社 2013 年版，第 5～6 页。

行有效的宏观调控。

社会主义市场经济，既具有一般市场经济的共性，诸如经济关系市场化、企业行为自主化、宏观调控间接化、经济管理法制化等，也具有自己的特性，即社会主义市场经济体制同社会主义基本制度的结合而形成的制度性特征，并具体体现在基本经济制度、分配制度等方面。

计划经济体制向社会主义市场经济体制的转变，不仅是社会生活方式和社会结构的深刻变革，即从同质的单一的社会生活方式和社会结构向异质的多样性的社会生活方式和社会结构转型，而且也剧烈地变革着人们的"精神—思想—思考"的结构和方式，引起人们心理的强烈震荡，引发精神领域的深刻革命，从而使观念冲突涉及我国社会生活的方方面面。就观念冲突的领域而言，它涉及政治、经济、文化等一切领域；就其层次而言，它既包括经验的范围，又涵盖了理论的领域；就其根源而言，它是现实的社会存在的矛盾在观念领域的反映和再现，是已经变化了的社会存在与迟变的社会意识之间的碰撞和冲突，是历史上观念冲突的沉淀和继续；就其性质而言，它是反映社会现代化的客观要求的新观念与阻碍现代化推进的各种旧观念的冲突，是推动生产力发展的新观念和阻碍生产力发展的各种旧观念的冲突。在社会主义市场经济条件下，观念冲突主要表现为：务实创新观念与僵化保守观念的冲突，传统义利分裂观念与现代义利并重观念的冲突，传统平等观念与公平效率观念的冲突，集体主义观念与"合理利己主义"观念的冲突，社会主义市场经济以社会道德的完全丧失为代价与社会主义市场经济和社会道德一体化发展的观念的冲突，等等。❶

加快完善社会主义市场经济体制，加快转变经济发展方式，是高校思想政治理论课教学改革面临的最重要的国内社会环境的变化和挑战。具体来说，主要有：

1. 社会主义集体主义观念和原则受到市场经济功利性的挑战。社会主义和集体主义是不可分割的。社会主义集体主义是高校思想政治理论课需要向学生灌输并要求学生必须确立的价值观。但是，在改革开放之前的相当长一段时间里，我们单纯强调集体利益的至上性，没有充分肯定和启动

---

❶ 林建华：《比较与借鉴：东西方社会主义的理论和实践》，山东大学出版社 2005 年版，第 250 ~ 259 页。

个人正当利益这一杠杆，没有正确认识和处理国家、集体、个人三者之间的利益关系，从而不可避免地抑制了人们对个人利益的追求。而市场经济则使个人利益逐渐凸显，并迫使人们在社会利益关系中找到个人利益的最佳位置。从一定意义上说，市场经济与个人利益存在着一种内在的联系。市场经济中的竞争以个人利益为驱动力；个人利益的实现与否及实现的程度，也将在市场竞争中得到直接的体现。从表面上看，这似乎为市场经济和个人主义、利己主义的“嫁接”提供了理论依据，并由此产生了不和谐的音符，即试图以“合理利己主义”取代集体主义作为社会主义的主旋律。在市场经济这种功利性环境和氛围的浸染中，有些大学生考虑的首要问题是如何增强自己在学校和将来在社会上的竞争能力，并把专业技能性的优长看作硬件，把思想道德修养的提高看作软件，认为马克思主义理论没有实用性，解决不了就业等所谓的实际问题。有些大学生以个人主义为中心、以实用主义为标准来衡量和评价身边的人和事，过分看重眼前利益，过分追求物质利益，忽视内在的精神素养和综合素养，缺乏对他人、对社会的责任感。这使高校思想政治理论课一直倡导的马克思主义的世界观、人生观、价值观和社会主义的道德观、法制观受到极大的挑战。高校思想政治理论课需要在教学改革中教育引导大学生培育、践行社会主义核心价值观，引导大学生解放思想、更新观念，坚定地确立竞争意识、民主意识、平等意识、参与意识、效益意识、法律意识，以一种良好的心态，在学习中增强竞争能力，勇于竞争、善于竞争，并在竞争中成长和发展。

社会主义市场经济在客观上要求观念更新，但并不是将集体主义更弦易辙。社会主义市场经济更加强调与主张超越个人主义、反对个人主义。唯有如此，才能减少内耗，增加社会肌体的凝聚力，促进社会生产力的发展，实现社会秩序的良性运行与社会和谐。

2. 马克思主义的理论和信仰受到价值多元化以及理论与现实之间巨大反差的挑战。高校思想政治理论课的理论教育功能和思想政治教育功能，旨在帮助大学生掌握马克思主义的思想和理论，确立马克思主义的理想和信念。“没有革命的理论，就不会有革命的运动。”❶ 在长期革命、建设和改革的实践中，中国共产党人认识到：辩证唯物主义和历史唯物主义，是

---

❶《列宁选集》第1卷，人民出版社1995年版，第311页。

马克思主义最根本的世界观和方法论；实现物质财富极大丰富、人民精神境界极大提高、每个人自由而全面发展的共产主义社会，是马克思主义最崇高的社会理想；坚持人民群众是历史的创造者、致力于实现最广大人民的根本利益，是马克思主义最鲜明的政治立场；坚持一切从实际出发，理论联系实际，实事求是，在实践中检验真理和发展真理，是马克思主义最重要的理论品质。

改革开放以来，中国共产党坚持以马克思主义为指导，立足中国基本国情，确立了公有制为主体、多种所有制经济共同发展的社会主义初级阶段基本经济制度；确立了按劳分配为主体、多种分配方式并存的社会主义初级阶段的分配制度，由此也导致我国社会利益关系呈现出一些新特点，诸如，利益主体趋于多样化，利益差距有所扩大，利益冲突有所增强。在这一进程中，多层次的利益群体都在表达各自的利益诉求，不同的价值观念、社会思潮异常活跃，呈现出多样、多元、多变的态势。这是我国改革开放新时期经济、社会及阶层结构、利益群体变化的反映，是我国社会转型期难以避免的现象。与此同时，随着经济全球化和信息化的发展，以及我国对外交往的日益频繁，国际上各种社会思潮如民族主义、实用主义、拜金主义、极端个人主义等也涌入我国，并在经济、政治、文化、教育等领域广泛流传。这些社会思潮，有些是健康有益的，有些则是错误有害的，有些甚至传递出了西化、分化我国的信息。这就使我国当前的意识形态“生态环境”错综复杂。马克思曾指出：“如果从观念上来考察，那么一定的意识形式的解体足以使整个时代覆亡。”❶ 诺贝尔经济奖获得者道格拉斯·诺斯在《经济史中的结构与变迁》中也曾提出：“意识形态是种节约机制，通过它，人们认识了他们所处环境，并被一种‘世界观’导引，从而使决策过程简单明了。”❷

随着改革的深入、开放的扩大、现代科技的普及，高校在地理空间、信息交流、文化传播等方面不再与社会隔绝。高校是国际风云、社会变革、政治思想、学术思潮的集散地，是思想理论较量的重镇，是各种信息的密集地，是发展科学文化的重要园地，也是西方敌对势力渗透的重点区域。

---

❶ 《马克思恩格斯全集》第30卷，人民出版社1995年版，第539页。

❷ ［美］道格拉斯·诺斯：《经济史中的结构与变迁》，上海三联书店1991年版，第53页。

信息来源的日益广泛，极大地拓展了大学生的视野，使他们能够了解到课堂之外的社会现实的方方面面，而最令大学生担忧的问题则是就业竞争愈加激烈。所有这些，都成为大学生比较、思考高校思想政治理论课教育教学内容的另类标本和思想元素。梅伟恒在其主编的《哥伦比亚中国文学史》（2011 年版）一书中指出："遥远太空中，卫星发送的电子邮件和无线电信号无远弗届，毫不顾及'可怜的'长城和其他任何你想到的障碍，往返于中国和世界的每一个角落。这些邮件和信号中，就有未来中国语言和文学的种子。"❶ 换言之，在信息化时代，实际上孕育着未来中国命运和前途的种子。在这样的环境下，一部分大学生往往从理论与现实的负面效应中思考问题，厌烦甚至从根本上全面质疑马克思主义的科学性、否定学习马克思主义理论的必要性。一些大学生片面地认为马克思主义只解决夺取政权问题，不了解或不愿了解马克思主义在指导工人阶级和广大人民群众建党（包括党的建设）、夺权（包括政权建设）、建设（包括改革）三部曲中的重要地位和重大意义，从而不能确立起对马克思主义的信仰以及建设中国特色社会主义事业的共同理想和共产主义社会的远大理想。

马克思主义是科学，它始终严格地以客观事实为根据。而实践又总是在不停的发展中，马克思主义是随着时代、实践和科学的发展而不断发展的，不可能一成不变。马克思主义与时俱进的理论品质，要求高校思想政治理论课把社会主义现代化建设探索中出现的重大理论与现实问题引入课堂，引导大学生正确认识当今中国正在发生的广泛而深刻的变革，使大学生在学习、研讨的过程中逐渐接受马克思主义，确立起对马克思主义的信仰，把自己培养为中国特色社会主义事业的合格建设者和可靠接班人，否则，就会因为没有正确的理论基础和思想灵魂而迷失方向。

（二）国际形势和世界格局的新特点对高校思想政治理论课的挑战

20 世纪 90 年代以来，经济全球化迅猛发展，科技革命日新月异，世界各国的竞争越来越表现为以经济和科技为主的综合国力的竞争。进入 21 世纪，国际局势继续发生着深刻、复杂的变化，经济全球化深入发展，世界多极化趋势进一步加强，科学技术酝酿新突破，思想文化交流、交融、

❶ ［美］梅伟恒主编：《哥伦比亚中国文学史》，刘正译，哥伦比亚大学出版社 2001 年版。

交锋呈现新特点，人类共同安全问题日益突出。和平与发展仍然是时代主题。但是世界还很不安宁。总体和平、局部战争，总体缓和、局部紧张，总体稳定、局部动荡，是当今国际局势发展的基本态势。因此，求和平、谋发展、促合作仍然是时代的主旋律。

在这种国际形势和世界格局下，高校思想政治理论课教学改革面临着严峻的挑战，主要表现在：

1. 社会主义核心价值体系的构建、社会主义核心价值观的践行受到经济全球化和日趋复杂的国际政治斗争的挑战。倡导富强、民主、文明、和谐，倡导自由、平等、公正、法治，倡导爱国、敬业、诚信、友善，积极培育和践行社会主义核心价值观，构建社会主义核心价值体系，是社会主义意识形态的本质体现，决定着中国特色社会主义的发展方向，是兴国之魂。高校思想政治理论课，正是通过对大学生进行系统的马克思主义理论教育和思想政治教育，帮助和引导当代大学生构建社会主义核心价值体系、培育和践行社会主义核心价值观。

经济全球化是当今世界经济发展的一个历史过程，也是一个不可逆转的客观趋势。但是，经济全球化并不仅仅是一个自然的历史过程，它也存在着意识形态的陷阱。经济全球化已成为不同价值体系、思想文化、社会形态在全球扩散和传播的主渠道。“经济问题意识形态化、意识形态问题经济化”成为西方发达国家向发展中国家进行渗透时经常采用的手法和方式。[1] 在经济全球化的背景下，不同的意识形态在对立和差异中并存、交流、交融，为我国主流意识形态吸收合理养分、丰富自我提供了新的平台，有利于大学生开阔视野、开启思路，增强高校思想政治理论课教学的生机和活力，切实提高高校思想政治理论课教学的实效性。但是，资本主义与社会主义之间的渗透与反渗透、颠覆与反颠覆的斗争在意识形态领域表现得尤为明显，文化价值观的交锋也日益成为国际政治斗争的焦点。西方发达资本主义国家，依恃其经济和科技的优势，利用经济合作、贸易往来、技术转让等方式对社会主义国家采取诱压兼施的手法，推行西方的政治经济制度和价值观念，特别是通过文化扩张和渗透，极力模糊资本主义和社

---

[1] 刘洪彪、曾国平：“加入 WTO 对意识形态的冲击及对策研究”，载《西南民族学院学报》2002 年第 3 期。

会主义在意识形态上的区别，弱化人们对社会主义理想的认同，降低社会主义思想对人们的凝聚力和整合作用。由此，引发一部分大学生怀疑、否定社会主义，羡慕、向往资本主义，进而导致对社会主义核心价值体系、社会主义核心价值观的心理拒斥。

2. 爱国主义精神受到全球意识的挑战。随着经济全球化的深入发展，国与国之间各方面的联系越来越紧密，超越国家和民族界限的全球性问题日益突出。由此，越来越多的人认为，全球化进程使得主权的神圣性大打折扣，国家主权的相对化越来越凸显。西方国家也极力宣扬经济全球化就是世界大同时代，无须再提民族、国家主权与利益。美国学者罗伯特·莱克认为："我们正在经历一场变革，这场变革将重新安排即将到来的世界政治和经济……每一个国家的基本政治使命将是应付全球经济的离心力，这种力量正在拆散把公民联系在一起的纽带。"❶ 而美国又自恃经济、科技、军事力量的强大，毫不隐讳地声称要"领导世界"，妄图把社会主义国家和发展中国家统统纳入它领导的完全符合美国资本利益的"自由世界体系"。这就使高校思想政治理论课培育以爱国主义为核心的民族精神的功能和作用受到极大的挑战。

尽管人类的共同利益在国际关系中的分量越来越重，但围绕国家利益的对话与合作仍具有现实意义。这是因为，经济全球化并不意味着民族国家的消亡，也没有改变国际文化中的主权原则，国家利益始终是国与国之间关系的着眼点。国际政治学家汉斯·摩根索认为："只要世界在政治上还是由国家所构成的，那么国际政治中实际上最后的语言就只能是国家利益。"❷ 作为发展中的大国，中国的战略利益乃至政治安全必须以民族经济的发展壮大和竞争能力的提高为依托，同时也有赖于中华民族的伟大凝聚力和爱国主义精神。爱国主义是一面旗帜，是中华民族生生不息的力量源泉。在全球竞争中，实现中华民族的伟大复兴，一直是爱国主义的鲜明主题。针对经济全球化进程中大学生中出现的国家观念、国民意识淡漠，否定历史，否定民族文化价值、数典忘祖等现象，高校思想政治理论课须更

---

❶ ［美］罗伯特·赖克：《国家的作用——21 世纪的资本主义的前景》，徐荻洲等译，上海译文出版社 1994 年版，第 1 页。

❷ Hans. Morgenthau. *Dilemma of Politics*, Chicago: University of Chicago Press, 1958, p. 68.

加注重激起大学生的民族自尊心、自信心、自强意识的教育，把经济全球化对我国形成的压力变为推动自我奋发以及促进民族振兴的动力，树立为祖国的繁荣富强而不懈奋斗的决心和使命感。

3. 社会主义文化受到西方强势文化侵蚀的挑战。全球化，实际上也是文化交流、交融、交锋的过程。各国都把文化作为推动社会发展进步的重要力量。但是，在经济全球化的进程中，经济上的支配力量必然衍生出强势文化和霸权文化。进入21世纪以来，文化问题更加凸显，文化的战略地位与日俱增。党的十七届六中全会确立了建设社会主义文化强国的宏伟目标，明确提出了新形势下推进文化改革发展的指导思想、重要方针、目标任务和政策举措，阐明了中国特色社会主义文化发展道路。

作为传承、创新先进文化的重要场所，大学有着推进文化大发展、大繁荣的天然优势和独特优势。而高校思想政治理论课教学的重要作用在于，在全球化时代的大背景下，致力于民族文化的发展，增强民族的凝聚力。抵制西方霸权文化的侵蚀，培养高度的文化自觉和文化自信，通过构建社会主义核心价值体系，践行社会主义核心价值观，发展中国特色社会主义文化，增强大学生对我国民族文化的认同感和归属感，弘扬中华文化，努力建设社会主义文化强国，这既是我国社会主义先进文化建设的应有之义，也是高校思想政治理论课教学的应有之义。针对近代中西方文化的碰撞，冯友兰认为："西洋文化之所以是优越底，并不是因为它是西洋底，而是因为它是近代或现代底。我们近百年来之所以到处吃亏，并不是因为我们的文化是中国底，而是因为我们的文化是中古底。"[1] 今天，对待中国传统文化和西方文化的正确态度，应是"古为今用，洋为中用"，"取其精华，弃其糟粕"，既吸收西方优秀文化成果，又继承和弘扬民族传统文化的精华，尊重文化的内在逻辑，营造良好的文化生态。只有如此，才能推进中国特色社会主义文化建设。因此，在高校思想政治理论课教学中，要使大学生树立一种开放的文化心态和全球性的文化意识，自觉地把民族意识与全球意识结合起来，把民族精神与时代精神统一起来，不断体验、感受、理解和领悟社会主义先进文化，逐步使社会主义先进文化内化为大学生的个体自觉和群体意识，提高大学生的民族自尊心和自豪感，增强民族的向心力

[1] 冯友兰：《三松堂全集》（第4卷），河南人民出版社2001年版，第205页。

和凝聚力；提高大学生的文化创新能力，增强中华文化绵延不绝的生命力。

此外，现代信息技术使网络文化特点鲜明、风格独特，具有内容丰富、传播迅速、影响广泛、能控率低、参与平等、服务个性化等特征，同时具有功能多样性、速度快捷性、环境开放性、作用双重性等性能，“使世界形成了一个没有边界的信息空间”。❶“在大众传播史上，第一次你将体验不必是有大资本的个人才能接触广大的视听群。因特网把所有的人都变成了出版发行人。这是革命性的变革。”❷网络综合了报纸、广播、电视、图书、录音录像等媒体的所有优势，汇集了世界各国的政治、经济、科技、文化、艺术等方面的信息。当代大学生在校园里也能随时随地获知各种信息，包括负面信息，从而对教师传递的信息即使是正面信息的可信性表现出选择性的态度，这也是高校思想政治理论课无法回避的难题和挑战。

总之，在21世纪初的今天，必须用新视野和新思路推进高校思想政治理论课教学改革，正确认识和处理高校思想政治理论课教学与当代大学生成长、成才的关系，高校思想政治理论课教学与世界观、人生观、价值观教育的关系，高校思想政治理论课教学与社会主义道德观、法律观教育的关系，高校思想政治理论课教学与中国特色社会主义理论和实践的关系，等等，化解种种挑战，并取得新的进展和实效。

三、高校思想政治理论课教学改革的意义

理念引导行动。在新一轮高等教育改革中，各高校逐步确立并巩固了本科教育是立校之基、人才培养是根本任务、教学工作是中心工作、质量是生命线的理念。一般而言，教学是教师的教和学生的学所组成的一种人类特有的人才培养活动。通过这种活动，教师有目的、有计划、有组织地引导学生积极自觉地学习和加速掌握文化科学基础知识和基本技能，促进学生多方面素质全面提高，使他们成为社会所需要的人。也就是说，教学活动是高校人才培养的主要载体。教学，包括两层含义，即教师的“教”

---

❶ 江泽民：“在第十六届世界计算机大会开幕式上的讲话”，载《人民日报》2000年8月22日。

❷［美］约翰·布洛克曼：《未来英雄——33位网络时代精英预言未来文明的物质》，海南出版社1998年版，第108页。

和学生的“学”。教与学是矛盾对立统一的双方，但是教学的根本目的是培养学生。教师的“教”，是为了学生的“学”。“教”是手段，“学”是目的。教，是教学中的主要矛盾方面；教学设计控制着教学节奏、教学方向、教学过程，决定着教学目标的实现，教师在教学中起主导作用。学生的“学”，主要是指学生的学习投入水平，学生的学习参与程度，学生的学习质量，等等。学，是教学中的次要方面；尤其在课堂教学中学生始终处在被动一方。但是，教学目标的实现是要通过学生来完成，是为了学生，学生是教学活动的主体。因此，学生的“学”更具有本体性。学生的“学”，主观能动因素同样至关重要的。从这一视角加以审视，以往的教育教学改革，多致力于教师“教”的环节，而在发挥学生的主体作用、激发学生的学习兴趣、促使学生把主要精力投入“学”的过程等方面，还有足够宽阔的探索空间。面对新的机遇和挑战，高校思想政治理论课教学改革涉及诸多因素，但同样需要做到有的放矢。因此，如何从调动和发挥“教”与“学”两个方面的积极性入手，进一步提高教育教学质量，就成为高校思想政治理论课教学改革的意义之所在。

1. 高校思想政治理论课教学改革有利于因应时代变化提出的挑战和问题，释疑解惑。所谓问题，“就是公开的、无畏的、左右一切个人的时代声音。问题就是时代的口号，是它表现自己精神状态的最实际的呼声”❶。而声音则是时代的命题。我国新时期的改革和发展始于问题。马克思主义理论不惧怕现实问题的挑战，它本身就是在回答和解决社会现实问题的过程中产生和发展起来的。从某种程度上说，时代和社会发展变化所带来的问题，以及对这些问题的科学回答，能够有效充实、更新、丰富高校思想政治理论课的教学内容，进而增强高校思想政治理论课的吸引力和当代价值。这也是高校思想政治理论课教学改革的重要维度。

2. 高校思想政治理论课教学改革有利于提升高校思想政治理论课建设和教育教学的科学化，进而推动学科建设。高校思想政治理论课教育教学的科学化，就是使高校思想政治理论课课程设置和教学内容安排更具有科学性，而更少主观随意性。高校思想政治理论课教学改革，有利于在突出高校思想政治理论课内容的政治性、思想性的同时，更加注重其科学性、

❶ 《马克思恩格斯全集》第40卷，人民出版社1982年版，第289~290页。

学术性，并集中体现为马克思主义理论发展和理论运用教育的统一，马克思主义科学原理与科学精神教育的统一，历史与现实的统一，课堂理论教育与社会实践教育的统一，等等。这也是改革开放以来高校思想政治理论课教学改革的成功经验。而马克思主义理论学科建设则是加强和改进高校思想政治理论课的基础。高校思想政治理论课教育教学所依托的学科是我国特有的一门政治性、科学性和实践性很强的学科。开展马克思主义基本理论研究、马克思主义发展史研究、马克思主义中国化研究、中国近现代史基本问题研究以及思想政治教育研究，有助于为推进党的思想理论建设和巩固马克思主义在高校教育教学中的指导地位，为加强高校思想政治理论课建设、培养思想政治教育工作队伍提供有力的学科支撑。进一步推进和深化高校思想政治理论课教学改革，有助于不断总结学科发展经验，探索马克思主义理论学科发展的规律，努力建设一个研究对象明确、功能定位科学的马克思主义理论学科体系，[1] 从而做到高校思想政治理论课教学改革与学科建设相辅相成、相互促进。

3. 高校思想政治理论课教学改革有利于实现人才培养的目标导向和价值导向，增强高校思想政治理论课的针对性和实效性。“针对性”是指教育满足学生需要的程度，“实效性”是指教育对学生的有用性。其中，实效性是高校思想政治理论课教学的出发点和归宿，是“大学生思想理论教育的生命线”[2]。影响高校思想政治理论课教学实效性的因素是多方面的，既有外部因素，诸如国际、国内社会、政治、经济、文化环境因素，也有内部因素，但是，“影响思想政治理论课教学效果最主要的原因在于教学过程本身的原因，特别是教学内容、教学方法和教学手段等方面的原因”[3]。因此，实效性既是制约高校思想政治理论课教学改革的瓶颈，也是进一步推动高校思想政治理论课教学改革的动因。失却实效性，对大学生进行马克思主义理论教育的任务就会落空，思想政治理论课的教学也就失去了意义。从这个意义上说，实效性是高校思想政治理论课教学改革的永恒追求，

---

[1] 教育部社会科学司组编：《普通高校思想政治理论课文献选编（1949～2008）》，中国人民大学出版社 2008 年版，第 214～215 页。

[2] 何云庵：《大学生思想理论教育实效性研究》，四川大学出版社 2008 年版，第 1 页。

[3] 顾海良、佘双好主编：《高校思想政治理论课程教学改革研究》，武汉大学出版社 2006 年版，第 139～141 页。

同时，也只有持之以恒地推进高校思想政治理论课教学改革，才能实现教学实效性的目的。这也是教育本身的长效性特点所决定的。

四、本章小结

考察现代大学的发展流变，可以发现，大学首先被赋予的功能就是人才培养。随着社会的发展进步，大学又被赋予了科学研究和服务社会、引领未来的功能。这些功能是辩证统一、相辅相成的关系。人才培养是科学研究和社会服务的基础，科学研究和社会服务又反过来促进人才培养，而人才培养、科学研究、服务社会的有效实现，才有可能使大学引领未来。总的来说，大学不是纯粹的科研机构，也不是企业和社会其他组织，大学的根本任务是人才培养。“培养什么样的人”、“怎样培养这样的人”，是教育工作的核心主题。社会主义大学无疑必须培养中国特色社会主义现代化的合格建设者和可靠接班人，培养思想道德素质、科学文化素质、身体健康素质等各方面都过硬的高素质人才。这种高素质的人才，应该是全面发展的人、有作为的人，是个性得到充分发展和人性得到极大解放的人，而不是工具的人、功利的人。新形势下高校思想政治理论课面临的机遇和挑战，特别是其面临的挑战，实质上就是高校在人才培养方面特别是“培养什么样的人”方面遇到的问题。高校思想政治理论课教学改革，实质上也是在迎接机遇和挑战、回答和解决这些问题中向前推进的。为此，它必须致力于：高举中国特色社会主义伟大旗帜，坚持以中国特色社会主义理论体系为主要内容，不断巩固党和人民团结奋斗的共同思想基础，并以此教育当代大学生；坚持解放思想、实事求是、与时俱进、求真务实的思想路线，弘扬马克思主义的科学态度和科学精神，坚持用创新的精神推动思想政治理论课建设和教学改革；坚持“三贴近”，即贴近实际、贴近生活、贴近大学生，进一步在深入人心、开拓创新、力求实效诸方面下工夫；加强对高校思想政治理论课教学的评价及其研究工作，构建思想理论教育综合评价体系，力求最大限度地在领导与群众、学生与教师、社会与学校之间形成共识，为思想政治理论课建设和改革营造更加宽松、和谐、健康的生态环境，最大限度地激发思想政治理论课教师的积极性、主动性和创造性，促进思想政治理论课教学改革不断发展；强化对思想政治理论课教学工作的管理，因为科学的管理是提高思想政治理论课教育教学质量的可靠保证。提高思想政治理论课教学的质量，既要有高水平的教育生产力，又要有与之相适应的教育生产关系，并力求把思想政治理论课教学的生产力和生产关系统一为最佳生产方式。[1] 通过深化教学改革，使高校思想政治理论课在人才培养方面始终在“场”且发挥独特的作用，必要而重要，且指向其实效性和长效性。

---

[1] 石云霞：“高校思想政治理论课建设和改革60年回顾与思考”，载《思想理论教育》2009年第19期，第4～12页。

第二章　高校思想政治理论课教学改革的整体设计和课程方案

历史经验总是寓于历史过程并从历史过程中抽象出来。恩格斯指出："历史从哪里开始，思想进程也应当从哪里开始，而思想进程的进一步发展不过是历史过程在抽象的、理论上前后一贯的形式上的反映；这种反映是经过修正的，然而是按照现实的历史过程本身的规律修正的。"❶ 这既是辩证唯物主义基本原理和认识论，也是历史唯物主义基本原理和方法论。高校思想政治理论课教学改革同样有自己的起点和基点。海德格尔曾指出："在这里，历史仍意指过去之事，然而却是有后效的东西。无论如何，历史之为过去之事总是就其对'当前'的积极的或缺失的效用关联得以领会的，而'当前'的意义则是'在现在'和'在今天'现实的东西。"❷ 经过新中国成立以来的课程建设，特别是20世纪90年代末和21世纪初的课程改革，高校思想政治理论课形成了以理论教育、思想教育、道德教育、政治教育为主要内容的既具有综合性又有层次性，既坚持理论教育为基础所体现出的理论教育的系统性，又注意与社会实际密切相连以培养运用理论的实践能力为目的的课程体系，其具体成果就是"98方案"和"05方案"。其中，"98方案"是一个跨越世纪的课程教学改革方案，"05方案"则是一个正在实施之中且取得了显著成就的新世纪的课程教学改革方案。这两个方案都构成了新的课程体系，且各具自己的特点，既充分体现了新、旧课程方案之间的联系和延续性，也充分体现了高校思想政治理论课建设

❶《马克思恩格斯文集》(第2卷)，人民出版社2009年版，第603页。

❷［德］海德格尔：《存在与时间》，陈嘉映、王庆节译，三联书店1987年版，第445页。

和教学改革与时俱进的创新精神。

一、高校思想政治理论课教学的历史演变

任何事物都是作为一个过程而展开的，是过程的集合体。新中国成立至今，高校思想政治理论课的概念、课程体系和教学改革都经过了一个与时代发展相适应的历史演变过程，并具体表现为阶段性和连续性相统一、前进性和曲折性相统一的辩证发展过程。恩格斯曾指出："人们自己创造自己的历史，但他们是在既定的、制约着他们的环境中，在现有的现实关系的基础上进行创造的。"❶ 列宁也曾指出："在分析任何一个社会问题时，马克思主义理论的绝对要求，就是要把问题提到一定的历史范围之内。"❷这就是说，任何历史现象的产生总有其特定的历史背景，必须运用历史唯物主义的观点和方法加以考察。这一原则，同样适用于对高校思想政治理论课教育教学改革的研究和总结。

1. 新中国高校思想政治理论课的特质。

从课程的性质和要求来看，高校思想政治理论课是属于意识形态性非常突出的课程。但是，高校思想政治理论课教育教学首先是一种教育活动，因此也必须遵循教育教学的一般规律。

那么，教育是什么？这是所有从事教育活动的人们首先必须关注和回答的问题。恩格斯说："马克思研究任何事物时都考察它的历史起源和它的前提，因此，在他那里，每一单个问题都自然要产生一系列的新问题。"❸这种研究方法对于我们探究"教育是什么"、"思想政治教育是什么"同样具有重要的启迪意义。

教育是所有社会形态都具有的普遍的和永恒的社会生活范畴。自从有了人类社会，便有了教育。教育起源于人的需要，这种需要不是单一因素而是多种因素，特别是生产劳动和生活的需要等因素综合起作用的结果。"人是教育的、受教育的和需要教育的生物，这一点本身就是人的形象的最

---

❶ 《马克思恩格斯选集》（第4卷），人民出版社1995年版，第732页。

❷ 《列宁选集》（第2卷），人民出版社1995年版，第375页。

❸ 《马克思恩格斯全集》（第22卷），人民出版社1965年版，第400页。

基本标志之一。”[1] 实际上，正是教育，使人与动物区分开来。人不受教育就不能成为一个人。教育的本质就是人性的实现。

思想政治教育是一种特殊的教育形式，具有阶级性，并基本上呈现出两种样式：其一，表现为直接进行思想政治的教育与灌输；其二，更多地表现为融入德性教化。思想政治教育是做人的工作的，它塑造人的世界观、人生观和价值观。一个国家通常通过思想政治教育这种方式，以国家的思想价值取向去教育和培养自己的公民。但是，高校开设思想政治理论课，则是我国社会主义高等教育极其重要的特征。新中国成立后，高校思想政治理论课教育教学直接关系着高校“培养什么样的人”、“怎样培养这样的人”的目标定位与价值导向。高校思想政治理论课具有政治性、理论性、科学性和实践性的特质，它是体现社会主义本质特征和基本要求的国家课程；是帮助大学生树立马克思主义的立场、观点和方法，树立正确的世界观、人生观和价值观、道德观、法律观，培养社会主义的建设者和接班人的德育学科课程；是大学生思想政治教育的主课堂、主渠道、主阵地。

新中国成立后，高校思想政治理论课的特质主要表现为：

其一，它是区别新中国与旧中国的教育的分水岭。

中国是一个具有悠久的文化教育传统的国家。与长期的封建统治相适应的封建文化教育传统，在两千多年的历史长河中未曾遭遇过根本挑战。清朝末年，中国近代大学是逐渐冲破封建文化教育传统的束缚而成长起来的，它虽然带有某些“新学”的特征，但是，深重浓厚的封建社会文化环境使其开办和学术管理具有显著的封建性。国民政府时期，国民党一方面实施“党化教育”和专制主义教育，加强对大学的控制；另一方面也逐步着手对清末封建的大学教育制度进行重大改革，颁布了一系列大学教育法令，如《大学令》、《大学规程》等，从而推进了大学教育的发展。[2]

在西方，“课程”（curriculum）一词源于拉丁文，意为“跑道”（race-course）。引入教育领域之后，“课程”一词就具有了“学习者学习的路线”之意。英国教育家斯宾塞在《什么知识最有价位》一文中最早使用“课

---

[1] ［德］博尔诺夫：《教育人类学》，李其龙译，华东师范大学出版社1999年版，第36页。

[2] 潘懋元主编：《中国高等教育百年》，广东高等教育出版社2003年版，第154～164页。

程”一词。[1] 美国学者奥利佛曾总结、归纳出关于课程的13种定义，诸如：课程是学校中所传授的东西；课程是一系列的学科；课程是教材内容；课程是学习计划；课程是一系列的材料；课程是科目顺序；课程是系列的行为目标；课程是学习进程；课程是学校中所进行的各种活动；课程是在学校指导下，校内校外所传授的知识；课程是学校全体教职工所设计的任何事情；课程是学习者在学校所经历的经验；课程是个体学习者在学校所取得的一系列经验，等等。[2] 总的来说，课程是实现一定的教育目标的载体或中介手段，是按一定的计划进行的教学活动进程，是包括教学目标、教学内容、教学手段 、教学效果、教学管理、教学主体和客体、教学评价等因素和环节在内的总体规划设计，是学生在教师指导下获得的促进自身全面发展的经验和体验。由此可见，课程对于包括高等教育在内的所有教育活动具有极其重要的价值和意义。

中国对高等学校课程的首次规划，见于1904年颁布的《奏定学堂章程》。该章程把大学分为经学科、政法科、文学科、医科、格致科、农科、工科、商科等8个学科门类，共46种专业。各专业规定了“主课”与“辅助课”，两种课程共计771门。其中，有的专业多达30余门课程，有的专业则不足10门课程。1912年，中华民国教育部颁布《大学规程》，将大学分为文、理、法、商、农、工、医7大学科门类，共69种专业。与《奏定学堂章程》相比较，这次课程规划具有以下特点：第一，减少了大科类，增设了二级科类，从而反映了学科发展的综合与分化趋势。第二，废除了代表中国传统文化的课程，增加了反映西方文化精神的课程。第三，调整了专业设置，充实了课程。第四，课程设置的参照系由日本转向欧美诸国。1919年五四运动以后，受新文化运动的影响，教育界更加关注课程革新问题。这次课程革新的焦点是选课制问题。1922年，教育部颁布《学校制度改革令》，同时制定了《大学校用选课制》。1924年，教育部又颁布了《国立大学条例》。至此，国家统一的大学课程设置标准基本废除。而各校自行规定课程，则便于其根据各校的具体情况和学生的实际来选择课程，

---

[1] 陈洪涛：《高校思想政治理论课评价论》，中国社会科学出版社2011年版，第27页。

[2] Peter F. Olive, Developing the Curriculum, Little. Brown Company (Canala) Limited, 1982, p. 5.

这对培养学生的社会适应性和促进学生个性发展起到一定的积极作用。1928年，国民政府为了推行其独裁统治，加强了对高等教育的控制。针对大学课程设置漫无标准的“弊端”，教育部发表关于《大学教育应该确定标准，提高程度》的宣言；嗣后，教育部又公布了《大学规程》，要求大学及独立学院以国民党党义、体育、军训和第一外国语、第二外国语为共同必修课。抗日战争胜利后开始进行、1948年正式公布的课程修订，将国民党党义改成三民主义，增设伦理学，作为一年级学生的共同必修课程，等等。[1]

由于高校思想政治理论课既具有其他课程所具有的共性，又具有自己的特殊性，所以，新中国成立之初，党和政府就把加强高校思想政治理论课建设和思想政治教育作为实现新中国教育培养目标的任务之一。1949年12月23日，教育部部长马叙伦在第一次全国教育工作会议上所作的开幕词中指出：“中国的旧教育是帝国主义、封建主义和官僚资本主义统治下的产物，是旧政治旧经济的一种反映，和旧政治旧经济借以持续的一种工具。”“代替这种旧教育的应该是作为反映新的政治经济的新教育，作为巩固和发展人民民主专政的一种斗争工具的新教育。这种新教育就是新民主主义的，即民族的、科学的、大众的教育。”“我们要实施的这种新教育和旧教育是性质上完全相反的东西，是势不两立的。”[2]所谓民族的教育，是从形式的角度而言的；所谓科学的教育，是从内容的角度而言的；所谓大众的教育，是从方向的角度而言的。

其二，它是我国社会主义高等教育与资本主义高等教育的重要区别。

仅就课程设置决策而言，我国高校思想政治理论课是由中共中央宣传部、教育部下达行政文件，全国统一设置、统一教材、统一学时、统一教学要求、统一检查验收标准，全国普通高校所有大学生必修的共同课程。1984年9月，中共中央宣传部、教育部《关于加强和改进高等学校马列主义理论教育的若干规定》明确指出：“马克思主义是我们党和国家的行动指南，是培养学生无产阶级世界观和共产主义道德的理论基础。把马列主

---

[1] 潘懋元主编：《中国高等教育百年》，广东高等教育出版社2003年版，第165～179页。

[2] 教育部社会科学司组编：《普通高校思想政治理论课文献选编（1949～2008）》，中国人民大学出版社2008年版，第3页。

义理论课作为必修课，是社会主义大学区别于资本主义大学的重要标志。所有大学生都必须认真学好这门课程。”❶ 2005 年 2 月，中共中央宣传部、教育部《关于加强和改进高等学校思想政治理论课的意见》进一步强调：“马克思主义是我们立党立国的根本指导思想，是全党全国人民团结奋斗的共同思想基础。高等学校思想政治理论课承担着对大学生进行系统的马克思主义理论教育的任务，是对大学生进行思想政治教育的主渠道。充分发挥思想政治理论课的作用，用马克思列宁主义、毛泽东思想、邓小平理论和‘三个代表’重要思想武装当代大学生，是党的教育方针的具体体现，是社会主义大学的本质特征，是党和国家事业长远发展的根本保证。”❷

一般而言，无论社会主义国家还是资本主义国家，都始终对本国的思想政治教育予以高度重视。尽管美国、英国、法国、德国、日本等资本主义国家没有明确的“思想政治教育”之名，也较少使用“思想政治教育”的概念，但它们在高校中开设了一系列课程，并以公民教育、公民道德教育、政治养成教育、情感教育、价值观教育、法制教育、宗教教育、历史教育等名义进行了大量实质性的思想政治教育工作。❸ 例如，日本名古屋大学开设的相关政治教育课程主要有“日本资本主义的发展”、“日本的政治结构”、“东洋的社会和历史”、“西洋的社会和历史”、“日本和世界的宪法”、“现代社会与法”、“民主主义的理念与现实”等。❹ 美国芝加哥大学开设了一门名为“美国总统制”的课程，要求学生了解政府行政部门的背景、起源及历史沿革；历届当选总统的品格、思想、意识和领导能力；领导人的施政方式；总统和国会、政党、法院、公众舆论、利益集团的关系，等等。❺ 在 1848 年发表的《共产党宣言》中，马克思、恩格斯对资产阶级的教育观进行了批判，他们反问资产阶级：“而你们的教育不也是由社会决定的吗？不也是由你们进行教育时所处的那种社会关系决定的吗？不也是由社会通过学校等等进行的直接的或间接的干涉决定的吗？共产党人并没

---

❶ 教育部社会科学司组编：《普通高校思想政治理论课文献选编（1949～2008）》，中国人民大学出版社 2008 年版，第 94 页。

❷ 教育部社会科学司组编：《普通高校思想政治理论课文献选编（1949～2008）》，中国人民大学出版社 2008 年版，第 213 页。

❸ 苏振芳：《思想政治教育学》，社会科学文献出版社 2006 年版，第 33～54 页。

❹ 陈立思主编：《当代世界的思想政治教育》，中国人民大学出版社 1999 年版，第 254 页。

❺ 陈立思主编：《当代世界的思想政治教育》，中国人民大学出版社 1999 年版，第 256 页。

有发明社会对教育的作用；他们仅仅是要改变这种作用的性质，要使教育摆脱统治阶级的影响。”❶ 近代资产阶级学者托克维尔也明确指出：“在美国，对人们所进行的一切教育，都以政治为目的。”❷ 资本主义国家思想政治教育具有自己鲜明的特征，主要包括：“1）毫不减弱的‘意识形态化’；2）日益强化的政治功能；3）社会与个人并重的价值取向；4）不拘一格的形式和途径；5）方兴未艾的‘学科化’运动；6）百花齐放的社会适应性。”❸

2. 20世纪下半叶高校思想政治理论课的演化、主要内容和主要特点。

在20世纪下半叶的50余年间，高校思想政治理论课建设是坚持以马克思主义为指导思想、以培养有社会主义觉悟的有文化的劳动者为根本宗旨、以适应社会主义现代化建设需要和大学生心理发展的具体状况为主要任务，对课程体系、课程名称、课程内容不断进行调整和改革的历史进程。以课程设置、课程体系形成和发展作为标准，20世纪下半叶高校思想政治理论课建设和教学改革又可划分为既前后相继又改革创新的两个阶段，其界限是1978年党的十一届三中全会。而20世纪下半叶高校思想政治理论课建设的成就和经验，则又构成了21世纪初高校思想政治理论课教学改革的前提和基础。

第一阶段：我国高校马克思主义理论课的创建、规范和体系化阶段(1949～1978年)。在这一阶段，我国高等教育面临着改造旧教育、创造新教育的双重任务，且取得了重大的历史性成就，同时又受到了“文化大革命”的重创，面目全非，甚至陷入灾难性的境地。高校思想政治理论课的命运与我国高等教育的命运一样，起落沉浮，成绩与挫折同在，经验与教训并存。

美国教育家卡扎米亚斯指出：“所有社会，在民族危机和重大事变时期

---

❶ 《马克思恩格斯选集》(第1卷)，人民出版社1995年版，第290页。

❷ ［法］托克维尔：《论美国的民主》，董果良译，商务印书馆1988年版，第354页。

❸ 陈立思主编：《当代世界的思想政治教育》，中国人民大学出版社1999年版，第16页。2013年3月22日下午，中国青年政治学院陈立思教授应邀在北方工业大学以“当代思想品德教育的发展阶段和特征”为题所作的学术报告中则指出，当代西方国家思想品德教育的五个总体特征是：毫不减弱的“意识形态化”，回归生活世界，社会价值和个人价值并重的价值取向，工具性与人文性的统一，百态纷呈的社会适应性。

之后都有过重大教育改组的尝试。”[1] 这一观点同样也适用于考察新中国成立前后高等教育改革和高校思想政治理论课教学改革。新中国成立伊始，百废待兴，但最急需的则是培养合格的社会主义建设者。因此，“培养什么样的人”、“怎样培养这样的人”历史地成为包括高等学校在内的整个教育事业的责任和使命。这一时期，由于包括教育在内的各项社会主义事业都处于刚刚起步阶段，所以高等学校的课程设置主要是对原有的大学课程进行改造，高校思想政治理论课也是在总结解放区思想政治教育经验，学习苏联高等教育模式[2]，同时又结合社会主义革命和建设实际需要的基础上设置和建设的。通过初步的实践和探索，高校思想政治理论课课程体系逐渐形成，并作为高校的公共必修课纳入高等教育课程体系，从而使高校思想政治理论课获得了新生。

新中国成立前夕，解放区新建立的大学，如华北大学等，都设立了政治理论课程，其任务是对入学的知识青年进行马列主义以及毛泽东思想基本知识的教育，使他们了解中国共产党的纲领和政策，体会革命者应有的精神和作风，从而初步奠定革命的人生观。1949 年 9 月 29 日发布的《中国人民政治协会议共同纲领》作为即将成立的中华人民共和国的临时宪法，对共和国的大政方针、基本任务都作出了明确的规定，特别是其第 41 ~ 47 条对新中国的教育事业的发展提出了具体的要求[3]，从而为新中国成立初期高校思想政治理论课建设和教学工作指明了方向。

新中国成立后不久的 1949 年 10 月 8 日，华北人民政府高等教育委员会制定了《华北专科以上学校一九四九年度公共必修课过渡时期实施暂行办法》，把“新民主主义论”（包括近代中国革命运动史）、“政治经济

---

[1] ［美］卡扎米亚斯、马西亚拉斯：《教育的传统与变革》，文化教育出版社 1981 年版。

[2] 1958 年 4 月 12 日，教育部政治教育司在《对高等学校政治教育工作的几点意见（草稿）》中指出：原“马列主义基础”课的教本是《联共（布）党史简明教程》，1956 年苏共二十大后，改为社会主义原理的专题讲授；原“政治经济学”课的教材是苏联的《政治经济学教科书》；原“辩证唯物主义与历史唯物主义”课没有教材（有的学校对于历史唯物主义部分仍用苏联康士坦丁诺夫著的《历史唯物主义》），由教师自编讲稿，其内容实际上是 1953 年中国人民大学苏联专家克列的讲稿。参见教育部社会科学司组编：《普通高校思想政治理论课文献选编（1949 ~ 2008）》，中国人民大学出版社 2008 年版，第 33 页。

[3] 教育部社会科学司组编：《普通高校思想政治理论课文献选编（1949 ~ 2008）》，中国人民大学出版社 2008 年版，第 1 页。

学”、“辩证唯物论和历史唯物论”（包括社会发展史）三门课程确定为高校必修课程，并规定了具体的学时和学分。[1] 这是新中国开设高校思想政治理论课的开端。

1949年10月14日，《人民日报》发表社论指出，开设政治课是用新民主主义的、科学的、大众的、反帝反封建的文化，用马列主义观点和方法，代替国民党反动统治时期充满着唯心论、机械论，以至封建、买办、法西斯主义的反动课程的重大措施。由此，政治理论课在高校全部课程中的重要地位开始确立。同时，教育部强调，政治理论课是高校各系科的基本课程、业务课程，它着重讲授系统的理论知识，集中解决学生的主要思想问题。1950年6月，在中共七届三中全会上，毛泽东强调指出：“企图用粗暴方法进行文化教育改造的思想是不对的；观念形态的东西，不是用大炮打得进去的，要缓和，要用10年到15年的时间来做这个工作。……教会学校，不要在里头硬性教授‘猴子变人’的唯物主义原理，要有灵活性。”[2] 1950年7月28日，中华人民共和国政务院第43次政务会议通过的《教育部关于实施高等学校课程改革的决定》指出：“全国高等学校……开设新民主主义革命的课程，借以肃清封建的、买办的、法西斯主义的思想。”当时确定的课程是“社会发展史”、“新民主主义论”和“政治经济学”。开设这些课程的目的，就是改造学生思想，树立科学世界观、革命人生观和全心全意为人民服务的思想。到1951年，教育部将“社会发展史”改为“辩证唯物主义和历史唯物主义论”。1952年10月7日，教育部颁布《关于全国高等学校马克思列宁主义、毛泽东思想课程的指示》，第一次十分具体而又系统、周详地规定了高等学校政治理论课的课程，包括课程的门数和名称、学时和开设学期，等等。高校思想政治理论课的性质是全国高等学校马克思列宁主义毛泽东思想共同必修课，课程名称规范为“新民主主义论”、“政治经济学”和“辩证唯物论与历史唯物论”[3]，并从1952年起贯彻实施。这一课程方案，简称“52方案”。这标志着我国高等学校

---

[1] 教育部社会科学司组编：《普通高校思想政治理论课文献选编（1949～2008）》，中国人民大学出版社2008年版，第2页。

[2] 转引自吴建国：《当代中国意识形态风云录》，警官教育出版社1993年版，第21页。

[3] 教育部社会科学司组编：《普通高校思想政治理论课文献选编（1949～2008）》，中国人民大学出版社2008年版，第13～14页。

马克思主义理论课课程体系的初步形成。

1953 年，党中央提出了社会主义过渡时期总路线，因此，高校思想政治理论课也作出了相应的调整。1953 年 6 月 17 日，高等教育部颁布《关于改“新民主主义论”为“中国革命史”及“中国革命史”的教学目的和重点的通知》❶，正式把“新民主主义论”改为“中国革命史”，并且新增开了“马列主义基础”课程。这次课程调整的主要原因是解决课程内容的重复问题。开设“中国革命史”主要是系统阐明马克思列宁主义在中国的胜利，系统讲授毛泽东思想的基本知识，让学生了解中国共产党的总路线、总政策，从而提高其思想水平和政治水平。

我国社会主义改造完成后，进入了社会主义建设时期。1956 年 9 月，高等教育部颁布《关于高等学校政治理论课程的规定（试行方案）》提出，大学一年级开设“马列主义基础”，二年级开设“中国革命史”，三年级开设“政治经济学”，四年级开设“辩证唯物主义和历史唯物主义”❷。这一课程方案，简称“56 方案”，强调思想政治理论课教学应逐步规范化。同时，学习苏联经验，这一方案又强调了“三基四性”，即基本理论、基本知识、基本概念和科学性、系统性、完整性、逻辑性。❸ 但是，由于受到 1957 年反右斗争和 1958 年“大跃进”“左”的思想的严重冲击，思想政治理论课也出现了一定程度的混乱。1957 年 3 月 12 日，毛泽东在全国宣传工作会议上指出：“必须在政治战线和思想战线上，进行经常的、艰苦的社会主义革命斗争和社会主义教育。”❹ 根据这一精神，高等教育部、教育部颁布《在全国高等学校开设社会主义教育课程的指示》❺，教育部政治教育司制定《对高等学校教育工作的几点意见（草稿）》❻，文件“规定在全国

---

❶ 教育部社会科学司组编：《普通高校思想政治理论课文献选编（1949 ~ 2008）》，中国人民大学出版社 2008 年版，第 16 ~ 17 页。

❷ 教育部社会科学司组编：《普通高校思想政治理论课文献选编（1949 ~ 2008）》，中国人民大学出版社 2008 年版，第 27 ~ 30 页。

❸ 教育部社会科学司组编：《普通高校思想政治理论课文献选编（1949 ~ 2008）》，中国人民大学出版社 2008 年版，第 75 ~ 76 页。

❹ 《毛泽东著作选读》甲种本，人民出版社 1964 年版。

❺ 教育部社会科学司组编：《普通高校思想政治理论课文献选编（1949 ~ 2008）》，中国人民大学出版社 2008 年版，第 31 ~ 32 页。

❻ 教育部社会科学司组编：《普通高校思想政治理论课文献选编（1949 ~ 2008）》，中国人民大学出版社 2008 年版，第 33 ~ 36 页。

高等学校各年级普遍开设‘社会主义教育’课程”。从1957年至1960年，高校原先开设的思想政治理论课停开，只开设一门“社会主义教育”课程，以毛泽东的《关于正确处理人民内部矛盾的问题》[1]为中心教材，同时阅读一些必要的马克思列宁主义经典著作和文献。由此，高校思想政治理论课实际上被“社会主义教育”课程所代替，并逐步演变为以进行反右斗争为中心的政治化教育。

进入20世纪60年代，党开始系统纠正工作中的“左”的错误。教育部制定《改进高等学校共同政治理论课程教学的意见》，规定高等学校共同政治理论课包括：（1）马克思列宁主义基础理论；（2）形势和任务。马克思列宁主义基础理论课程开设的门数和学时，在不同年制的学校、不同的专业应该有所不同。文科各专业一般设四门，即“中共党史”、“马克思列宁主义基础”（主要学习毛泽东同志的政治学说）、“政治经济学”、“哲学”。理、工、农、医各专业和艺术、体育院校一般设两门，即“中共党史”、“马克思列宁主义概论”（包括马克思主义三个组成部分）。“形势和任务”课为各专业、各年级的必修课程（主要内容是讲解国内外形势、党和国家的任务、方针、政策）。[2]这一课程方案，简称“61方案”。“61方案”首次对不同层次的思想政治理论教育的内容提出了不同要求，并突出了政策性，结合国际国内形势的变化和判断，增开了社会主义教育、反对修正主义的教学内容。“61方案”的这种课程设置，实际上就是高校“两课”的源头。1966年“文化大革命”开始到1969年，高等学校停止招生，所有课程停开。1970年下半年，高校复课后，政治课以讲解《共产党宣言》、《国家与革命》在内的四本马列著作和毛泽东著作为主，教学成了政治运动的附属物，直到“文化大革命”结束。

1976年10月，持续十年之久的“文化大革命”结束，矫正了对“政治课里没有真理，没有科学”的误读，“明确肯定每门政治理论课是一门科学”[3]，于是，恢复和重建高校思想政治理论课提上了议事日程。马克思

---

[1] 毛泽东：“关于正确处理人民内部矛盾的问题”，载《人民日报》1957年6月19日。

[2] 教育部社会科学司组编：《普通高校思想政治理论课文献选编（1949～2008）》，中国人民大学出版社2008年版，第40～45页。

[3] 教育部社会科学司组编：《普通高校思想政治理论课文献选编（1949～2008）》，中国人民大学出版社2008年版，第76页。

主义基本原理也告诉我们，任何事物的恢复和重建，都不是原有事物的简单重复，而是原有事物的革新与发展。高考制度恢复之后，全国教育工作会议于1978年4月召开，会上发布的《教育部办公厅关于加强高等学校马列主义理论教育的意见》提出，高等学校开设“中共党史”、“政治经济学”、“哲学”，理、工、农、医各专业有条件的还应开设“自然辩证法”，文科应另加“国际共产主义运动史”。[1] 该《意见》还指出：“马列主义、毛泽东思想，是我们党和国家的指导思想和理论基础，是全党全军全国人民的行动指南。”“因此，马列主义理论课是社会主义各类高等学校的必修课；开设马列主义理论课，是新中国大学区别于旧中国大学，社会主义高等学校区别于资本主义高等学校的一个重要标志。教师必须教好，学生必须学好，各级领导必须管好。”[2] 这一课程方案，简称“78方案”。“78方案”结束了“文化大革命”期间“以阶级斗争为纲”的教学内容，突出了为社会主义现代化建设服务的内容。这一课程方案的制定和实施，标志着我国高等学校马克思主义理论课课程体系的基本建立。但是，由于教学、教材、教师等方面都存在不少问题，因此，这一课程方案具有明显的过渡性特点。

从1949年中华人民共和国成立到1978年党的十一届三中全会近30年间，高校思想政治理论课建设、调整和教学改革有着丰富的内容和鲜明的特点。

这一阶段，高校思想政治理论课教学的内容主要有：

（1）坚持马克思主义基本理论教育。新中国成立之初，在政治理论课程中就设立了“社会发展史”、“政治经济学”。此后的“52方案”、“56方案”、“61方案”以及“78方案”，实际上是按照马克思主义三个主要组成部分，即马克思主义哲学、马克思主义政治经济学、科学社会主义的基本理论而设置的课程，旨在对大学生进行系统的马克思主义基本理论教育。

---

[1] 教育部社会科学司组编：《普通高校思想政治理论课文献选编（1949～2008）》，中国人民大学出版社2008年版，第71页。1980年7月，教育部印发《改进和加强高等学校马列主义课的试行办法》，提出文科专业也可试开“科学社会主义”，参见教育部社会科学司组编：《普通高校思想政治理论课文献选编（1949～2008）》，中国人民大学出版社2008年版，第87页。

[2] 教育部社会科学司组编：《普通高校思想政治理论课文献选编（1949～2008）》，中国人民大学出版社2008年版，第70页。

（2）开展中国革命历史教育。新中国成立之初，“新民主主义论”就被作为高校思想政治理论课的核心课程开设。该课程以毛泽东的《新民主主义论》为教材，把中国革命的历史特点、中国新民主主义革命史、中国革命的主要经验、新民主主义的政治、新民主主义的经济、新民主主义的文化、中国革命的前途等作为教学的主要内容。1953 年，高等教育部印发《关于改“新民主主义论”为“中国革命史”及“中国革命史”的教学目的和重点的通知》，并提出了课程讲授的 8 项重点和要求。[1] 该课程是把马克思列宁主义基本理论、毛泽东思想、中国社会的历史和现实结合在一起的初步尝试。这种课程设计思路，体现了马克思主义理论在中国的运用和发展，突出了理论与历史相结合的实践性特点，并为高校思想政治理论课程沿着这一方向进一步改革奠定了基础。

（3）结合中国社会主义建设进行社会主义教育。为了提高大学生的社会主义觉悟，高校思想政治理论课不断增加与社会主义建设实践密切相关的理论和时事政策方面的教学内容。1957 年，高等教育部、教育部颁布《关于在全国高等学校开设社会主义教育课程的指示》，对开设这门课程的学习内容、目的要求、成绩考核、学习实践、组织领导等问题都作了明确的规定。“社会主义教育”课程以毛泽东《关于正确处理人民内部矛盾的问题》为中心教材，并要求对其中的“12 个小问题”逐一进行学习。[2] 与此同时，“社会主义教育”课程在名称上取代高校政治理论课中的“马列主义基础”课程，在内容上代替过去的“苏共党史”和“中国革命史”两门课程。这种状况一直持续到 1961 年。1961 年 4 月，中共中央宣传部、教育部在北京召开高等学校文科教材编选计划会议，会议制定了《改进高等学校共同政治理论课程教学的意见》。该意见认为，高等学校共同政治理论课包括两类：一是马克思列宁主义基础理论；二是形势和任务。同年 8 月到 9 月，中共中央工作会议在庐山召开，会议讨论通过了《中华人民共和国教育部直属高等学校暂行工作条例（草案）》（即《高教六十条》）。《高教六十条》规定，政治理论课的教学时间，理工科占总学时的 10% 左右；

---

[1] 教育部社会科学司组编：《普通高校思想政治理论课文献选编（1949～2008）》，中国人民大学出版社 2008 年版，第 16～17 页。

[2] 教育部社会科学司组编：《普通高校思想政治理论课文献选编（1949～2008）》，中国人民大学出版社 2008 年版，第 31～32 页。

文科一般占总学时的20%左右；思想政治教育报告，一般平均每月6学时左右（可用2学时左右作为阅读文件时间）。1964年7月10日至8月3日，中共中央宣传部、高教部党组、教育部临时党组在北京联合召开全国高等学校、中等学校政治理论课工作会议，会议形成了《关于改进高等学校、中等学校政治理论课的意见》，并于同年10月由中共中央批转印发。该意见指出，政治理论课必须以毛泽东思想为指针，把宣传毛泽东思想作为最根本的任务，把毛主席著作作为最基本的教材；改进课程和教材，必须坚决贯彻"少而精"的原则；高等学校共同政治理论课，除继续开设"形势与任务"课程外，设置"中共党史"、"哲学"、"政治经济学"等课程。由此，高等学校政治理论课课程体系的基本内容是：哲学、政治经济学、中共党史、时事政策教育报告。该意见明确提出："高等学校、中等学校政治理论课的根本任务，是用马克思列宁主义、毛泽东思想武装青年，向他们进行无产阶级的阶级教育，培养坚强的革命接班人；是配合学校中各项思想政治工作，反对修正主义，同资产阶级争夺青年一代。"同时，它还要求"政治理论课必须同国内国际的阶级斗争密切联系，坚决反对主要危险现代修正主义，同时也反对现代教条主义"。❶ 课程的这种设置，带有深刻的时代印痕。

1966年5月，毛泽东同志错误地发动并领导了"文化大革命"。从1966年到1969年，高等学校停止招生，包括政治理论课在内的所有课程停止开设。1970年下半年，高校开始恢复招生，政治理论课也开始恢复教学。政治理论课以毛泽东著作为基本教材❷，同时也结合毛泽东著作学习《共产党宣言》、《国家与革命》等一些马列主义的原著。高校政治理论课沦为政治斗争的工具，成为政治运动的附属品。由于没有重视对高校思想政治教育规律的研究，无视学科设置、教学内容科学性、教育教学规律性，因此，高校政治理论课发展相当艰难，甚至出现倒退。高校政治理论课教学也始终处于不正常的状态，经常被政治学习、政治活动挤占或取代。总体而言，它所起的作用是消极的。这种状况一直持续到"文化大革命"

---

❶ 教育部社会科学司组编：《普通高校思想政治理论课文献选编（1949~2008）》，中国人民大学出版社2008年版，第50~53页。

❷ 教育部社会科学司组编：《普通高校思想政治理论课文献选编（1949~2008）》，中国人民大学出版社2008年版，第55页。

结束。

新中国成立之后近30年间，高校思想政治理论课既有顺利发展的时期，也有遭受挫折的时期，走过了由肯定到否定再到否定之否定这样一个螺旋式上升和波浪式前进的发展过程，充分体现了事物发展曲折性和前进性有机统一的辩证法。几经调整和改革，到“78方案”实施之时，高校思想政治理论课最终形成了以“辩证唯物主义和历史唯物主义”、“政治经济学”、“中国共产党党史”为核心的课程体系和教学内容。

这一阶段高校思想政治理论课教学的特点主要是：

（1）重视理论联系实际，推进课程改革。对大学生进行系统的马克思主义理论教育，帮助大学生树立科学的世界观，培养大学生独立运用马克思主义立场、观点、方法观察、分析和解决实际问题的能力，是高校思想政治理论课的教学目的和主要任务。因此，在高校思想政治理论课教学中，注重联系大学生的思想实际，开展思想素质、政治觉悟、道德品质教育；注重联系社会主义建设的实际，开展政治理论及党的路线、方针、政策教育。

（2）重视加强社会主义教育，丰富教学内容。高校思想政治理论课始终围绕并服务于党和国家的中心任务。在新民主主义时期，高校开设了以新民主主义教育为中心内容的高校思想政治理论课程，其核心是帮助大学生确立为人民服务的思想。党和国家的工作重点转向有计划地进行社会主义改造并开始逐步向社会主义过渡时，高校思想政治理论课程也提出了提高大学生社会主义觉悟的任务。“马列主义基础”课以《联共（布）党史简明教程》为教本，主要内容是讲授苏联共产党领导的苏联社会主义革命和建设历史，目的在于学习苏联社会主义革命和建设经验，适时地配合了党和国家工作重心的转移。1954年开设的“社会主义经济建设”课，在内容上更加突出强调了学习苏联社会主义建设的基本规律。随着社会主义建设和改造事业的发展，高等学校还开始对学生进行共产主义道德品质的教育。1957年开设的“社会主义教育”课结合中国社会主义建设中的实际问题，以毛泽东《关于正确处理人民内部矛盾的问题》为中心教材，汇编了大量阅读文件，其中既有马克思、恩格斯、列宁、斯大林关于社会主义革命和建设的论述，也有党和国家领导人关于我国社会主义建设的报告和文件。因此，随着我国社会主义建设事业的逐步推进，为了培养有社会主义觉悟的劳动者，社会主义教育成为高校思想政治理论课程教学的中心内容。

（3）重视中国实际和中国经验，逐步确立以毛泽东思想为核心的课程体系。还在课程设立之初，高校思想政治理论课就把毛泽东关于中国革命和建设的著作作为教育内容，对大学生进行毛泽东思想的教育。这为高校思想政治理论课以中国化马克思主义为指导进行建设和教学改革奠定了基础，积累了经验。

（4）重视党的领导和意识形态灌输或教育，政治理论课构成高校课程体系的重要内容。新的人民政权的建立，亟须把人们的思想认识特别是大学生的思想认识统一到代表统治阶级意志的意识形态中来。新中国是中国共产党在马克思主义指导下，带领广大人民经过几十年的浴血奋战建立起来的人民民主专政的社会主义国家，因此，肃清各种腐朽、落后甚至错误、反动思想，用马克思主义理论教育大学生，是把他们培养成合格的社会主义建设者和接班人的前提条件。因此，新中国成立以来，高校思想政治理论课设置和教学改革一直是在党中央的领导下，在中宣部和教育部的直接指导下进行的，同时，还在高校中建立了政治工作制度，设立政治工作机构，实行校长或副校长专人负责制，加强组织领导，这是推进思想政治理论课建设和教学改革的根本保证。1964 年 9 月，《中央宣传部、高教部党组、教育部临时党组关于改进高等学校、中等学校政治理论课的意见》提出，要加强党对政治理论课的领导，着重抓方向、抓教学、抓队伍。❶ 但是，由于党和国家领导人过于严重地估计了社会主义建设时期的阶级斗争形势，并把国内主要矛盾转移到阶级斗争上来，也直接影响了高校思想政治理论课的建设方向和建设质量、教学水平和教学质量。

（5）重视教师队伍建设，重视教学方法改革。高校思想政治理论课教师队伍建设，是改革旧教育、建立新教育、开设新课程的关键。而提高政治理论课教学水平，则是高校思想建设工作的中心环节。但是，新中国成立初期，由于高校思想政治理论课教师缺乏，以致这些课程的教学水平难以提高，有的课程甚至无法如期开出。1952 年 9 月，中共中央发布《关于培养高等、中等学校马克思列宁主义理论师资的指示》，作出了教师队伍建

---

❶ 教育部社会科学司组编：《普通高校思想政治理论课文献选编（1949～2008）》，中国人民大学出版社 2008 年版，第 53 页。

设的具体规定：其一，由中央教育部负责筹划，在中国人民大学创设马克思列宁主义研究班，为全国各高校培养一部分政治理论师资；其二，在高校的助教和高校高年级学生中选拔优秀的党员、团员在本校担任政治理论课的助教或助理，经常指导他们结合自己的实际工作，系统地学习马克思列宁主义的理论，逐渐培养他们成为高等、中等学校新的政治理论师资，这是培养现阶段政治理论师资的最有效的方法之一；其三，各大行政区应选择具备适当条件的高校，举办马克思列宁主义研究班，培养高校的政治理论师资；其四，在目前各高校原有的政治理论师资量少质低，新的师资尚待培养的“青黄不接”时期，尤需大力动员党委、政府、群众团体中政治理论水平较高的干部到学校兼课，或设专题讲座，帮助政治理论教师备课。[1] 1964 年 10 月，《中央宣传部、高教部党组、教育部临时党组关于改进高等学校、中等学校政治理论课的意见》[2] 对思想政治理论课教师队伍建设提出了更加明确的要求，强调要加强教师队伍的革命化建设，思想政治理论课教师要明确培养方向、努力提高理论水平、学会做学生思想工作，使自己成为学生的知心朋友，为培养革命接班人服务。

高教主管部门强调，教师要对学生的全面发展负责，把高校思想政治理论课教学与专业知识教学紧密结合起来。同时，它还积极倡导进行教学方法的改革尝试。1964 年 9 月，《中央宣传部、高教部党组、教育部临时党组关于改进高等学校、中等学校政治理论课的意见》明确提出要贯彻执行启发式的教学法，废止注入式，其主要目的是将政治理论课教活，培养师生独立思考的能力和习惯。该意见还提出，贯彻执行启发式的教学法，高校政治理论课教学可考虑采取并灵活运用四个步骤：“一、启发报告。由教师提出问题，指出要解决的矛盾，指定阅读的教材或讲授提纲，调动学生学习的主动性、自觉性。二、读书。引导学生自己带着问题去读书、思考，养成认真读书、钻研问题的习惯。三、讨论。在认真读书和独立思考的基础上，开展自由讨论。教师要引导学生敢于敞开思想、发表自己的见解。讨论题目，要从学生中来。四、总结或解答。教师根据学生在学习过

---

[1] 教育部社会科学司组编：《普通高校思想政治理论课文献选编（1949～2008）》，中国人民大学出版社 2008 年版，第 11 页。

[2] 教育部社会科学司组编：《普通高校思想政治理论课文献选编（1949～2008）》，中国人民大学出版社 2008 年版，第 50～53 页。

程中提出的问题，和讨论中争论的问题，经过研究，结合基本理论，做出有分析性的总结或解答，提高大家的认识水平。”❶“以问题为中心或重点”的启发式教学的提出，标志着高校思想政治理论课在教学方法上有所创新，并逐步走向成熟。这也是正确的趋向。

第二阶段：我国高校马克思主义理论课的进一步调整和改革发展的新阶段（1979～2000年）。在这一阶段，高校思想政治理论课进一步调整，并在新的改革探索中有了新的发展，体现了高校思想政治理论课教育教学的规律和要求，更加规范化、科学化。

1978年12月，党的十一届三中全会召开，重新确立了党的马克思主义的实事求是的思想路线、政治路线和组织路线，从以阶级斗争为纲转向以经济建设为中心，从此开启了改革开放的历史新时期。适应改革开放和社会主义现代化建设的需要，适应新时期大学生心理发展实际状况的需要，进一步调整高校思想政治理论课课程设置、加强和改进高校思想政治理论课教学成为当务之急。

1980年4月，教育部、共青团中央《关于加强高等学校学生思想政治工作的意见》的联合通知指出，“开设马列主义理论课，是社会主义大学的特点之一”，因此，“要严格执行考试制度，把马列主义理论课的学习成绩作为考核学生能否升级和毕业的根据之一”❷。1980年7月7日，教育部《改进和加强高等学校马列主义课的试行办法》指出，根据实践经验和现有条件，全国高校本科开设“中共党史”、“政治经济学”、“哲学”，文科专业加开“国际共产主义运动史”，也可以试开“科学社会主义”。该办法强调，马列主义课在各类专业中，都是必修课程，不能选修或免修。❸

1982年10月，教育部《关于在高等学校逐步开设共产主义思想品德课的通知》指出，有计划地进行共产主义思想品德教育，是实现高校培养目标的需要。各高校可根据本校的实际情况，逐步开设共产主义思想品德

---

❶ 教育部社会科学司组编：《普通高校思想政治理论课文献选编（1949～2008）》，中国人民大学出版社2008年版，第52页。

❷ 教育部社会科学司组编：《普通高校思想政治理论课文献选编（1949～2008）》，中国人民大学出版社2008年版，第81页。

❸ 教育部社会科学司组编：《普通高校思想政治理论课文献选编（1949～2008）》，中国人民大学出版社2008年版，第87页。

课程。[1] 1984年9月12日，教育部《关于高等学校开设共产主义思想品德课的若干规定》指出："共产主义思想品德教育，是高等学校思想政治教育的重要组成部分"，因此，各高校要"积极抓好共产主义思想品德课的建设"，把共产主义思想品德课纳入教学计划，并考核学生的学习成绩。[2] 此前的1984年9月4日，中共中央宣传部、教育部《关于加强和改进高等院校马列主义理论教育的若干规定》特别强调："马列主义理论课的主要任务是帮助学生通过系统地学习马列主义、毛泽东思想，确立坚定正确的政治方向，树立无产阶级世界观。""把马列主义理论课作为必修课，是社会主义大学区别于资本主义大学的重要标志。""各级党委宣传部（或科教部）和教育部门必须充分认识马列主义理论课在高等教育中的重要地位和作用，切实加强领导，坚决纠正一切轻视马列主义理论课的错误倾向。任何把马列主义理论课看成是'可有可无'，把学习马列主义理论同学习专业对立起来的观点，都是错误的。""任何学校和个人都不能任意减少和侵占马列主义理论课的时间。"它还指出："为了增强马列主义理论教育的现实性，现在着手准备在全国高等院校增设'中国社会主义建设基本问题'课程。"[3] 1984年9月12日，教育部《关于高等学校开设共产主义思想品德课的若干规定》指出："共产主义思想品德教育，是高等学校思想政治教育的重要组成部分"，因此，各高校要"积极抓好共产主义思想品德课的建设"，把共产主义思想品德课纳入教学计划，并考核学生的学习成绩[1]。由此，在我国高校，开始形成马克思主义理论教育和思想政治教育并举的思想政治理论课的基本架构。

20世纪改革开放新时期的突出成就，就是在恢复和重建的基础上形成并有效实施了高校思想政治理论课的"85方案"和"98方案"。

1985年8月，中共中央《关于改革学校思想品德和政治理论课程教学

[1] 教育部社会科学司组编：《普通高校思想政治理论课文献选编（1949～2008）》，中国人民大学出版社2008年版，第82页。

[2] 教育部社会科学司组编：《普通高校思想政治理论课文献选编（1949～2008）》，中国人民大学出版社2008年版，第100～102页。

[3] 教育部社会科学司组编：《普通高校思想政治理论课文献选编（1949～2008）》，中国人民大学出版社2008年版，第94～96页。

[1] 教育部社会科学司组编：《普通高校思想政治理论课文献选编（1949～2008）》，中国人民大学出版社2008年版，第100～102页。

的通知》对高校马克思主义理论课改革特别是课程设置和教学内容提出了新的要求。关于马克思主义理论课的基本构架，《通知》指出，高校要对大学生“进行以中国革命史为中心的历史教育，使学生了解具有悠久的历史文化传统的中国，是怎样根据历史的必然走上以共产党为领导力量的社会主义道路的；进行马克思主义的基本理论教育，使学生了解马克思主义的哲学、历史学、经济学、政治学和科学社会主义等基本理论观点的历史渊源、主要内容和现代发展（包括在中国运用和发展）；同时有分析有比较地介绍当代其他各种社会思潮，对错误的思潮要有分析地进行充分说理的批评，培养学生运用马克思主义对这些思潮进行鉴别和分析的能力；进行中国社会主义建设和改革的理论、政策和实际知识的教育，使学生了解我国党和人民正在进行的有世界意义的伟大事业和青年一代的密切关系及崇高责任。在进行上述各项教育中，要适时地穿插各种切合学生需要的时事教育、文学艺术教育和课外活动，激发学生为社会主义伟大事业而奋斗的献身精神。还应当向学生介绍当代世界政治经济的基本状况、国际关系的基础知识，帮助学生开阔视野，使他们在对外开放的环境下有坚定的立场和较强的适应能力。”❶ 这一精神，突出了对大学生进行历史、理论和现实相结合的思想政治教育的重要思路，体现了高校思想政治理论课教学改革必须坚持“面向现代化、面向时代、面向未来”的要求。这是高校思想政治理论课建设的重要指导思想之一。

1986 年 3 月和 10 月，国家教育委员会分别发布文件，就高校马克思主义理论课和思想教育课的课程设置作出部署，并强调要以发展的马克思主义为中心内容，正式提出“85 方案”的具体课程，即马克思主义理论课程：“马克思主义原理”、“中国革命史”、“中国社会主义建设”、“世界政治经济与国际关系”（文科开设）；思想教育课程：“形势与政策”、“法律基础”、“大学生思想修养”、“人生哲理”、“职业道德”等。由此，“85 方案”正式形成。这一方案对高校思想政治理论课进行了新的整合，形成了“两课”的教学模式。

1993 年 8 月，中共中央组织部、中共中央宣传部、国家教育委员会发

---

❶ 教育部社会科学司组编：《普通高校思想政治理论课文献选编（1949 ~ 2008）》，中国人民大学出版社 2008 年版，第 107 页。

布《关于新形势下加强和改进高等学校党的建设和思想政治工作的若干意见》，第一次把马克思主义理论课和思想政治教育课称为“两课”，确定了“两课”改革的方针和原则，即“两课”要贯彻理论联系实际的方针和“少而精”、“要管用”的原则，以增强说服力和有效性为目标，以改进教学内容和方法为重点，注意相辅相成，深入进行教学改革。该意见明确指出，“两课”是学生思想政治教育的主渠道，是社会主义学校的本质特征之一。[1] 1995年，国家教育委员会印发《关于高校马克思主义理论课和思想品德课教学改革的若干意见》，进一步提出“两课”是高校思想理论教育的主要渠道和主要阵地，“两课”教学在世界风云变幻和我国建立社会主义市场经济体制的环境中需要深化改革，要以邓小平同志建设有中国特色社会主义理论为中心内容，进一步加强马克思主义教育，并通过教学改革，逐步形成结构合理、功能互补的“两课”课程体系。[2] 这种思路和要求推进了“两课”课程体系的一体化。

1997年，党的十五大把邓小平理论与马列主义和毛泽东思想一起，确立为党的指导思想。由此，教育部决定对“两课”课程设置作出新的调整，要求单独开设“邓小平理论概论”课。这一调整，涉及“两课”课程设置的整体架构，其中主要涉及“邓小平理论概论”课与“中国社会主义建设”课的关系问题。1998年4月23日，中央政治局常委会开会讨论国家教委1997年报送的方案，提出了一个新的更加科学、完整的方案。这就是“98方案”。“98方案”提出的“两课”课程的具体内容包括：马克思主义理论课程，即“马克思主义哲学原理”、“马克思主义政治经济学原理”、“毛泽东思想概论”、“邓小平理论概论”、“当代世界经济与政治”（文科开设）；思想品德课程，即“形势与政策”、“思想道德修养”、“法律基础”等。

从1978年改革开放到20世纪末的20余年间，高校思想政治理论课教学既继承了前一时期课程建设的成功做法，又具有了新的时代特点，从逐步改革到课程体系创新，积累了新的经验。

---

[1] 教育部社会科学司组编：《普通高校思想政治理论课文献选编（1949～2008）》，中国人民大学出版社2008年版，第147～148页。

[2] 教育部社会科学司组编：《普通高校思想政治理论课文献选编（1949～2008）》，中国人民大学出版社2008年版，第157～161页。

（1）不仅注重对高校思想政治理论课教学内容的丰富和充实，而且也注重对课程体系结构的建设和改革。“85 方案”第一次突破了传统的高校思想政治理论课课程设置，涵盖了马克思主义理论和思想品德两大类课程。因此，课程建设和教学改革的重点是，如何在教学内容不断拓展的同时，加强课程之间的联系，形成结构合理、功能互补的课程体系，发挥其整体功能。“98 方案”延续了“85 方案”，仍然包括马克思主义理论课与思想品德课两大类课程，但同时又注重课程体系的系统性建设，而不是把“两课”只作为一种简称。

（2）不仅推动了高校思想政治理论课程本身建设，而且也奠定了马克思主义理论教育与思想政治教育学科建设的坚实基础。马克思主义是一门科学，是随着时代、实践和科学的发展而不断发展的。科学的本质特征之一，就在于知识的系统性。从课程组织形式上看，高校思想政治理论课是学科课程。学科课程的基础应以学科所包含的知识和探究方法为主。学科是在科学的基础上发展起来的，反映的是概念、范畴、定理等之间的逻辑关系：它把不同的知识汇总成一个有机联系的整体，按照一定的逻辑结构将科学所发现的概念、范畴、原理等整合起来。因此，在教学改革中，坚持马克思主义理论教育的科学性，首先就要对马克思主义进行科学研究。1996 年，以加强高校“两课”建设为主旨的马克思主义理论与思想政治教育二级学科正式设立，隶属于政治学一级学科之下。1997 年以后，马克思主义理论与思想政治教育学科得到长足发展，学科内涵不断完善和拓展，学科点数量不断增加且布局日趋均衡、合理。这一学科，不仅为“两课”教学、科研和师资培养作出了积极贡献，而且为马克思主义理论一级学科的形成奠定了重要基础。马克思主义理论一级学科设立的直接动因，就是推进高校思想政治理论课的学科建设。更为重要的是，马克思主义理论一级学科一经确立，它所发挥的作用远远超过了原有学科涉及的范围，为马克思主义理论研究和发展开拓了更广阔的空间，进而为高校思想政治理论课程所担负的理论教育任务提供了强大的理论支撑。理论教育中遇到的现实问题与学科领域里的理论研究之间的联系，由此变得更为密切。

（3）不仅强调马克思主义理论的整体性和中国化的马克思主义的体系性，而且也强调马克思主义科学世界观的时代性和现实性。改革开放以前，高校思想政治理论课程设置的一个特点就是按照马克思主义三个主要组成部分的基本理论分别设立课程。马克思主义哲学对应“辩证唯物主义和历史唯物主义”课程、马克思主义政治经济学对应“政治经济学”课程，科学社会主义对应“马列主义基础”、“社会主义教育”等课程。改革开放以后的“85 方案”、“98 方案”也是有合有分。但是，时代和实践的发展越来越凸显以整体的方式学习和运用马克思主义理论的重要性。这是因为，马克思主义理论本身是一个整体，是一门综合性科学。随着社会各领域之间的联系越来越紧密，社会实践中反映出来的问题往往带有综合性；从高校思想政治理论课程教学实践来看，突出马克思主义理论的整体性，有助于学生从整体出发全面地认识和分析问题。因此，教学也要从单一走向综合。中国化的马克思主义是把马克思主义基本原理与中国具体实际相结合的产物，对中国的革命、建设和改革具有最直接的指导意义，因此也是高校思想政治理论课教学的核心内容。改革开放以前，高校思想政治理论课就已经形成了以毛泽东思想为中心的课程内容。改革开放以后，中国共产党人把马克思主义基本原理与中国社会主义现代化建设的具体实际相结合，形成了邓小平理论。高校思想政治理论课及时把这一新的理论成果纳入课程。党的十五大把邓小平理论确立为党的指导思想后，“98 方案”中开设了“毛泽东思想概论”、“邓小平理论概论”，这种课程设置，既完整地反映了马克思主义基本原理与中国革命、建设和改革实际相结合的历史进程中形成的各个理论成果的内在联系，又通过对不断发展的党的理论成果的区分使课程具有了兼容性和开放性。

（4）不仅注重培养大学生对理论运用能力的提高，而且注重大学生思想素质和综合素质的提高。培养和提高大学生运用马克思主义的立场、观点、方法分析问题、解决问题的能力，既是高校思想政治理论课教学的重要目标，也是评判理论教育实效性的重要尺度。因为从理论发挥作用的过程来看，理论知识—理论教育—理论运用是一个有机统一的逻辑链条。改革开放以前的课程侧重于政治理论和革命历史的教育，这一教育内容是以理论自身的结构和发展为线索展开的，体现出较强的知识性。而大学生运用理论的能力，需要通过经验性的教育内容来培养，需要更多地联系大学生的生活实际和思想实际。改革开放以后，高校思想政治理论课逐步加强了这一教育功能。其中，思想品德课发挥了独特的作用。这一类课程，与大学生的生活实际密切相关，充分反映了大学生的思想状况。它既强调了理论知识的系统性和科学性，又用与大学生成长、成才相关的实际问题，连缀起需要传递给大学生的理论知识。

课程问题是教育学的一个核心问题。任何先进的教育理论，最终都是通过一定的教育内容和课程形式在教学活动中得以实施的。“85 方案”课程一直开设到2000 年,“98 方案”是一个跨世纪的课程方案，“两课”的概念则一直使用到“05 方案”实施。因此，“85 方案”、“98 方案”特别是“98 方案”作为改革开放以来高校思想政治理论课课程体系改革和教学改革的重要成果，集中体现了注重培养、提高大学生思想素质和综合素质以及理论联系实际的应用能力的课程教学目标、人才培养目标，并把这一特征带进了 21 世纪。

由于本书研究的内容主要是 21 世纪初 10 余年来高校思想政治理论课教学改革的若干重要问题，因此，“85 方案”并不是研究和论述的重点，只是在讨论“98 方案”、“05 方案”的渊源和进行比较时才涉及“85 方案”的具体内容。

二、高校思想政治理论课“98 方案”及其特点

改革开放 20 年间，中国共产党人在马克思主义基本原理与中国改革开放的具体实际相结合的过程中形成了新的理论成果。高校思想政治理论课建设在不断推进的过程中如何及时把最新的理论成果转化为教学内容，是时代发展、中国社会发展和高校教书育人的必然要求。

（一）高校思想政治理论课“98 方案”的实施背景和指导思想

“85 方案”实施 10 余年，其最大成就是对高校思想政治理论课的不断整合和规范化，并为推进高校思想政治理论课教学改革以及马克思主义理论教育与思想政治教育学科建设奠定了基础。这一成就的取得，在于这一时期“两课”教学有着明确的目标和任务。1995 年国家教育委员会《关于高校马克思主义理论课和思想品德课教学改革的若干意见》指出，“两课”教学的根本目标，是引导和帮助学生树立马克思主义的世界观、人生观、价值观，确立为建设有中国特色社会主义而奋斗的政治方向，增强抵制错误思潮和拜金主义、享乐主义、极端个人主义等腐朽思想侵蚀的能力。“两

课”教学及其改革的主要任务是进一步加强马克思主义、毛泽东思想，特别是邓小平建设有中国特色社会主义理论的教育，强调“两课”教学要以邓小平建设有中国特色社会主义理论为中心内容。“两课”教学改革应当遵循理论联系实际的根本原则。[1] 这实际上提出了高校思想政治理论课教学和思想政治教育要以发展的马克思主义为中心内容的根本要求。

但是，影响高校思想政治理论课教学改革的因素是多方面的，诸如世界政治经济形势的发展变化及其新特点，特别是20世纪80年代末90年初苏联东欧剧变、苏联解体之后世界社会主义共产主义运动的发展变化及其新特点；党的十一届三中全会以来改革开放和社会主义现代化建设的新的历史进程和新的巨大成就，特别是中国化马克思主义的不断创新和发展。在当代中国，改革开放不仅是发展中国特色社会主义事业、实现中华民族伟大复兴的必由之路，而且是发展马克思主义、推进马克思主义中国化的重要动力。高校思想政治理论课课程设置与马克思主义中国化的理论成果密切相关。党的十一届三中全会以后，以邓小平为主要代表的中国共产党人，作出了实行改革开放的历史性决策，创造性地提出了“走自己的道路，建设有中国特色的社会主义”的科学命题和历史任务，初步回答了什么是社会主义、怎样建设社会主义的问题，形成了马克思主义中国化的重大理论成果，即邓小平理论。

1987年，党的十三大把党在新时期对社会主义再认识过程中发挥和发展了的一系列科学理论观点归纳为12条，从而为学习建设有中国特色社会主义理论提供了初步的框架。1992年，党的十四大又根据邓小平“南方谈话”精神，把邓小平建设有中国特色社会主义理论概括为9条，这标志着中国化马克思主义理论创新进入一个新的境界。1997年，党的十五大把邓小平理论与马列主义和毛泽东思想一起确立为党的指导思想。在这一理论指导下，改革开放和社会主义现代化建设不断深入。与之相适应，党中央提出了邓小平理论要“进课堂、进教材、进学生头脑”的要求。为贯彻落实这一精神，1998年4月，中共中央宣传部、教育部《关于普通高等学校开设〈邓小平理论概论〉课的通知》指出：“党的十五大把邓小平理论确

---

[1] 教育部社会科学司组编：《普通高校思想政治理论课文献选编（1949～2008）》，中国人民大学出版社2008年版，第157～158页。

定为党的指导思想。”“这对高校马克思主义理论课教学提出了新的更高的要求。”“当前最迫切的任务是要下大气力把邓小平理论编成教材，进入课堂，武装大学生的头脑。”并要求“从1998年秋季开始，普通高校都要以‘中国社会主义建设’课程为基础，开设邓小平理论课，并把‘马克思主义原理’中‘科学社会主义论’的课程内容和‘中国革命史’中的关于1956年以后的课程内容融合到这一课程中统一进行讲授。”《通知》同时要求“努力改进教学方法。讲授好邓小平理论课必须认真贯彻理论联系实际，学以致用。教师要针对我国改革开放和社会主义现代化建设中的重大理论和实践问题，针对大学生所关注的热点、难点问题和他们的思想特点，从理论和实际的结合上进行讲授，引导学生学习、思考和研究。”❶“邓小平理论概论”课程的开设，标志着高校思想政治理论课课程设置和教学改革迈出了新的关键步伐，并最终形成了包括“邓小平理论概论”在内的“98方案”。

1998年6月，中共中央宣传部、教育部《关于普通高等学校“两课”课程设置的规定及其实施工作的意见》提出了新课程方案，即“98方案”。该意见进一步强调了高校思想政治理论课的地位和重要作用，指出，普通高等学校开设的“两课”，是对大学生系统进行思想政治教育的主渠道和主阵地，在培养他们成为社会主义事业的建设者和接班人方面具有重要作用。该意见认为，1993年以来，为适应形势发展和高等教育改革的要求，高等学校的“两课”教学在内容和方法上进行了改革，积累了新的经验，取得了较好效果。当前要积极贯彻落实党的十五大精神，进一步解决好邓小平理论“进教材，进课堂，进头脑”这一主要任务。要在认真总结经验的基础上，规范普通高等学校“两课”课程设置，修订教学基本要求，深化教学改革，加强课程建设，进一步提高“两课”教学水平和教学效果。在此基础上，该意见确定了高校思想政治理论课教学改革和课程设置的指导思想，指出，“两课”课程设置必须着眼于引导和帮助学生掌握马克思主义的立场、观点、方法，树立正确的世界观、人生观和价值观，确立建设有中国特色社会主义的共同理想，为他们坚持党的基本理论和基本路线

❶ 教育部社会科学司组编：《普通高校思想政治理论课文献选编（1949～2008）》，中国人民大学出版社2008年版，第180～181页。

不动摇，打下坚实的思想理论基础。要以邓小平理论为中心内容，要认真贯彻理论联系实际和“学马列要精，要管用”❶ 的原则，全面地反映中国实际和时代发展，着力于提高教学效果。要总结和继承新中国成立以来高校思想政治课教学的经验和近年来教学改革的成果，从高校当前的教学实际出发，体现工作连续性和开拓性的统一；注意各部分课程的衔接，注意和中学思想政治教育课程的衔接，做到结构合理，功能互补，减少重复。❷这种规定和要求，简明、清晰，且具有很强的可操作性和重要的指导意义。

（二）高校思想政治理论课“98 方案”的基本内容和主要特点

“98 方案”的基本内容主要有：

1. 课程设置和学时。其中，本科马克思主义理论课（共 5 门）：“马克思主义哲学原理”（54 学时），“马克思主义政治经济学原理”（理工类 40 学时，文科类 36 学时），“毛泽东思想概论”（理工类 36 学时，文科类 54 学时），“邓小平理论概论”（70 学时），“当代世界经济与政治”（文科类开设，36 学时）；本科思想品德课（共 2 门）：“思想道德修养”（51 学时），“法律基础”（34 学时）。“职业道德”课，除师范、医学等一些特殊专业要作为专业基础课纳入教学计划外，其他专业可作为选修课或作为“思想道德修养”课的一部分安排教学。有关院校政治理论专业和财经类、政法类专业，可与专业基础课统筹考虑，在覆盖“两课”教学基本要求的前提下，确定此类专业的课程设置。“形势与政策”课要列入教学计划，平均每周 1 学时，一般按专题进行；实行学年考核制度，纳入学籍管理。以上所列课程为高校公共必修课，因此，必须充分保证各门课程的学时。

2. 实施时间安排。各高等学校要在 1998 年秋季普遍开设“邓小平理论概论”课。其他几门课程，凡条件具备的高等学校均要在 1998 年秋季入学的新生中开始实行，所有高等学校原则上均要在 1999 年秋季入学的新生中开始实行。

在课程分类上，“98 方案”延续了“85 方案”的做法，仍然分为马克

---

❶ 《邓小平文选》（第 3 卷），人民出版社 1993 年版，第 382 页。

❷ 教育部社会科学司组编：《普通高校思想政治理论课文献选编（1949～2008）》，中国人民大学出版社 2008 年版，第 182～183 页。

思主义理论课与思想品德课两大类，但同时又注意到课程体系的系统性建设。因此，“98 方案”对“85 方案”的调整，并不仅仅是课程名称的变动。这是因为原有课程名称的变动必然影响课程体系、课程内容和教学目的等方面，并进而涉及整个课程结构的变化。

“98 方案”课程体系的突出特点是，在对大学生进行马克思主义基本原理和爱国主义、集体主义、社会主义教育的过程中，较好地体现了理论与实践的统一、科学性与革命性的统一、逻辑与历史的统一。这是因为，对于大学生来说，不仅需要学习和掌握科学的世界观教育的主要内容，而且需要学习和掌握更深层次理论的基础，进而掌握马克思主义中国化的历史与现实问题，其基础和前提就是掌握马克思主义立场、观点和方法。这一特点，是从“98 方案”的总体结构中得到体现的。

“98 方案”课程设置的总体结构，主要分为三个层次，并由此提升了其内涵：(1) 以马克思主义基本原理教育为主题的课程设置。如“马克思主义哲学原理”课和“马克思主义政治经济学原理”课，强调了对马克思主义基本原理，以及蕴含于基本原理之中的马克思主义立场、观点和方法的学习与掌握。这既是对大学生进行科学的世界观教育的基本内容，也是大学生学习和掌握马克思主义中国化的历史与现实的理论基础。(2) 以马克思主义与中国实际相结合，即在马克思主义中国化过程中，实现两次历史性飞跃形成的两大理论成果为主题的课程设置。如“毛泽东思想概论”课和“邓小平理论概论”课，突出了马克思主义科学世界观的时代性和现实性，进一步说明了马克思主义与时俱进的理论品质，增强了大学生对邓小平理论与马列主义、毛泽东思想是一脉相承的认识深度，增强了对邓小平理论作为当代中国的马克思主义的科学内涵和精神实质的认识深度。(3) 以运用马克思主义立场、观点和方法认识客观世界和改造主观世界，树立正确的世界观、人生观、价值观和道德观、法律观为主题的课程设置。如“当代世界经济与政治”课、“思想道德修养”课和“法律基础”课以及“形势与政策”课等。

“98 方案”课程体系设置的三层内涵具有整体性、层次性和辩证性，准确地表述了“两课”各门课程的内在结构、内容分布、教学目的、教学内容、教学重点，以及各门课程间的辩证统一关系；清晰地体现了“两课”教学以邓小平理论为中心内容，统一于对大学生进行马克思主义基本原理和爱国主义、集体主义、社会主义教育的总体要求。

与“85 方案”相比较，“98 方案”进一步凸显了高校思想政治理论课课程设置的主旨，其意义主要表现在：

1. “98 方案”突出了邓小平理论在“两课”教学中的重要地位。“98 方案”最重要的教学目标，就是“以邓小平理论为中心内容”，“进一步解决好邓小平理论‘进教材，进课堂，进头脑’这一主要任务”。通过这一调整，“中国社会主义建设”课不再单独开设，其主要内容有机地融入“邓小平理论概论”课和“毛泽东思想概论”课。

2. “98 方案”把“85 方案”中“马克思主义原理”课统一分设为“马克思主义哲学原理”和“马克思主义政治经济学原理”两门课。实际上，“85 方案”实施之初，就对“马克思主义原理”课的具体开设，提出过三种可供选择的方案：其一是开设合一的“马克思主义原理”课，其二是开设分立的“马克思主义哲学”课和“马克思主义政治经济学”课，其三是开设分立的“马克思主义哲学”课、“当代资本主义”课和“科学社会主义的产生和发展”课。“98 方案”作出分设“马克思主义哲学原理”和“马克思主义政治经济学原理”的调整，主要是因为缺乏能够独立承担“马克思主义原理”课教学的师资。

3. “98 方案”把“85 方案”中的“中国革命史”课调整为“毛泽东思想概论”课。这是党中央在研究“两课”方案时作出的调整。这一调整的重要意义就在于，形成了从“毛泽东思想概论”到“邓小平理论概论”课程的严密逻辑，突出了马克思主义中国化的两大理论成果及其内在联系。从“98 方案”的整体来看，“毛泽东思想概论”和“邓小平理论概论”等课程的设立，并不只是对原有课程名称的对应性调整。它标志着“98 方案”的课程体系具有鲜明的教学理念和课程逻辑，即马克思主义是随着时代、实践和科学的发展而不断发展的理论。

三、高校思想政治理论课“05 方案”及其特点

“05 方案”是21 世纪初开始探讨、2005 年经党中央批准的高校思想政治理论课课程体系。在实施过程中，这一新课程体系也不断地丰富和完善着其内涵。

（一）高校思想政治理论课“05方案”的实施背景和指导思想

党中央对思想政治建设，特别是对意识形态领域工作作出的重大决策，构成了新一轮高校思想政治理论课教学改革的极为重要的背景。

20世纪、21世纪之交，以江泽民为核心的党的第三代领导集体在建设中国特色社会主义的伟大实践中，积累了治党、治国、治军的宝贵经验，创立了“三个代表”重要思想。2001年7月，《教育部关于普通高等学校“两课”教育教学中贯彻江泽民同志“七一”重要讲话精神的通知》指出：“江泽民同志《在庆祝中国共产党成立八十周年大会上的讲话》，坚持以马克思列宁主义、毛泽东思想、邓小平理论为指导，坚持党的解放思想、实事求是的思想路线，全面回顾和系统总结了我们党80年的光辉历程和基本经验，全面阐述了‘三个代表’重要思想的科学内涵，深刻回答了新的历史条件下加强和改进党的建设需要解决的重大问题，进一步阐明了党在新世纪的历史任务和奋斗目标，是一篇马克思主义的纲领性文献，具有重大而深远的指导意义。”因此，高校“两课”教育教学贯彻该讲话精神和“三个代表”重要思想，“要紧密结合国际形势的新变化，紧密结合社会主义初级阶段发展的新情况，特别是我国改革开放和现代化建设的新实践，紧密结合高等教育改革、发展和培养高素质创新人才的新要求，紧密结合大学生学习、生活和思想政治状况的新特点，努力增强学习贯彻‘三个代表’重要思想的针对性、实效性和主动性”。[1] 2002年，党的十六大把“三个代表”重要思想同马克思列宁主义、毛泽东思想、邓小平理论一道确立为党必须长期坚持的指导思想，实现了党的指导思想的又一次与时俱进。

2003年2月，教育部发布《关于进一步深化“三个代表”重要思想“三进”工作的通知》，要求各高校从2003年秋季开学开始，普遍开设“邓小平理论和‘三个代表’重要思想概论”课；有条件的高校可在2003年春季开学后开始实行；支持、鼓励“两课”教育教学条件和基础较好的

---

[1] 教育部社会科学司组编：《普通高校思想政治理论课文献选编（1949～2008）》，中国人民大学出版社2008年版，第190～191页。

高校，进行单独形态开设"'三个代表'重要思想概论"课试点。❶ 2004年1月，党中央发布了《关于进一步繁荣发展哲学社会科学的意见》，提出了新形势下繁荣和发展哲学社会科学的指导方针、总体目标和主要任务，作出了实施马克思主义理论研究和建设工程的重大决策。

在党的十六大召开后的头两年，在全面建设小康社会的实践中，党中央全力贯彻"三个代表"重要思想，着力于马克思主义理论的新发展，进行了一系列新的理论探索。其中，对"05方案"产生重要影响的理论主要有：科学发展观，这是党对发展问题的新认识，它是指导现阶段我国经济、政治、文化和社会发展的世界观和方法论的集中体现，也是高校新一轮思想政治理论课建设的新的指导思想；加强党的执政能力建设、加强党的先进性建设的理论，这是党对为什么要加强和怎样加强党的执政能力建设的新认识，也是对高校思想政治教育的新的战略思考；构建社会主义和谐社会理论，这是党对我国社会主义现代化建设目标的新思考，也是对高校思想政治教育认识视界的新拓展。这些理论，实际上是建设中国特色社会主义的重大战略决策。

2004年2月以后，胡锦涛同志先后作出三次重要批示，要求对进一步加强和改进大学生思想政治教育作出部署，提出了高校思想政治教育和思想政治理论课教学改革的新任务，从而指明了加强和改进大学生思想政治教育的新思路。

2004年8月，党中央作出了《关于进一步加强和改进大学生思想政治教育的意见》（即"16号文件"），对高校思想政治理论课建设和改革作出重大决策。该意见分析了国际国内形势深刻变化对大学生思想政治教育的有利影响和严峻挑战，提出了加强和改革大学生思想政治教育的指导思想，明确了高校思想政治理论课的地位、作用和要求。"16号文件"强调："要加强对思想政治理论课的宏观指导，采取有力措施，力争在几年内使思想政治理论课教育教学情况有明显改善。"❷"16号文件"在中国高等教育发展史上特别是高校思想政治理论课教学改革发展史上具有重要的里程碑意义。

---

❶ 教育部社会科学司组编：《普通高校思想政治理论课文献选编（1949～2008）》，中国人民大学出版社2008年版，第193页。

❷ 教育部社会科学司组编：《普通高校思想政治理论课文献选编（1949～2008）》，中国人民大学出版社2008年版，第204页。

2005年1月，为加强和改进大学生思想政治教育工作，进一步贯彻落实“16号文件”精神，胡锦涛同志在高校思想政治教育会议上提出了加强高校思想政治理论课建设的新要求。同年2月，《中共中央宣传部、教育部关于进一步加强和改进高等学校思想政治理论课的意见》（教社政〔2005〕5号）❶ 首先确立了加强和改进高校思想政治理论课的指导思想：坚持以马克思列宁主义、毛泽东思想、邓小平理论和“三个代表”重要思想为指导，深入贯彻党的十六大精神，贯彻党的教育方针，解放思想、实事求是、与时俱进，立足于帮助大学生树立正确的世界观、人生观、价值观，深入开展马克思主义立场、观点、方法教育，开展党的基本理论、基本路线、基本纲领和基本经验教育，开展科学发展观教育，开展中国革命、建设和改革开放的历史教育，开展基本国情和形势与政策教育，不断增强高等学校思想政治理论课教育教学的针对性、实效性和说服力、感染力。该意见强调，要以马克思主义中国化的理论成果、毛泽东思想、邓小平理论和“三个代表”重要思想为中心内容，完善思想政治理论课课程体系，并通过充实教学内容，完善课程设置，形成结构合理、功能互补、相对稳定的课程体系。在这一指导思想和原则要求下，该意见规定了思想政治理论课四年制本科的课程设置。同年3月，中共中央宣传部、教育部关于印发《〈中共中央宣传部、教育部关于进一步加强和改进高等学校思想政治理论课的意见〉实施方案》的通知❷正式公布了新课程方案，即“05方案”。由此，各高校进一步把学校思想理论建设、思想政治教育和大学生思想政治理论课课程建设融为一体。

（二）高校思想政治理论课“05方案”的基本内容和主要特点

高校思想政治理论课课程设置和实施是一项政治性、政策性和科学性很强的工作。《中共中央宣传部、教育部关于进一步加强和改进高等学校思想政治理论课的意见》（教社政〔2005〕5号）以及中共中央宣传部、教育部关于印发《〈中共中央宣传部、教育部关于进一步加强和改进高等学校

---

❶ 教育部社会科学司组编：《普通高校思想政治理论课文献选编（1949～2008）》，中国人民大学出版社2008年版，第213～217页。

❷ 教育部社会科学司组编：《普通高校思想政治理论课文献选编（1949～2008）》，中国人民大学出版社2008年版，第218～221页。

思想政治理论课的意见〉实施方案》的通知这两个文件内容极为丰富，包括：充分认识新形势下加强和改进高等学校思想政治理论课的重要性、全面把握加强和改进高等学校思想政治理论课的指导思想和总体要求、大力推进高等学校思想政治理论课的学科建设、不断完善高等学校思想政治理论课的课程体系、抓紧组织编写高等学校思想政治理论课教材、切实改进高等学校思想政治理论课教育教学方式和方法、努力造就一支高素质的高等学校思想政治理论课教师队伍、切实加强和改进对高等学校思想政治理论课的领导等。其中，最主要和最核心的内容是“不断完善高等学校思想政治理论课的课程体系”和“高等学校思想政治理论课（简称‘思政课’）的课程设置”，它们共同构成了“05 方案”的基本内容。

“05 方案”课程设置的具体内容包括：“马克思主义基本原理”（3 学分）、“毛泽东思想、邓小平理论和‘三个代表’重要思想概论”（6 学分）、“中国近现代史纲要”（2 学分）、“思想道德修养与法律基础”（3 学分）。同时，开设“形势与政策”课（2 学分）。另外，开设“当代世界经济与政治”等选修课。按照《教育部办公厅关于将高校思想政治理论课“毛泽东思想、邓小平理论和‘三个代表’重要思想概论”课程名称调整为“毛泽东思想和中国特色社会主义理论体系概论”的通知》（教社科厅函〔2008〕15 号）要求，为贯彻落实党的十七大精神，自 2008 年秋季学期开始，高校思想政治理论课“毛泽东思想、邓小平理论和‘三个代表’重要思想概论”课程名称调整为“毛泽东思想和中国特色社会主义理论体系概论”。

“05 方案”从 2005 级学生开始，在中宣部、教育部的领导下进行试点。从 2006 级学生开始，全国普通高等学校普遍实施。除试点学校外，2005 级（含 2005 级）以前的学生，仍按照“98 方案”开设相关课程。

从课程建设的角度来看，“05 方案”课程设置的新思路、新调整和新特点，主要表现在以下方面：

1. “05 方案”全面把握了高校思想政治理论课教学改革的必要性和重要性。进入 21 世纪以来，世界多极化和经济全球化的趋势在曲折中发展，科技革命日新月异，综合国力竞争日趋激烈；各种思想文化相互激荡，西方敌对势力加紧对我国实施西化、分化的政治图谋；我国改革开放进一步深入，社会主义市场经济体制建立，社会经济成分、组织形式、就业方式、利益关系和分配方式以及人们的生活方式日益多样化；我国高等教育体制改革，特别是高等教育从精英教育阶段向大众化教育阶段的过渡稳步推进；信息和网络环境等，使得当代大学生的成长道路具有了不同于以往的独特性。高校是国内外各种社会思潮聚集和交汇的前沿阵地。面对新的变化和新的情况，如何引导大学生正确认识当今世界错综复杂的形势，把握国际局势的发展变化和人类社会的发展趋势；如何引导大学生正确认识国情和社会主义建设的客观规律，增强在中国共产党领导下全面建设并建成小康社会、加快推进社会主义现代化的自觉性和坚定性；如何引导大学生正确认识肩负的历史使命，努力成为德智体美全面发展的中国特色社会主义事业的建设者和接班人，是必须认真研究解决的重大而紧迫的课题。基于此，进一步加强和改进高校思想政治理论课教育教学，把思想政治理论课教育教学提高到一个新的水平，具有时代的特殊性和创新性。

2. “05 方案”全面思考了同“98 方案”、“85 方案”之间的逻辑演变关系，全面规划了高校思想政治理论课课程设置，并创新性地构建了新的高校思想政治理论课程体系。“05 方案”针对当代大学生的思想和生活实际，在课程设置上突出了如何进行马克思主义基本原理、中国社会现实和中国历史这三个方面结合为一体的教育，切实增强了对当代大学生的全面的思想政治教育。“05 方案”正式以“思想政治理论课”来概括原来的“两课”各门课程。这一新的概括，客观地反映了“马克思主义理论”和“思想教育”或“思想品德”这两类课程的内在联系，科学地综合了原来所称“两课”的基本内涵。

3. “05 方案”遵循课程建设规律，集中体现了马克思主义理论、马克思主义理论学科和马克思主义理论教学的整体性。“05 方案”把“马克思主义哲学原理”和“马克思主义政治经济学原理”调整为“马克思主义基本原理概论”。这一调整不是两门课程的合并或简单相加，也不是对“85 方案”的简单回归[1]，而是结合教与学的实际，对马克思主义理论整个体

---

[1] 高校思想政治理论课“85 方案”设有“马克思列宁主义原理”课程，旨在把马克思主义作为一个整体传授给学生。但是，由于学科建设与课程改革的脱节，师资问题异常突出。“98 方案”遂把“马克思列宁主义原理”课分设为“马克思主义哲学原理”和“马克思主义政治经济学原理”。由于高校思想政治理论课教学的需要，“05 方案”把“马克思主义哲学原理”和“马克思主义政治经济学原理”重新调整为“马克思主义基本原理概论”。随着马克思主义理论学科建设的推进，师资问题逐步得到解决，课程建设质量逐步提高。

系创新性理解的结果。马克思主义是有着内在逻辑联系的“一块整钢”，但“这块整钢”多年来一直是被“分块打造”的。在课程建设上，高校思想政治理论课也是“分科”设置的。从课程设置和教学上凸显马克思主义整体性，旨在通过教学向学生展现一个整体性的马克思主义，而不是一个单向度的马克思主义，这是“05 方案”的一个重要目的。强调马克思主义理论的整体性，主要是要解决“什么是马克思主义，怎样坚持马克思主义”这一重大的理论问题和现实问题。马克思主义理论博大精深，内容极其丰富。对大学生进行马克思主义整体性教育，首先应该从马克思主义的世界观和方法论、人类社会发展的规律性、人的自由而全面的发展这三个方面入手，从而厘清马克思主义理论整体性的内在逻辑关系。在此基础上，深刻阐明马克思主义最基本的世界观和方法论是辩证唯物主义和历史唯物主义；马克思主义最鲜明的政治立场是实现最广大人民群众的利益；马克思主义最重要的理论品质是坚持一切从实际出发，理论联系实际，在实践中检验真理发展真理；马克思主义最崇高的社会理想是实现物质财富极大丰富、人民精神境界极大提高、每个人自由而全面发展的共产主义社会，进而努力分清哪些是必须长期坚持的马克思主义的基本原理，哪些是需要结合新的实际加以丰富和发展的理论结论，哪些是必须破除的对马克思主义错误的教条式的理解，哪些是必须澄清的附加在马克思主义名下的错误观点，从而最终在理论上解决“什么是马克思主义，怎样坚持马克思主义”这一重大问题。“05 方案”突出了马克思主义课程体系的整体性，有助于我们在历时态上了解理论生成的背景、展望理论发展的远景，有助于我们在共时态上立足国情、了解世情、把握马克思主义特别是马克思主义中国化的最新理论成果。“思想道德修养与法律基础”也不是过去的“思想道德修养”和“法律基础”两门课程内容的简单合并，而是着力于将其内容进行有机整合，使之形成一个新的课程体系。“中国近现代史纲要”则把整个中国近现代史分作互相衔接的三个大阶段，凸显本门课程帮助学生了解国史、国情，深刻领会历史和人民是怎样选择了马克思主义、选择了中国共产党、选择了社会主义道路的整体性功能。

4. “05 方案”突出体现了马克思主义中国化的理论成果及其延续性。如果说高校思想政治理论课的恢复和重建是与党的十一届三中全会所开启的拨乱反正进程联系在一起的，“85 方案”是与社会主义建设和改革开放的全面展开联系在一起的，那么“98 方案”和“05 方案”则是与中国特色社会主义理论体系的建构联系在一起的。中国特色社会主义理论体系内在地包含着邓小平理论、“三个代表”重要思想、科学发展观等理论成果。基于理论的这一发展脉络，“05 方案”对“98 方案”中分设的“毛泽东思想概论”课和“邓小平理论概论”课作了调整。一方面，党的十六大确立了“三个代表”重要思想的理论指导地位，要求“三个代表”重要思想进入高校思想政治理论课课程体系，“邓小平理论概论”课于 2003 年调整为“邓小平理论和‘三个代表’重要思想概论”课；另一方面，基于“三个代表”重要思想同毛泽东思想、邓小平理论之间的一脉相承性，这三个理论都是马克思主义中国化的理论创新成果，所以原来的两门课程就可以结合起来并且进一步延伸，形成“毛泽东思想、邓小平理论和‘三个代表’重要思想概论”这一门新的课程，并于 2008 年正式命名为“毛泽东思想和中国特色社会主义理论体系概论”课，从而将改革开放以来的创新理论加以整合成为一个理论体系，使学生能够从整体上理解和把握中国化的马克思主义。更名后的课程和教材着重讲授中国共产党把马克思主义基本原理与中国实际相结合的历史进程，充分反映马克思主义中国化的两大理论成果，即毛泽东思想和中国特色社会主义理论体系，帮助大学生系统掌握毛泽东思想、邓小平理论、“三个代表”重要思想和科学发展观基本原理，弄清楚为什么马克思主义要中国化、什么是中国化的马克思主义、马克思主义如何中国化，以及毛泽东思想、邓小平理论、“三个代表”重要思想和科学发展观对中国革命、建设和改革以及实现中华民族伟大复兴的重要性，从而坚定在党的领导下走中国特色社会主义道路的理想信念。

5. “05 方案”强调高校思想政治理论课的社会发展历史和理论发展历史两个方面的教育相结合。“05 方案”提出开设“中国近现代史纲要”新课程。在教育部上报党中央研究的课程方案中，并没有“中国近现代史纲要”课，是党中央在研究新的课程设置时正式提出的。“85 方案”强调的是社会发展历史的教育，开设了“中国革命史”和“中国社会主义建设”等课程；“98 方案”则注重理论发展历史的教育，开设了“毛泽东思想概论”和“邓小平理论概论”等反映马克思主义中国化进程的课程。从高校思想政治理论课课程体系的演化来看，“05 方案”的新调整吸收了“85 方案”和“98 方案”的优点，是对“85 方案”和“98 方案”的重要发展。

对大学生的历史教育，既包括以中国共产党党史、中国革命史等为主题的社会发展历史的教育，也包括以马克思主义中国化进程为主题的理论发展历史的教育。“05 方案”则把社会发展历史和理论发展历史这两个方面的教育结合起来，实现了中国近现代社会发展和马克思主义中国化理论发展的统一，构成了较为全面的历史教育和理论教育课程体系。

总之，“05 方案”高度综合了马克思主义基本理论、马克思主义中国化的理论、道德和法制教育，实现了课程体系的科学整合。这一课程体系在体现鲜明时代性的同时又为自身不断发展开辟了更加广阔的空间，而这一课程体系与现实的结合又为学生将理论与实践相结合、提高实践能力与创新能力创造了有利的基础条件。

四、高校思想政治理论课教学改革的规律性

在高校思想政治理论课教学改革中，整体设计和课程方案即政策设计和课程设置、课程体系的构建是其原点和出发点。在 21 世纪初，高校思想政治理论课教学改革实际上是“85 方案”、“98 方案”与“05 方案”并存并行的格局。仅就高校思想政治理论课教学的对象而言，思想政治理论课“85 方案”执行到 1998 级学生为止，该届学生 2002 年毕业，但是，由于思想政治理论课主要集中在第一学年和第二学年开设，“85 方案”实际上在 20 世纪就基本上完成了自己的使命。“98 方案”从 1999 级学生起开始执行，到 2005 级学生为止，该届学生 2009 年毕业。从 2006 级学生起开始执行“05 方案”，该届学生 2010 年毕业。目前，全部在校大学生都执行“05 方案”。这既有一个诸方案的衔接问题，同时也有一个在继承基础上的创新问题。“85 方案”的形成和实施是改革开放以来高校思想政治理论课教学改革的创设探究期，其作用在于整合学科、筑牢根基。“98 方案”的形成和实施是改革开放以来高校思想政治理论课教学改革的发展成熟期，其作用在于彰显主题、提升内涵。“05 方案”的形成和实施是改革开放以来高校思想政治理论课教学改革的持续创新期，其作用在于突出质量，强化优势。

纵观高校思想政治理论课教学改革，特别是“98 方案”、“05 方案”实施的历程，可以发现一些共性的因素对这种演化及其走势所起的影响作

用，并体现出高校思想政治理论课教学改革的规律性。

首先，无论是“98 方案”还是“05 方案”，都始终坚持以马克思主义为指导的根本政治方向，凸显了高校思想政治理论课教学改革政治性的根本特点，回应了 20 世纪、21 世纪之交社会主义改革开放新时期思想政治教育的政治诉求，并贯彻了理论联系实际的根本方法。坚持以马克思主义为指导的根本政治方向，是高校思想政治理论课建设和改革进程中一以贯之的核心理念。这是因为，我国是以马克思主义为根本指导思想的社会主义国家，这一性质决定了我国高校开设思想政治理论课必须坚持以马克思主义为指导的政治方向，否则其课程设置、开课与否以及开课水平的高低都将毫无意义。关于“98 方案”的文件指出：“‘两课’课程设置必须着眼于引导和帮助学生掌握马克思主义的立场、观点、方法，树立正确的世界观、人生观和价值观，确立建设有中国特色社会主义的共同理想。”它还提出：“要认真贯彻理论联系实际和‘学马列要精，要管用’的原则，全面地反映中国实际和时代发展，着力于提高教学效果。”[1] 关于“05 方案”的文件也指出：高校思想政治理论课，要“坚持用发展着的马克思主义武装大学生，始终保持教育教学的正确方向”。它还提出了“坚持理论联系实际，贴近实际、贴近生活、贴近学生”的根本要求。[2] 因此，高校开设思想政治理论课的根本目的就是对大学生进行思想政治教育，通过思想政治理论课的学习，增强大学生的政治意识和政治觉悟，增强政治敏锐性，提高政治辨别力，坚决拥护党的路线、方针和政策，进而坚定高举中国特色社会主义伟大旗帜的信心，坚定走中国特色社会主义道路的信念。始终坚持正确的政治方向，确保高校思想政治理论课沿着正确的轨道发展，并实现高校思想政治理论课的教育性作用，是高校思想政治理论课教学改革的灵魂。

其次，无论是“98 方案”还是“05 方案”，都始终以高校思想政治理论课课程设置和教学内容的科学性为生命线，并体现了知识性与教育性的有机统一。高校思想政治理论课是一个内容丰富、原理深刻且集整体性与

---

[1] 教育部社会科学司组编：《普通高校思想政治理论课文献选编（1949～2008）》，中国人民大学出版社 2008 年版，第 182～183 页。

[2] 教育部社会科学司组编：《普通高校思想政治理论课文献选编（1949～2008）》，中国人民大学出版社 2008 年版，第 214 页。

层次性、抽象性与具体性于一体的知识结构体系，主要包括：马克思主义基本原理、立场、观点和方法的世界观和方法论的知识体系；马克思主义中国化进程中产生的重大理论成果的知识体系，包括毛泽东思想和中国特色社会主义理论体系；贯穿于中国近现代社会发展历史进程中的知识体系；认识主观世界、改造客观世界的知识体系等。其中，马克思主义中国化的理论成果毛泽东思想、中国特色社会主义理论体系构成了高校思想政治理论课教学的中心内容。[1] 正是基于知识性这一根本特点，高校思想政治理论课的课程体系和教学内容必须随着社会实践的发展变化而不断丰富和创新。同时，高校思想政治理论课不仅像其他课程一样承担着传播一定的科学文化知识的任务，而且还承担着对大学生直接进行思想政治教育的任务。高校思想政治理论课要解决的不仅是“知”与“不知”的表面矛盾，更重要的是要解决“信”与“不信”的内在冲突，从而使大学生在高校思想政治理论课教学过程中实现“知”与“信”的升华。从这个意义上说，教育性是高校思想政治理论课知识性的归宿，并体现着它的科学性。

最后，高校思想政治理论课课程建设从“98 方案”到“05 方案”，包括此前的诸方案，坚持和凸显了继承与创新的根本原则。继承性主要体现在课程建设的根本宗旨方面，虽然诸方案中课程名称表述各异，但是都始终坚持马克思主义基本原理以及马克思主义的基本立场、观点和方法，并以培养中国特色社会主义事业的合格建设者和可靠接班人为根本宗旨。这一主线和红线贯穿于高校思想政治理论课课程建设和教学改革的整个历程。创新性主要体现在课程建设目标和课程理论内容方面，关于“85 方案”的文件指出，高校思想政治理论课要使学生了解马克思主义的哲学、历史学、经济学、政治学和科学社会主义等基本理论观点的历史渊源、主要内容和现代发展（包括在中国运用和发展），培养学生运用马克思主义对当代其他社会思潮进行鉴别和分析的能力。[2] 关于“98 方案”的文件指出，高校思想政治理论课要引导和帮助学生掌握马克思主义的立场、观点和方法，要以邓小平理论为中心内容，比较系统地进行马克思主义基本原理和爱国

---

[1] 教育部社会科学司组编：《普通高校思想政治理论课文献选编（1949～2008）》，中国人民大学出版社 2008 年版，第 215 页。

[2] 教育部社会科学司组编：《普通高校思想政治理论课文献选编（1949～2008）》，中国人民大学出版社 2008 年版，第 107 页。

主义、集体主义、社会主义的教育。[1] 关于“05 方案”的文件进一步指出：“科学的课程设置是加强和改进思想政治理论课教育教学的基本环节。高等学校思想政治理论课课程设置，要体现马克思主义与时俱进的理论品格，更好地适应时代发展的要求；要突出重点，更好地吸收理论和实践发展的最新成果；有利于更好地用马克思主义理论武装大学生头脑。”[2] 与此同时，高校思想政治理论课课程内容也在不断地创新和充实。改革开放以后，高校思想政治理论课课程内容的设置主要是基于更好地为建设和发展中国特色社会主义事业、为实现中华民族的伟大复兴服务，因此其视野不再仅仅局限于政治领域，而是扩及经济、历史、文化、社会建设和生态文明建设等多领域，诸如党的十四大以后，为了进一步回答和解决“什么是社会主义、怎样建设社会主义”这一根本问题，把邓小平建设有中国特色社会主义理论纳入思想政治理论课课程体系；党的十六大以后，为了科学阐释和解决“建设什么样的党，怎样建设这样的党”这一根本问题，把“三个代表”重要思想纳入思想政治理论课课程体系；党的十七大前后，为了正确诠释和解决“实现什么样的发展，怎样实现这样的发展”以及“举什么旗，走什么路”的根本问题，把科学发展观和中国特色社会主义理论体系纳入思想政治理论课课程体系，等等。课程的发展，最根本的是依靠创新。创新是课程建设与发展的根本动力。其中，创新是手段，发展是目的。高校思想政治理论课创新是课程自身发展的需要，也是新世纪、新时期培养创新型人才和社会主义现代化建设的需要。由此可知，课程体系和教学内容的演化具有内在统一性和不断创新性。“05 方案”则实现了高校思想政治理论课发展的继承性与创新性的高度统一。“05 方案”既继承了之前高校思想政治理论课课程体系的“合理内核”，同时也立足特定的时空境遇，面对当今世界和当代中国发展变化的实际，面对当代大学生成长、成才的实际，作出了多方面的创新，不断深化着高校思想政治理论课的内涵，不断拓展着高校思想政治理论课的发展空间，并使之充满活力。

---

[1] 教育部社会科学司组编：《普通高校思想政治理论课文献选编（1949～2008）》，中国人民大学出版社 2008 年版，第 182～183 页。

[2] 教育部社会科学司组编：《普通高校思想政治理论课文献选编（1949～2008）》，中国人民大学出版社 2008 年版，第 215 页。

五、本章小结

高校思想政治理论课教学改革的不断推进，在于对课程建设理念和根本目的的正确把握。一百多年前，马克思在《资本论》中曾经说过："对人类生活形式的思索，从而对它的科学分析，总是采取同实际发展相反的道路。这种思索是从事后开始的，就是说，是从发展过程的完成的结果开始的。"[1] 这一论述，对于研究我国高校思想政治理论建设特别是21世纪初的思想政治理论教学改革，同样具有方法论的指导意义。

高等学校教学改革的根本目的是提高人才培养质量。以此来审视，高校思想政治理论课教学改革必须从"以人为本"的原则出发进行探索。高校思想政治理论课坚持"以人为本"，特别强调的是思想政治教育的对象，即当代大学生。增强高校思想政治理论课的针对性、实效性，必须使思想政治理论课成为大学生内在的强烈需求，唤醒他们的需要，把握学生的"需求点"；满足他们的需要，把握教学内容的"结合点"；引导他们的需要，把握教学过程的"着力点"，把他们的积极性和主动性充分地调动起来，把学习过程转化为自觉、自主的行动。[2] 因此，"85方案"以及"98方案"、"05方案"都坚持并强化了高校思想政治理论课是大学生思想政治教育主渠道和主阵地这一意识。在课程内涵上，它具体体现为以马克思主义基本原理教育为根本的课程；以发展的马克思主义即中国化的马克思主义理论教育为中心的课程；以初步掌握并运用马克思主义基本立场、观点和方法认识客观世界和改造主观世界为重点的课程。这些课程，由最初的马列主义理论课拓展到马克思主义理论课和思想品德课，形成了"两课"的基本格局，并在"05方案"中进一步统一于"思想政治理论课"之中。

高校思想政治理论课教学改革的根本任务，就是要深入探索和揭示其规律。高校思想政治理论课教学改革的规律，主要表现为马克思主义理论体系转化为课程体系、课程体系转化为教学体系、教学体系转化为大学生

---

[1] 《马克思恩格斯全集》（第23卷），人民出版社1972年版，第92页。

[2] 程京武："关于高校思想政治理论课建设的几点思考"，载《暨南高教研究》2007年第2期。

思想道德素质和综合素质体系，进而转化为大学生信仰体系和行动体系的规律。在马克思主义理论体系与大学生信仰体系和行动体系之间，课程体系起着极为重要的中介和桥梁作用。离开了课程体系的构建这一顶层设计和整体设计，上述转化都是不能实现和完成的。为了增强高校思想政治理论课的针对性、实效性，在教学改革中须更加注重马克思主义理论原理、理论发展和理论运用教育的结合，其中“理论原理”是高校思想政治理论教育的基本的、基础的内容，“理论发展”就是马克思主义的中国化和中国化的马克思主义，“理论运用”就是运用课堂理论教育与社会实践体验相统一的教育教学方法，引导大学生科学地认识和把握客观世界和主观世界，这既是对理论联系实际的马克思主义学风的坚持，也是对思想政治理论课针对性、实效性、长效性的最具有说服力的检验。由此，使高校思想政治理论课成为大学生终生受益的精神财富、终生管用的精神动力、终生难忘的精神支柱。

第三章　高校思想政治理论课教学改革效果评估

教学改革效果评估，是加强高校思想政治理论课建设、提高高校思想政治理论课教学质量的重中之重，其核心内容是课程建设标准的制定和实施。高校思想政治理论课课程建设标准，是对高校思想政治理论课教学改革价值评价的准则和尺度，它为高校思想政治理论课目标的确立、内容的确定、方法的选择等提供了客观的依据，并使高校思想政治理论课的实效性评价从经验层面上升到理论层面，高校思想政治理论课课程建设标准的执行，也是对高校思想政治理论课教学改革进程实施调控的外在推动力，促使高校思想政治理论课教育教学进一步规范化、制度化和科学化。

一、高校思想政治理论课课程建设标准

没有规矩不成方圆。规矩就是标准。

在 GB/T 20000.1—2002《标准化工作指南 第1部分：标准化和相关活动的通用词汇》中，对“标准”的界定是：标准是为了在一定范围内获得最佳秩序，经协商一致制定并由公认机构批准，共同使用的和重复使用的一种规范性文件。

国家标准 GB/T 3935.1—83 对“标准”的界定是：标准是对重复性事物和概念所作的统一规定，它以科学、技术和实践经验的综合成果为基础，经过有关方面协商一致，由主管机构批准，以特定的形式发布，作为共同遵守的准则和依据。

国际标准化组织（ISO）的标准化原理委员会（STACO）以“指南”

的形式对“标准”的界定是：标准是由一个公认的机构制定和批准的文件，它对活动或活动的结果规定了规则、导则或特殊值，供共同和反复使用，以实现在预定领域内最佳秩序的效果。

所谓课程标准，就是对一门课程从产生到设计和实施的标准化规定，包括课程的性质、定位、教学目标、设计思路、情境设计、教学实施、考核评价、教学条件等内容。它是国家、行业或学校对课程教学的基本规范，也是教材编写、教学评价和考核的基本依据。

高校思想政治理论课课程建设标准，既是高校思想政治理论课建设和教学改革的重要内容，也是对高校思想政治理论课建设和教学改革实施效果评估的基本准则、基本尺度。

1. 高校学科、专业与课程之间的关系。

在高校人才培养和教育教学中，厘清学科、专业和课程三个概念的内涵，是制定课程建设标准的基本前提。

学科、专业、课程是高等教育学中一组易混淆的概念，且见仁见智。

学科通常是指学术的分类，我国国家标准（GB/T 13745—92）认为：“学科是相对独立的知识体系。”也就是说，学科是对科学知识进行划分的一种单位。学科的划分，须遵循知识体系自身的逻辑。学科的任务主要是：进行科学研究，寻求新的知识，即发现新型学科领域；在原有学科的基础上寻找新的学科生长点，即发现新的学科交叉领域，为适应社会需求、发展新型专业提供基础。

专业是指学校根据科技进步和社会分工来划分的、培养学生的专门的学业门类，大体上相当于《国际教育标准分类》的课程计划或美国高等学校的主修课程。专业的设置，基于从事实际工作对人才所要求的知识结构和知识体系。专业的任务主要是：传授岗位所需要的专门知识和技能，为社会培养专业人才；适应社会发展，合理选择和组织学科知识，形成新的专业方向领域等。

课程是指教与学的内容及其进程。课程是按照教学的规律遴选、剪裁、排列组合起来的比较稳定的学科知识。从课程的构建目的来看，它属于教育范畴，但从其内容来看，它又属于学科范畴。课程的任务主要是：对知识的高效传递和对合格人才的培养。

学科、专业和课程的发展分别遵循科学探索的规律、社会劳动市场人才供需的规律和人才培养的教育学规律。学科建设的关键在于开发知识，取得具有先进水平甚至领先水平的成果，服务于培养创新性人才；专业建设在于整合知识，使学生学有所长，学有所用，增强学生的社会从业能力；课程建设则在于传授知识，使教与学互动，提高教学水平和教学效果。

学科、专业和课程之间具有内在的统一性，三者相互交融、相互依存、相互促进。它们之间的逻辑关系，具体体现在：

其一，学科是专业的基础，专业是学科承担人才培养的载体。一个学科可以支撑多个专业，一个专业也可能需要多个学科的依托。

其二，专业是联系学校人才培养计划与社会需求、知识开发（学科）与知识传授（课程、教学）的桥梁和纽带。社会对人才的需求决定着学校的专业设置和变革，专业不仅以应对社会的现实需求来激发、促进相关学科的发展，同时还主导和决定着对已有学科知识的筛选、组合，并使之成为可传递、易学习的知识单元——课程。专业（包括专业方向）的设置和专业人才培养规格的设计对学校的课程结构具有定向作用，学科则为专业人才的培养规格和由此设计的课程体系提供源头活水。

其三，课程是学科与专业的联系中介。课程不仅是专门人才的知识、能力和素质得以完成的有效载体和实践途径，而且在课程教学中产生的教学改革反馈信息，将进一步激发学科和专业的探索与发展。高等教育在形式上是由专业构成的，但实际上它是通过教师执行专业范畴内的课程计划、开展教学工作来完成的。因此，一个课程体系实际上内含着学科、专业与课程的内在知识逻辑关系、人才类型需求的社会逻辑关系以及人的成长成才的发展逻辑关系。但是，高校的教育教学也面临诸多挑战，诸如为什么教、教什么、如何教、教师教的效果、为什么学、学什么、如何学、学生学的效果等问题，通常难以按照一定的课程标准进行量化的、精确化的评估，甚至被忽略。

其四，学科建设、专业建设、课程建设和人才培养的实施主体都是教师。教师是学科知识的创造者、发现者、使用者、传授者。高校教师具有双重性，它既是学术隶属关系下某个学科的学术工作与学术活动的主体，参与学术研究与学科建设，又是教学行政隶属关系下教学工作与教学活动的主体，是某一专业或某一门课程的授课人。正因为如此，对于高等学校而言，学科建设、专业建设、课程建设和人才培养水平的高低，关键在于师资队伍建设。

课程是高等教育的基本单元，它主要包括师资队伍建设、教学大纲建设、教材建设、教学方法改革、教学手段改革、考核办法改革等方面的内容。课程建设则是从高校的培养目标和学科的发展出发，依据教育规律对课程的实施条件与方法，按照一定的质量标准而进行管理、改革的一项系统工程。课程建设的目的是优化课程结构与教学条件，推动教学改革，提高教育教学质量。因此，课程改革是高校教学改革的关键和突破口。

与一般的课程不同，高校思想政治理论课是具有学科和专业特性的课程群。与一般课程的教育教学评价不同，高校思想政治理论课教育教学评价的最大特色在于，它不仅要评价大学生对马克思主义理论基本知识、思想道德修养和法律基础知识的掌握情况，更要评价高校思想政治理论课满足大学生思想道德发展需要，促进大学生确定正确的政治方向和理想信念，树立科学的世界观、人生观和价值观，从而实现自身全面发展的情况和效果。也就是说，它不仅是一种知识评价，更是一种价值评价。因此，高校思想政治理论课建设标准的制定、实施具有特殊重要的要求、作用和意义。

2. 高校思想政治理论课课程建设标准。

由于高校思想政治理论课教育教学效果的呈现具有长远性和滞后性特征，同时其教学效果评价又涉及人的情感、品行、理想、信念等非认知领域，所以其评价结果具有模糊性和不确定性的特点。[1] 因此，长期以来，高校思想政治理论课课程建设和教育教学评估都没有形成单独的测评指标或评价体系，大都是采用各高校全校范围内所有课程共用的本科教学质量评估方案及测评指标体系。但是，相对其他专业课和公共基础课而言，思想政治理论课在课程设置、教学风格、考核方式、测评重点等方面都具有其特殊性。用共同的测评指标体系进行评价，缺少针对性，无法准确、完整地检测出思想政治理论课教育教学的质量和效果。这在一定程度上制约了思想政治理论课教育教学水平的不断提高。

20 世纪末、21 世纪初以来，本科教学评估逐渐成为各级教育主管部门工作的重要内容。作为对大学生进行系统的马克思主义理论教育和思想政治教育的必修课，高校思想政治理论课也是教学评估的重点之一。部分省、直辖市、自治区教育部门陆续制定了高校思想政治理论课建设评估方案，如 1996 年，四川省教委在全国率先制定了《四川省普通高校“两课”建

---

[1] 朱光明、蓝伟等：《思想政治学科教育学》，首都师范大学出版社 2000 年版，第 228 ~ 229 页。

设评估指标体系》，具体包括“两课”教学工作、教学与科研、领导与管理、队伍建设和保证条件等5个一级指标，受到了充分肯定和广泛关注。[1] 2000年，云南省教委制定了《云南省普通高等院校“两课”建设评估方案》。2001年，贵州省教育厅制定了《贵州省普通高校“两课”建设评估方案（试行）》。“05方案”实施后，2006年，广东省教育厅印发了《关于印发〈广东省高等学校（本科）思想政治理论课2006～2010年建设规划〉和〈广东省高等学校（本科）思想政治理论课建设评估指标体系（试行）〉的通知》。2007年，四川省制定了《四川省普通高校思想政治理论课建设标准（试行）》。2008年，中共浙江省委教育工作委员会、浙江省教育厅制定了《浙江省高等学校思想政治理论课建设标准（修改稿）》。以上文件，坚持从实际出发，既突出教学又兼顾全面，既考虑科学性又考虑可操作性，其指标体系涵盖整个思想政治理论课课程建设，包括领导重视、教学改革、教师队伍、保障体制等，对高校进一步加强思想政治理论课建设提出了明确的量化指标和具体要求，并力求比较全面地反映教学工作的真实状况。

2011年1月19日，《教育部关于印发〈高等学校思想政治理论课建设标准（暂行）〉的通知》（教社科〔2011〕1号）指出，教育部研制《高等学校思想政治理论课建设标准（暂行）》，其目的在于贯彻落实全国加强和改进大学生思想政治教育工作座谈会精神以及《中共中央宣传部 教育部关于进一步加强高等学校思想政治理论课教师队伍建设的意见》（教社科〔2008〕5号）有关规定，进一步加强宏观指导，规范高校思想政治理论课的组织管理、教学管理、队伍管理和学科建设。教育部要求各省级教育部门要加强对在本地区办学的所有高校思想政治理论课的统筹协调，将各部委属高校的思想政治理论课纳入统一管理体系，组织本地区所有高校开展自查，对照有关指标逐项核对，对没有落实的项目要制定整改进度表。

在部分省、直辖市、自治区教育部门制定的高校思想政治理论课建设标准中，《浙江省高等学校思想政治理论课建设标准（修改稿）》相对而言更为具体、更为完善。因此，我们选取《浙江省高等学校思想政治理论课建设标准（修改稿）》和《高等学校思想政治理论课建设标准（暂行）》

---

[1] 刁纯志：“改革开放初中期四川高校思想政治教育的回顾与思考”，载《乐山师范学院学报》2008年第23期。

两个文本，进行对照和比较。

《浙江省高等学校思想政治理论课建设标准（修改稿）》

一、组织领导（15分）

项目分值	检查内容	检查方法	评分标准	得分
6分	1. 学校党委、行政定期研究思想政治理论课建设，贯彻落实中央和教育部有关文件精神 2. 学校成立思想政治理论课建设工作领导机构，确定一名副书记和一名副校长主管教学工作；领导机构能统筹协调，教务、宣传、科研、人事、财务等相关职能部门积极支持和参与建设工作 3. 学校制定较长远的思想政治理论课建设规划，把思想政治理论课或“形势与政策”课、“社会实践”课列入重点（精品）建设课程，并有相应的扶植措施	查阅近三年学校有关文件、会议记录等资料	一项未达要求扣1~2分，扣完6分为止	
4分	4. 学校设直属的思想政治理论课教学部门，领导班子和行政编制齐全 5. 思想政治理论课教学部门负责人和学科带头人进入学校学术委员会、教学委员会和学位委员会	查阅文件资料，座谈了解	一项未达要求扣1~2分，扣完4分为止	
5分	6. 学校领导能深入教学第一线，坚持讲课和听课制度，参与教研活动，每学年讲课和听课累计各达10学时以上 7. 教学部门领导有较高的思想政治水平和业务管理水平，作风踏实，工作得力 8. 教学部门每学年有工作计划和总结	查阅近三年工作档案资料、座谈了解、问卷调查	一项未达要求扣1~2分，扣完5分为止	

二、教学工作（35分）

项目分值	检查内容	检查方法	评分标准	得分
8分	1. 思想政治理论课按教育部有关规定设置课程，确保规定的学分和相应的课时数，实践课和选修课不占用相应的课时数 2. 根据教育部要求使用统编教材，并按教育部颁布的教学大纲和教学要点组织教学	查阅近三年教学档案资料，参考教学督导员反馈意见，座谈了解	该两项为一票否决项，其中一项未达要求即为整体不合格	
6分	3. 形势与政策教育课列入教学计划，按平均每学期16周，每周1学时计算，本科生以2学分、专科生以1学分记入学生学籍档案 4. 本科院校开设2门以上、专科院校开设1门以上配套选修课，丰富思想政治理论课教学体系	查阅近三年教学档案资料，座谈了解	一项未达要求扣3分，扣完6分为止	

续表

项目分值	检查内容	检查方法	评分标准	得分
7分	5. 教学部门或教研室定期组织集体备课，对教学重点、疑点、难点问题进行研讨，本科院校每学年不少于8次，专科院校每学年不少于6次 6. 教师教学准备充分，有完整的教学进度计划、教案、思考题、多媒体教学课件 7. 至少有1门思想政治理论课程被评为校级及以上精品课程	查阅近三年备课会议记录，抽查教学进度计划、教案、思考题和多媒体教学课件等	第5、6项，每查实一次未达要求扣2分，可倒扣至35分为止；第7项未达要求扣3分	
4分	8. 以座谈、问卷等形式调查了解学生思想政治状况，加强教学的针对性，每学年不少于1次 9. 教师结合教学工作，主动深入学生，参与导师制、班主任工作，主动担任学生社团和学生社会实践指导教师，组织课外理论学习活动，做好教书育人工作	查阅有关资料，座谈了解，问卷调查	一项未达要求扣1~2分，扣完4分为止	
10分	10. 教学管理制度健全，无重大教学事故 11. 教学部门进行教学检查，每学年不少于2次 12. 严格考试制度，有80%的课程实行教考分离的考试办法 13. 思想政治理论课教学总体效果良好，学生评价较高，思想政治理论课教师的课堂教学质量测评平均分应达到学校平均分	查阅近三年教学检查档案资料和考卷，课堂教学质量测评情况资料，参考教学督导员反馈意见	第10项每发生一起重大教学事故扣5分；第11、12项未达要求每项扣1~2分；第13项未达要求扣2~4分。以上各项扣完10分为止	

三、教研与科研工作（15分）

项目分值	检查内容	检查方法	评分标准	得分
5分	1. 积极开展教学研究，推进教学改革，有明确的教改思路和举措 2. 组织教学观摩和评议活动，每学年不少于2次；定期组织评选“精彩一课”和优秀教案、优秀教学课件活动 3. 每学年有校级及以上教改项目，有教研论文公开发表	查阅有关工作档案资料、论文资料、文件证书，座谈了解	一项未达要求扣1~2分，扣完5分为止	
4分	4. 思想政治理论课有学科建设规划，目标明确，重点突出 5. 具备硕士学位授予权的学校有相应的硕士学位授权点，思想政治理论课教师能够积极参与硕士生培养工作	查阅有关工作档案资料、有关文件等	一项未达要求扣2分，扣完4分为止	
6分	6. 思想政治理论课教师积极开展与思想政治理论课相关的科学研究；每年有公开发表论文的教师，本科院校不低于80%，专科院校不低于50% 7. 每年至少有2项校级及以上科研课题立项 8. 思想政治理论课教学部门每年完成科研工作量达到学校的平均水平	查阅有关文件、论文资料、获奖证书	一项未达要求扣2分，扣完6分为止	

四、队伍建设（20分）

项目分值	检查内容	检查方法	评分标准	得分
8分	1. 学校有加强师资队伍建设的规划，措施落实 2. 重视教师思想政治工作，师资队伍素质良好，无违法违纪行为 3. 重视中青年教师培养，有计划安排中青年在职进修和攻读学位 4. 思想政治理论课优秀青年教师列入学校学术骨干培养计划	查阅有关文件资料，座谈了解	第2项，每发生一起违法违纪行为扣2分，其余每项未达要求扣1~2分。以上各项扣完8分为止	
12分	5. 专任教师和教辅人员编制数按教育部有关规定配置，师生比例合理 6. 师资队伍年龄结构合理 7. 师资队伍学历学位结构合理，教师具有硕士及以上学位，本科院校应达到60%，专科院校应达到40%，本科院校应有博士学位的教师 8. 师资队伍职称结构合理，中、高级职称的教师所占比例不低于学校平均水平，本科院校应有正高教师，且坚持在本科教学的第一线	查阅有关文件和统计资料，座谈了解	第7项具有硕士及以上学位的教师比例，每下降5个百分点扣1分；中、高级职称的教师所占比例，每低于学校平均水平5个百分点扣1分；其余每项未达要求扣1~2分。以上各项扣完12分为止	

五、保障条件（15分）

项目分值	检查内容	检查方法	评分标准	得分
10分	1. 思想政治理论课建设经费落实，按总额不少于本院校全日制在校生生均20元的标准，下拨课程建设、图书资料、教师社会实践和行政管理经费，教学部门经费使用合理 2. 按教育部有关规定进行思想政治理论课教师职务评聘工作，有相应的学科评议组，专业技术职务岗位设置与其他专业（学科）教研室（部）相当 3. 学校有相应政策保证思想政治理论课教师的政治待遇 4. 思想政治理论课教师奖金、课时津贴等经济待遇不低于校内其他教师平均水平	查阅近三年学校有关财务档案、教师职务评聘文件资料，座谈了解	第1项未达要求酌情扣5分；第2、3、4项，一项未达要求扣1~2分。以上各项扣完10分为止	
5分	5. 学校图书馆有保证思想政治理论课教学科研所需的图书资料，教学部门订阅主要期刊、报纸，本科院校不少于50种，专科院校不少于30种；积累一定数量的思想政治理论课教学声像资料 6. 教学部门办公用房（不含图书资料室）达人均3平方米以上（以教师人数计算），设施完好，整洁明亮，计算机等现代办公设备配备齐全	查阅资料，实地查看	一项未达要求扣1~3分，扣完5分为止	

高等学校思想政治理论课建设标准（暂行）

一级指标	二级指标	三级指标	指标类型	责任部门
组织管理	领导体制	学校党委直接领导，协调校行政负责实施，分管校领导具体负责，并成立相应的领导机构	B	学校党委、行政领导
	工作机制	1. 校党委（常委）会议、校长办公会每学期至少召开一次专题会议研究工作，会议决议能够及时落实	B	学校党委、行政领导
		2. 学校党政主要领导和分管领导每学期分别到堂听课2次以上，定期听取思想政治理论课教学工作汇报，解决实际问题	B	
		3. 把思想政治理论课建设列入学校事业发展规划，作为学校重点课程建设，有条件的本科院校同时应作为重点学科建设，每年至少进行一次专项督查	A	
		4. 学校宣传、人事、教务、研究生院（处）、财务、科研等党政部门和思政课教学科研机构各负其责，相互配合，落实思想政治理论课教育教学、学科建设、人才培养、科研立项、社会实践、经费保障等各方面政策和措施	B	学校党委、行政领导及有关部门
	机构建设	1. 独立设置直属学校领导的、与学校其他二级院（系）行政同级的思想政治理论课教学科研组织二级机构，承担全校本、专科学生和研究生思想政治理论课教学任务，统一管理思想政治理论课教师。有马克思主义理论学科点的机构同时应作为马克思主义理论学科点的依托单位，承担马克思主义理论科学研究、学科建设、研究生培养等工作	A*	学校党委、行政领导
		2. 配齐机构主要负责人。机构主要负责人应具有马克思主义理论相关学科的学科背景、学历和职称，不得兼任其他二级院（系）的主要负责人	A*	学校党委、行政领导及有关部门
		3. 与专业院系同等配备教学设备和基本图书资料、国内外主要社科期刊、声像资料、教学课件以及办公用房、计算机、复印机、传真机等办公设备等，满足教学及办公需要	B	
	专项经费	学校在保障思想政治理论课教学科研机构正常的各项经费的同时，本科院校按在校学生总数每生每年不低于20元、专科院校按在校学生总数每生每年不低于15元的标准提取专项经费用于教师学术交流、考察等，并随着学校经费的增长逐年增加。专项经费安排使用明确，专款专用	A*	学校党委、行政领导及财务部门

续表

一级指标	二级指标	三级指标	指标类型	责任部门
教学管理	管理制度	教学管理制度健全，建立备课、听课制度以及教学内容和教学质量监控制度，认真执行各项管理规章制度，检查、评价制度等。教学档案齐全	B	教务处 思政部
	课程设置	1. 按照本、专科生思想政治理论课“05 方案”，研究生思想政治理论课新方案（2011 年秋季开始实施）的规定，根据学校培养人才层次，落实课程和学分及对应的课堂教学学时，无挪用或减少课时的情况	A *	教务处 研究生院 （处）
		2. 积极创造条件开设本科生和研究生层次思想政治理论课选修课	B	
	教材使用	1. 使用马克思主义理论研究和建设工程重点教材思想政治理论课统编教材	A	教务处 研究生院 （处）
		2. “形势与政策”课要根据教育部下发的教育教学要点来组织教学，选用中宣部和教育部组织制作的《时事报告（大学生版）》和《时事》DVD 作为学生学习辅导资料	B	
	课堂教学	1. 课堂规模一般不超过 100 人，鼓励小班教学	A	教务处
		2. 合理安排课堂教学时间	B	
	实践教学	实践教学纳入教学计划，落实学分（本科 2 学分，专科 1 学分）、教学内容、指导教师和专项经费。建立相对稳定的校外实践教学基地。实践教学覆盖大多数学生	B	教务处 思政部
	教学方法改革	1. 积极探索教学方法改革、优化教学手段	B	思政部 教务处
		2. 改革考试评价方式，建立健全科学的考试考核评价体系	B	
	教学成果	列入校级教学成果类奖系列评选，并积极组织推荐参评校级以上“精品课程”、教学成果奖、“精彩”系列等评选活动	B	教务处
队伍管理	政治方向	思想政治理论课教师应坚持正确的政治方向，有扎实的马克思主义理论基础，具有良好的思想品德、职业道德、责任意识和敬业精神，在事关政治原则、政治立场和政治方向的问题上与党中央保持一致	A	人事处 思政部
	教师选配	1. 本、专科思想政治理论课专任教师按不低于师生（全日制在校本、专科学生）1∶350～1∶400 的比例配备，研究生思想政治理论课专任教师按相当比例配备（编制在思想政治理论课教学科研机构）	A	人事处
		2. 兼职教师具有硕士研究生以上学历（专科院校兼职教师具有本科以上学历）和相关专业背景，按学校有关规定考核合格	B	
		3. 新任专任教师原则上应是中共党员并具备相关专业硕士以上学位	A	

续表

一级指标	二级指标	三级指标	指标类型	责任部门
队伍管理	培养培训	1. 新任专任教师必须参加省级岗前培训，持证上岗；所有专任教师必须参加省级或中宣部、教育部组织的示范培训或课程培训或骨干研修	B	人事处 思政部
		2. 每学年至少安排1/4的专任教师开展社会实践和学习考察活动	B	
		3. 安排专任教师进行脱产或半脱产进修，每人每4年至少一次	B	
		4. 鼓励支持专任教师攻读马克思主义理论相关学科博士、硕士学位	B	
	职务评聘	1. 思想政治理论课专业技术职务高级岗位比例不低于学校重点学科高级岗位设置的平均水平，且不得挪作他用	B	人事处
		2. 教师获得的教学成果类奖项、被有关部门采纳并发挥积极作用的社会调研报告应作为专业技术职务评定的依据	B	
	经济待遇	思想政治理论课教师的岗位津贴和课时补助等纳入学校内部分配体系统筹考虑，思想政治理论课教师工作量、课酬计算标准与其他专业课教师一致，教师的实际平均收入不低于本校相关专业院系教师的平均水平	A	人事处 教务处
	表彰评优	纳入学校各类教师表彰体系，并为思想政治理论课教师确定一定比例，进行统一表彰	B	人事处
学科建设	学科点建设	1. 马克思主义理论学科点设在思想政治理论课教学科研机构，首要任务是为思想政治理论课教育教学服务	A*	人事处 科研处 教务处 研究生院（处）
		2. 马克思主义理论学科点不办本科专业、不招收本科生（思想政治教育专业除外）	A*	
		3. 马克思主义理论学科的学术骨干必须是思想政治理论课的教学骨干。每一位导师至少承担思想政治理论课一门课的教学任务	A	
	科研工作	设立思想政治理论课教育教学研究专项课题。创造条件支持思想政治理论课教师申报各级各类课题，参评各种科研成果奖等	B	教务处 科研处 思政部
特色项目	教学改革特色项目	开展思想政治理论课教学改革与创新，并取得显著成果，其经验在全国或全省得到一定推广	B	教务处 思政部
	其他	能够推动思想政治理论课建设工作的其他有特色的项目	B	

说明：

1. 关于指标类别。建设指标分A*、A、B三类，共38项，其中A*为核心指标（6项），A为重点指标（8项），B为基本指标（24项）。

2. 关于评价标准。A*指标6项、A类指标7项以上、B类指标20项以上达标，方可认定合格。

3. 关于教师类别。专任教师是指编制在思想政治理论课教学科研机构的教师；兼职教师是指编制属其他教学机构或管理部门（单位）的教师。

由上可知，较之浙江省等教育部门制定的《高等学校思想政治理论课建设标准》，教育部制定的《高等学校思想政治理论课建设标准（暂行)》更具全局性和战略性，学校各部门职责更明确。教育部颁布的《高等学校思想政治理论课建设标准（暂行)》，是规范全国高校思想政治理论课的组织管理、教学管理、队伍管理和学科建设的重要依据，是高校思想政治理论课建设和教学改革的顶层设计，对推进高校思想政治理论课建设更加制度化、规范化、长效化具有极大的推动作用和指导意义。因此，《高等学校思想政治理论课建设标准（暂行)》是从宏观层面对21世纪初高校思想政治理论课课程建设和教学改革效果进行指导和评价的纲领性文件。《高等学校思想政治理论课建设标准（暂行)》颁布后，各省教育行政部门相继按照标准对所属高校思想政治理论课建设进行了检查、评估，并制定了有针对性的整改意见和强化措施。

二、高校思想政治理论课课程评价

课程评价是一个具有多重指代意义的概念，具有较大的包容性。课程评价有广义和狭义之分。广义的课程评价，是指教育行政管理部门、社会以及专门机构等对课程方案、效果、目标等有关问题的价值或特点作出总体判断，它不仅是过程评价，而且是背景评价、综合评价、绩效评价，属于宏观层面的评价。狭义的课程评价，是指通过一定的方法和途径，对课程计划、实施过程以及实施效果的评价，它属于微观层面的评价。我们使用的课程评价的概念，兼具宏观和微观的维度，侧重于狭义的范畴。也就是说，课程评价是指依据一定的评价标准，通过系统地收集有关信息，采用各种定性、定量的方法，对课程的计划、实施、结果等有关问题作出价值判断并寻求改进途径的一种活动。课程评价不应作为控制被评价者精神和行为的手段，而应成为教育的有效方式，应使课程评价成为评价者与被评价者之间平等的交互活动，通过评价活动促进被评价者自我反思、体验、感悟，促进其人格全面发展、道德品质提升、政治认同感增强，通过自我成长实现其自我价值与社会价值。从这个意义上而言，课程评价具有导向、调节、规范、激励等重要功能，对于优化教育教学过程、检验教育教学效果、改进管理与决策、提高课程教育教学质量等具有重要的作用。

高校思想政治理论课程评价，是对思想政治理论课程达到教育目标程度的价值或绩效进行综合性判断。因此，高校思想政治理论课课程评价，既是课程建设的有机组成部分，也是对高校思想政治理论课教学改革实施效果评估的重要内容；既是提高大学生思想政治教育质量的重要环节，也是在调校和总结经验的基础上进行新一轮教学改革的逻辑起点和现实起点。

1. 高校思想政治理论课课程评价总体状况。

课程评价与课程建设是相伴而生的。课程评价涉及高校思想政治理论课的价值、本质、标准、主客体、方法论等诸多方面。这些问题，既有历史层面的问题，也有现实层面的问题；既有经验层面的问题，也有理论层面的问题。

随着新中国的成立和社会主义改造的进行，高校思想政治理论课课程建设迅速推进，课程体系逐步建立，课程评价也相应地开展，特别是学生学习成绩的考核、评定逐步规范化。20 世纪 80 年代，借鉴国外的教育评价理论和方法，我国高等教育领域逐步开展教育评估研究，思想政治教育领域也不例外。各高校在思想政治教育以及教育评价等相关理论指导下，探索适合我国高校思想政治理论课课程性质和特点的评估，并注意总结经验。1985 年，《中共中央关于教育体制改革的决定》提出，教育管理部门要定期对高等学校的办学水平进行评估。1990 年 11 月，国家教委发布《普通高等学校教育评估暂行规定》。这些文件，从宏观上促进了思想政治教育评估理论和实践的发展。1991 年 8 月 3 日，国家教委《关于加强和改进高等学校马克思主义理论教育的若干意见》明确提出，教育主管部门要督促检查高校理论教育工作，严格教材管理，注意发现和推广优秀教学经验，开展教学检查和评估，把理论教育的状况作为评估学校工作和各级领导干部工作实绩的重要条件。[1] 1994 年《中共中央关于进一步加强和改进学校德育工作的若干意见》、1995 年国家教育委员会关于印发《关于高校马克思主义理论课和思想品德课教学改革的若干意见》的通知、1995 年国家教委关于颁布试行《中国普通高等学校德育大纲》的通知等文件，一再强调要建立德育工作的评估制度，要把“两课”建设情况作为评估学校工

[1] 教育部社会科学司组编：《普通高校思想政治理论课文献选编（1949～2008）》，中国人民大学出版社 2008 年版，第 144 页。

作的重要内容。1997 年国家教委普通高等学校马克思主义理论课和思想品德课教学指导委员会成立，其主要任务之一就是研究和指导“两课”教学改革和学科建设，研究和参与教学质量与人才培养和科学研究基地评估工作等。❶

1997 年党的十五大之后，高校思想政治理论课教学改革进入一个新的发展阶段。特别是“98 方案”和“05 方案”的实施，通过充实教学内容，完善课程设置，高校思想政治理论课逐步形成了结构合理、功能互补、相对稳定的课程体系，从而为课程评估的全面展开奠定了基础。2005 年颁布的《中共中央宣传部、教育部关于进一步加强和改进高等学校思想政治理论课的意见》对课程评估提出了新的要求。该意见提出，关于高校思想政治教育工作评估，组织部门、宣传部门、教育部门要把思想政治理论课教学质量作为高校党建和思想政治工作、教学工作评估的重要组成部分。在该意见的指导下，教育部把各高校按规定设置思想政治理论课的情况、课时安排、师资队伍培养、经费投入等问题作为检查和评估的重点，对教材编写和使用、教学研究、教师培训、学科建设等作出了更为具体可行的规定。各省教育主管部门陆续对各高校思想政治理论课课程建设进行了检查、评估和督导。在评估期间，专家组主要通过听（即听老师讲课）、看（即查看教育教学的相关资料）、问（即对教师和学生的问卷调查）、座谈（即召开有关领导和部门、教师和学生的座谈会）等方法和途径，检查评估各高校思想政治理论课建设情况，并提出相应的整改意见和建议。教育部和各省教育主管部门强调，开展思想政治理论课建设评估，把思想政治理论课建设作为对高校办学质量和水平评估考核的重要指标，纳入高校教育教学评估体系，是加强和改进高校思想政治理论课建设的一项重要措施。同时，思想政治理论课建设评估也是一项科学性很强的工作，因此，评估方案要坚持从实际出发，既要突出教学，又要兼顾全面；既要考虑科学性，又要考虑可操作性。高校思想政治理论课课程评估的目的是以评促改，以评促建，以评促管，评建结合，重在建设。

作为一项长期工作，教育部社会科学研究和思想政治工作司主持的高

---

❶ 教育部社会科学司组编：《普通高校思想政治理论课文献选编（1949～2008）》，中国人民大学出版社 2008 年版，第 178～179 页。

校学生思想政治状况滚动调查工作，到2013年已经持续进行了22年。对高校思想政治理论课课程评价，则是这一调查工作的重点内容。这些调查采取了问卷调查与座谈、访谈相结合的方式，较好地坚持了方向性和科学性相结合的原则，是从宏观上进行总结性评价的基本依据。尤为值得关注的是，《中共中央、国务院关于进一步加强和改进大学生思想政治教育的意见》（中发〔2004〕16号）发布后近10年间高校学生思想政治状况滚动调查及其评价结论，更具参考价值和研究价值。它们为高校思想政治理论课教学的改进提供了参考，为加强课程管理提供了帮助，为持续推进改革的决策提供了依据，为营造良好的舆论提供了导向。

2013年6月，教育部对高校学生思想政治状况进行了最新一轮滚动调查。调查工作继续在京、津、黑、沪、浙、赣、鲁、豫、鄂、粤、川、滇、陕、宁、新等15个省（自治区、直辖市）和新疆生产建设兵团进行，共有146所高校25400余名学生参与了问卷调查，1080余名学生参与了座谈和访谈，同时，也在上海开展了网络调查。调查表明，总的状况是，当前高校学生思想主流持续呈现积极、健康、向上的状态。这从一个很重要的方面反映了高校思想政治理论课的地位和作用及教学改革的效果。

其一，广大高校学生高度信任并拥护以习近平同志为总书记的新一届中央领导集体，对实现中华民族伟大复兴中国梦充满信心。98.9%的学生对“十八届一中全会选举产生以习近平同志为总书记的新一届中央领导集体”表示关注；广大高校学生对新一届中央领导集体印象良好，排在前三位的是“亲民”、“实干”和“务实”，此外，自信、坚定、朴素、清醒等选项也被许多学生用来评价新一届中央领导集体；95.8%的学生对“中央政治局作出关于改进工作作风、密切联系群众的八项规定”表示满意；93.4%的学生对“中国特色社会主义事业进一步发展，综合国力增强，国际地位提高”表示乐观。

其二，广大高校学生坚决拥护中国共产党的领导，拥护社会主义制度，高度认同中国特色社会主义理论体系，坚持走中国特色社会主义道路。高校学生对“我国必须坚持中国共产党领导的多党合作和政治协商制度”和“必须坚持公有制为主体、多种所有制经济共同发展的基本经济制度”的认同度呈逐年上升态势。高校学生对过去一年党和政府的工作给予充分肯定，对调查所列举的14项重大决策部署的认可度均高于90%。在调研和座谈中，学生们表示，党的十七大以来，全国各族人民在中国共产党的领导下实现了全面建设小康社会的关键性突破，在政治、经济、社会、教育、科技、文化等领域均取得了一系列举世瞩目的巨大成就，极大坚定了道路自信、理论自信和制度自信。

其三，广大高校学生高度关注涉及国家利益的大事，维护国家安全与稳定的意愿强烈。94.2% 的学生表示关注“神舟九号与天宫一号成功对接，蛟龙号下潜突破 7000 米大关，第一艘航空母舰——辽宁舰正式交付海军”；97.8% 的学生对“国务院批准设立地级三沙市，管辖西沙群岛、中沙群岛、南沙群岛的岛礁及其海域”表示满意；96.4% 的学生对“中国就钓鱼岛及其附属岛屿领海基线发表声明，对钓鱼岛及其附属岛屿开展常态化巡航监测，坚决维护钓鱼岛及其附近岛屿主权”表示赞同。

其四，高校学生思想主流积极向上，高度认同并积极践行社会主义核心价值体系。97.3% 的学生关注“最美教师”张丽莉、“最美司机”吴斌、“最美战士”高铁成等一批感动中国的先进典型，并立志向他们学习；90.2% 的学生赞同“大学生应成为社会主义核心价值观的积极践行者”；97% 的学生对“诚信是做人之本”表示赞同；“爱国热情”、“人际交往能力”、“诚信意识”是高校学生自我评价最高的三个方面；对于大学校园里的一些不文明现象和行为，绝大多数学生明确表示反对。

其五，广大高校学生对学校工作给予较高评价，对大学生思想政治教育工作和辅导员队伍的认可度进一步提升。高校学生对调查所列的本校工作满意度超过 2012 年，总体评价最好的前三位是“辅导员工作”(96.1%)、“校风学风建设”(96%)、“家庭经济困难学生资助工作”(95.6%)，同时，高校学生对思想政治理论课教学、党团组织建设和作用发挥等方面的满意度也比去年有明显增长。对于校园学习生活环境，广大学生普遍予以较高评价，其中“教师教书育人的表现”、“校园治安和秩序状况”、“校风学风和校园文化状况”三项评价最高。

针对调查反映出来的高校学生思想政治状况的实际和当前大学生思想政治教育面临的新形势、新任务，教育部提出，要深入学习贯彻党的十八大精神和习近平总书记“五四”重要讲话精神，落实立德树人根本任务，切实提高大学生思想政治教育工作质量；要深化中国梦宣传教育，大力加强社会主义核心价值体系教育，引导高校学生坚定中国特色社会主义理想信念；要坚持以学生为本，把解决思想问题和解决实际问题结合起来，把党和政府对高校学生的关怀落到实处；要高度重视社会思潮对学生思想的影响，加强队伍建设，丰富内容与形式，创新方法与手段，提升思想政治教育针对性、实效性，努力培养德智体美全面发展的社会主义建设者和接班人。[1]

各高校也通过不同的形式对思想政治理论课进行课程评价，并在总结经验的基础上对发现的问题进行调适，从而有效推进了教学改革。

诸如，在清华大学学生网上教学评价中，学生认为，高校思想政治理论课教学“没有严肃的说教，而是一种潜移默化”。“教书育人，这门课值得称赞！老师将政治理论与当前社会实际紧密结合，上这门课有一种使命感、责任感。”“老师在课堂上能举出无数相当有说服力的例子，让我们相信马克思主义是很能应用到现实生活中的一门很有价值的学科。”清华大学马克思主义学院常务副院长艾四林认为，在学生当中，蕴含着学习思想政治理论的巨大潜力，关键是如何使这种潜力发挥出来，实现从“要我学”到“我要学”的转变。“思想政治理论课从教材体系向教学体系转化是基础，从知识体系向信仰体系转化是核心，从信仰体系向行动体系转化则是最终指向。因此，必须在‘真信’、‘真用’、‘入脑’、‘入心’上下工夫。”[2]

再如，在南开大学，高校思想政治理论课在学校的课程设置和课程体系中有着独特的地位。学校明确提出，要按照精品课的标准建设好每一门思想政治理论课，每年投入不少于50万元专项经费。对任课教师而言，教学改革首先体现在新的授课方法上，老师每节课都拿出20分钟的时间给学生，请他们登台讲课，由师生共同点评。讲课题目和形式都由学生决定，人人都能参与，充分发挥学生的主体作用。有的学生反映：“当我设计好每一个环节，以丰富的形式获得讲课的成功后，我才发现自己利用这个机会已查了很多资料，思考了很多。”[3]

---

[1] http：//www.gov.cn/gzdt/2013-06/03/content_2417599.htm.

[2] 丰捷：“在‘入脑’‘入心’上下工夫——清华大学创新思想政治理论课纪实”，载《光明日报》2011年7月15日。

[3] 汪伟、张国：“南开大学创新高校思想政治理论课新模式：让思政课打动学生心”，载《天津日报》2007年9月16日。

对21世纪初特别是“05方案”实施以来高校思想政治理论课教学改革状况，从宏观与微观、政策规范与实施操作、定性性叙述与定量性数据等角度进行评价、概括和思考，是十分必要的。对高校思想政治理论课课程评价进行精准的论述，虽然不是易事，但是，窥一斑可知全貌，总的来看，“16号文件”所提出的“力争在几年内使思想政治理论课教育教学情况有明显改善”❶ 的目标基本实现，思想政治理论课正在逐步成为教师乐教愿讲、学生乐学爱听的课程，切切实实起到了对大学生进行思想政治教育的主渠道、主课堂、主阵地的不可替代的作用。❷ 清华大学、南开大学等则是典型。

2. 对高校思想政治理论课课程评价的思考。

高校思想政治理论课课程评价既是一个理论问题，也是一个实践问题。

课程评价的矛盾是评价主体和评价客体之间的矛盾。评价主体把自己的需要和利益转化为评价标准，并以此为依据去衡量课程价值的性质和大小，这就出现了主体性的评价标准和客观性的课程价值之间的矛盾。这一矛盾解决的过程，就是课程评价的过程。因此，课程评价的本质就是一定的评价主体判断课程价值的活动。这是课程评价的共性。但是，高校思想政治理论课课程的特殊性也决定了对它的评价的特殊性。

首先，高校思想政治理论课课程评价是一种知识性的评价。由于高校思想政治理论课教学承担着系统讲授马克思主义理论和社会道德规范与法律规范以及国际国内形势与政策的任务，因此，课程评价必须直面教师传授理论知识有效性的评价、学生掌握理论知识程度的评价。

其次，高校思想政治理论课课程评价是一种价值性的评价。教育的价值，主要体现为教育对人类社会发展进步的价值和教育对人的全面发展的价值。高校思想政治理论课是承载着多维价值的一系列课程，它的价值“既包括青年学生个体和群体发展的价值，又包括对经济、政治、文化以及社会发展的价值；既包括教师的教和学生的学所具有的价值，也包括教学

---

❶ 教育部社会科学司组编：《普通高校思想政治理论课文献选编（1949～2008）》，中国人民大学出版社2008年版，第204页。

❷ 赵婀娜：“高校育人，新起点上再奋进——中央16号文件印发以来加强和改进大学生思想政治教育综述”，载《人民日报》2012年6月20日。

方案、教学过程、教学方法、教学手段、教学管理、教学效果所具有的价值”[1]，因此，课程评价必须对其状态和价值作出判断。

再次，高校思想政治理论课课程评价是一种政治性的评价。高校意识形态工作是党的意识形态工作的重要组成部分，它直接影响大学生培养质量，影响校园与社会稳定，影响中华民族伟大复兴的进程。高校思想政治理论课是对大学生进行思想政治教育的主渠道，事关中国特色社会主义建设者和接班人的培养。充分发挥思想政治理论课的作用，是党的教育方针的具体体现，是社会主义大学的本质特征，是党和国家事业长远发展的根本保证。[2] 因此，高校思想政治理论课教师必须坚持正确的政治方向，加强思想道德修养，增强社会责任感，不断完善知识结构，提高教育教学能力。在事关政治原则、政治立场和政治方向问题上不能与党中央保持一致的，不得从事高等学校思想政治理论课教育教学工作。[3] 2005 年《中共中央宣传部、教育部关于进一步加强和改进高等学校思想政治理论课的意见》和2008 年《中共中央宣传部、教育部关于进一步加强高等学校思想政治理论课教师队伍建设的意见》都强调了这一政治性要求。因此，高校思想政治理论课课程评价同样具有极其鲜明的特殊性。

最后，高校思想政治理论课课程评价是一种综合性、发展性的评价。它不仅要对思想政治理论课教育教学的各构成要素进行评价，而且要对思想政治理论课教育教学的实际推进历程进行评价，还要对思想政治理论课教育教学的实际效果进行评价；不仅要对思想政治理论课教师教的活动进行全面评价，而且要对学生学的活动进行全面评价。同时，随着思想政治教育事业的发展和课程评价理论、方法的日趋成熟，在学科专业甚至学校整体办学水平的维度对高校思想政治理论课所进行的课程评价也日益受到重视。更为重要的是，还必须根据评价结果进行反馈、分析，制定整改和

---

[1] 李斌雄：“高校思想政治理论课教学评价体系的特点及相关理论依据和原则探讨”，载《思想理论教育导刊》2007 年第 2 期。

[2] 教育部社会科学司组编：《普通高校思想政治理论课文献选编（1949～2008）》，中国人民大学出版社 2008 年版，第 213 页。

[3] 教育部社会科学司组编：《普通高校思想政治理论课文献选编（1949～2008）》，中国人民大学出版社 2008 年版，第 216 页。

提高措施。唯有如此，才能真正推进高校思想政治理论课建设的发展。[1]

在高校思想政治理论课课程评价的实践中，许多行之有效的做法逐步积淀成为宝贵的经验，诸如：在评价目的方面，坚持以评促改、以评促建、以评促管、评建结合、重在建设；在评价原则方面，坚持以事实为依据、力求客观公正，坚持静态评价与动态评价相结合、基本评价与特色评价相结合、定量评价与定性评价相结合、自我评价与他人评价相结合、全面评价与重点评价相结合、终结性评价与形成性评价相结合；在评价的具体措施方面，对于方向性、原则性的问题采取加大权重，或者确定资格、条件后再进行评价，而对于模糊性的变量，应用模糊数学进行评价，等等。

高校思想政治理论课课程评价也有一个根本标准问题。党的十一届三中全会以来，高校思想政治理论课课程的培养目标体系逐步建立，并以科学的培养目标体系作为课程评价的根本标准，从而推动了课程评价的发展。在21世纪初的今天及今后一个时期，要紧密结合全面建成小康社会与社会主义现代化建设的实际，以大学生全面发展为目标，使高校思想政治理论课课程的培养目标体系进一步完善，从而推动课程评价进一步发展，进而促进学生、教师和学校的发展。

三、高校思想政治理论课教学评价

我国高校思想政治理论课教学，主要是通过课堂教学实施的。如何利用课堂教学有效地帮助大学生树立正确的世界观、人生观、价值观和道德观、法律观，提高高校政治理论课教学的实效性，真正实现高校思想政治理论课教学目标，是一个重大的现实课题。其中，思想政治理论课教育教学评价地位突出，它是思想政治理论课教学过程中质量检查、分析总结和改进提高的重要环节。

教学评价是对教学活动满足社会与个体需要的程度作出判断的活动，是对教学活动现实的（已经取得的）或潜在的（还未取得的，但可能取得的）价值作出判断，以促进教学价值增长的过程。

---

[1] 张耀灿、曹清燕：“发展性评价：高校思想政治理论课教学测评的指导理念”，载《思想理论教育导刊》2009年第5期。

国外教学评价起步较早，理论成果丰富，先后产生了行为目标模式、决策导向或改良导向模式、应答模式、质量保障模式、共同建构模式等。国外教学评价模式揭示了教学评价的发展趋势：从以测验为中心，转向以目标为中心，以决策（或过程）为中心，进而强调以人为中心，为学生的全面发展服务。以测验为中心的评价，强调评价的竞争功能、选拔功能。以目标为中心和以决策（或过程）为中心的评价，强调评价的调控和改进功能。以人为中心的评价，强调评价的个性发展功能。这些对于我国高校思想政治理论课教学评价具有一定的启迪和借鉴意义，譬如，评价范式须实现从“供给者本位”到“需求者本位”的转换；评价理念及评价体系须以“学生学习效果”为逻辑起点；评价目标须达到“教与学的统一”、“真理与价值的统一”以及“知与行”的统一，等等。但是，引进、借鉴国外的教学评价理论、模式和方法，重点在于使之中国化、思想政治化，并力求针对性和实效性，即紧密结合我国高校思想政治理论课教学的实际，创建具有中国特色的高校思想政治理论教学评价体系。《中共中央宣传部、教育部关于进一步加强高等学校思想政治理论课教师队伍建设的意见》明确指出：“要建立高等学校思想政治理论课教育教学测评体系。进一步完善《普通高等学校本科教学水平评估方案（试行）》，把思想政治理论课建设作为高等学校教学水平评估体系的重要组成部分，列为二级指标，加大其权重和显示度。凡思想政治理论课教学达不到基本要求的，该校教学水平测评不能评为优秀等级。”[1]

高校思想政治理论课教学评价及其体系是教学目标和评价标准的载体与具体表现。它是根据社会对高校思想政治理论课教学的要求以及高校思想政治理论课教学评价对象的实际，确立指标体系，运用测量和统计分析等先进方法，对高校思想政治理论课教学的实际效果进行价值判断的过程。高校思想政治理论课教学评价，根本目的在于促进高校思想政治理论课建设，提高高校思想政治理论课教学的质量和效果，更好地发挥高校思想政治理论课作为高校思想政治教育主渠道、主阵地、主课堂的作用，以人为本，促进大学生的全面发展和健康成长。

---

[1] 中共中央宣传部、教育部：《中共中央宣传部、教育部关于进一步加强高等学校思想政治理论课教师队伍建设的意见》（教社科〔2008〕5号）。

教学评价指标是从教学评估对象中分解出来的，反映教学评估对象某方面本质特征的具体化、行为化的主要因素，是对教学评估对象进行价值判断的依据，也是教育过程中调节、控制、评估对象行为的准则。教学评价指标体系，是把教学评价指标按照教学评估对象本身的逻辑结构排列组合的有机体。教学活动是受到多种因素制约的复杂过程。因此，教学评价指标体系的制定，直接关系到教学评价的成败。

高校思想政治理论课教学有其特殊性。因此，制定高校思想政治理论课教学评价指标体系，既要遵循一般的教学评价原则，适当采用相应的评价指标，又要充分考虑思想政治理论课教学的特点，找准课程建设及教学改革的切入点和着力点，从整体上把握其指标体系是否符合教育教学规律，是否能够科学地反映高校思想政治理论课教学水平和教学质量。

第一，要明确高校思想政治理论课教学评价的目标。

高校思想政治理论课教学评价的目标，应以高校思想政治理论课教学目标为标准。高校思想政治理论课教学目标，是提高高校思想政治理论课的教学质量，把学生培养成为有理想、有道德、有文化、有纪律的德、智、体、美全面发展的具有创新精神和实践能力的社会主义事业的建设者和接班人。教学目标，是高校思想政治理论课教学的出发点和落脚点。没有教学目标，就难以确定高校思想政治理论课教学的任务、内容和方法，也无从对高校思想政治理论课教学进行效果评价。这也是高校思想政治理论课教学评价的依据。

高校思想政治理论课教学目标评价内容，包括学生热爱社会主义，拥护党的领导和党的基本路线，确立献身于中国特色社会主义事业的政治方向程度的评价；学生努力学习马克思主义，逐步树立正确的世界观、人生观、价值观，坚定马克思主义信仰和社会主义信念情况的评价；学生逐步树立正确的道德观、法律观，自觉遵纪守法，具有良好的道德品质和健康的心理素质的评价；学生勤奋学习，勇于探索，努力掌握现代科学文化知识情况的评价；学生努力做到为人民服务，具有艰苦奋斗精神和强烈的使命感、责任感的评价。这既是整个教学目标评价过程中的指导思想，也是高校思想政治理论课教学评价的目标。

第二，要构建高校思想政治理论课教学评价内容体系。

由于高校思想政治理论课教学内容的丰富性和过程的长周期性及多维

性，使高校思想政治理论课教学评价的内容也具有广泛性和综合性及特殊性。

广泛性是指高校思想政治理论课教学评价的范围，它包括评价参与高校思想政治理论课教学的主体和客体即评价教师和评价学生，评价高校思想政治理论课程和教材，评价高校思想政治理论课程讲授过程和学习过程，评价高校思想政治理论课教学管理和教学效果等。

综合性是指高校思想政治理论课教学评价的内容，它既包括马克思主义理论课程，又包括思想品德和法律基础课程；既包括马克思主义理论方面的学科课程，也包括社会实践在内的活动课程等。因此，必须构建一个高校思想政治理论课教学要素评价、过程评价和效果评价体系，实现多方位、多角度评价高校思想政治理论课教学工作。

特殊性是指高校思想政治理论课教学的主要功能在于提高学生的思想道德素质和政治素质，重在教育、引导学生如何做人，而不是单纯传授知识。只有学生主动参与思想交流，在思想的碰撞中自然而然地接受引导，自觉而主动地选择马克思列宁主义、毛泽东思想、邓小平理论、“三个代表”重要思想和科学发展观，选择爱国主义、集体主义和社会主义时，高校思想政治理论课教学才能真正收到实效。教学的特殊性，需要建立多渠道评价系统和相对独立、完整的教学评估体系，诸如：（1）任课教师自评总结的信息反馈渠道，反馈的内容包括任课教师教学上的问题和学生学习的情况。（2）高校思想政治理论课教师同行之间互评的信息反馈渠道。通过教师互相听课，发现教学过程中的问题及时进行讲评、交流和反馈。（3）学生评教的信息反馈渠道。每学期末采用评教调查卡（表）组织全体学生对任课教师的教学态度、师德、教学方法、教学水平、教学效果进行评价反馈，利用计算机进行统计、排序。（4）思想政治理论课教学质量监督小组的信息反馈渠道。由校院系领导、高校思想政治理论课专家组成教学质量督导小组。通过定期听课，对课堂教学质量从更高层次上进行调研、诊断，提出改进建议，推广教改经验。

第三，要设计科学、系统的高校思想政治理论课教学评价指标。

高校思想政治理论课教学评价指标的制定与设计，必须与教学评价目标保持一致并能够全面再现和反映课程教学目标，符合学生思想品德的实际水平并为广大学生所认可和接受，具有信度、效度和可行性并能够通过测量得出明确的结论。

长期以来，由于思想政治理论课教学内容的内涵、外延的系统性、深刻性、丰富性和过程的长周期性、多维性以及教学效果的滞后性，使思想政治理论课教学的变量众多，过程复杂，信度难以把握。因此，至今未能真正建立起科学、合理、可行的高校思想政治理论课教学评价指标体系。而要建立一个行之有效的教学评价指标体系，必须确定一些具体的指标作为监控的参数。设计的评价量化指标和各项指标的权重值要符合高校思想政治理论课教学实际，收集的评估资料、信息要客观、真实，尽量使用第一手材料，避免第二手、第三手材料。例如，学生到课率，高校思想政治理论课教学质量应以受教育者得到教育为前提，必须保证学生的到课率；学生参与率，由于高校思想政治理论课教学采取了一些新的教学模式，学生成了教学活动的主角，必须采取具体措施鼓励学生自觉、热情地参与到教学活动中来，这是取得良好的教学效果的必要保证；学生进步提高率，既要考核学生所学知识的掌握情况，也要考核学生在校内课外活动、社会实践及日常生活中的收获和变化情况，这是考核高校思想政治理论课教学效果最有说服力的数据；学生满意率，每门课程结束后，要了解、掌握学生对任课教师教学工作的满意程度，作为评价教师工作情况的重要参考指标；教学新方法、新手段的普及率，通过院（部）系领导了解掌握高校思想政治理论课教师应用教改新成果、运用新手段的情况，以达到提高教学质量的目的，等等。

第四，要优化高校思想政治理论课教学评价方法和评价技术手段。

评价方法和技术手段是高校思想政治理论课教学评价体系构建的重要部分。诸如，定性评价与定量评价相统一，过程评价与总结评价相统一，传统评价与网络评价相统一，单项评价与综合评价相统一，教师评价与学生评价相统一，领导和专家评价、同行交互评价与教师自我评价相统一等。

定性评价与定量评价相统一。定性评价和定量评价是以事物质与量的规定性为客观依据。定性评价是指通过对评价对象的整体和性质的分析综合，以鉴别和判定思想政治理论课教学效果性质的方法。定性评价简便易行，能够比较形象地描述人们思想、行为的主要特征表现，对受评价对象具有激励与教育作用。但是，定性评价的缺点是评价结论的模糊性，很难清晰地将评价对象之间的差别明显反映出来，因而容易产生“千人一面”

的定性评语。定量评价主要是运用数据的形式。通过对评价对象表现出来的一些量的关系的整理分析，从数量上相对精确地把握思想政治理论课教学效果的方法。这种评价得出的统计数字具体、明确，能够反映受评对象之间的差别，从而客观地反映评价结论。但是，在实际操作中，要对思想政治理论课教学作量化评价也有一定的难度和局限性。科学的评价，应该是定性评价和定量评价相结合，两者互为基础。只有定性与定量评价内在统一，才能使模糊与精确相结合，使评价结论更具体、更全面、更科学。

过程评价与总结评价相统一。过程评价是指在一个相对完整的教学活动过程中开展的教学评价。过程评价的目的在于了解思想政治理论课教学的进行状态和阶段效果，及时发现思想政治理论课教学中存在的问题与缺陷，起到诊断问题、提供信息和改进工作的作用。总结评价是指在一个完整的教学活动过程结束之后开展的教学评价，它具有导向、强化、诊断的功能。总结评价重在发挥评价活动肯定成绩、探索规律、总结经验方面的作用。但是，总结评价要以过程评价为基础，这是因为学生思想品德发展是一个过程，具有复杂性、反复性和渐进性，学生只有在参与思想政治理论课的教学过程中不断得到启迪和引导，才能在思想政治方面不断得到进步和提高。

传统评价与网络评价相统一。传统评价是指常用的纸笔测验法，它是过去常用的评价方法。网络评价是指通过网络、运用专门的统计软件进行评价的方法。网络具有更高的信息容量，网络评价则既集成了传统评价的特点，又弥补了传统评价的滞后、费时、费力的不足，而且功能更强，效率更高。因此，网络评价逐步成为教学评价的普遍选择。

单项评价与综合评价相统一。单项评价是指对思想政治理论课教学活动的某一个方面、某一个指标或某一个环节进行评价。综合评价是指对思想政治理论课教学整体水平的评价。思想政治理论课教学的效果，不仅表现在学生对理论的掌握上，而且更表现在学生的行动上；不仅显现在德育方面，而且也渗透在智、体、美、劳诸要素方面。因此，思想政治理论课教学效果的评价，既要对个体“知”和“德”的状况进行测评，又要对个体“行”和“智、体、美、劳”的状况进行考察；既要重视课堂教学考试的成绩，又要关注学生课外和平时的实际表现。综合评价与单项评价相统一，是思想政治理论课教育教学中一般与个别的统一、点与面的结合。这种评价获得的信息资料全面、典型，可为评价结论提供有力的佐证。

教师评价与学生评价相统一，领导和专家评价、同行交互评价与教师自我评价相统一。学生是评价教学最权威的主体。一方面，教学管理部门每学期应组织学生给教师写出评语，评价内容包括教学态度、教学内容、教学能力、教学效果等项，每一项又可分为若干项量化指标，评价结果可分为优、良、中、差多个层次；另一方面，学生可在最后一学期对思想政治理论课所有授课教师进行模糊评价，只对其教学态度、教学内容、教学能力和教学效果等作出优、良、中、差评价，并写出对任课教师的评语。学生问卷可采用即发即收的形式，保证“原汁原味”，提高问卷的回收率。教师同行、领导评估表和自我评估表可设计为同一种样式。评价内容主要有教师职责、教学内容、教学素质和教学效果等。每项分出若干评价指标，也可分优、良、中、差四个等级。专家组的评价则主要是在教学管理部门的统一组织下进行，着重对教学过程中的各个环节进行评估监控。同时，专家组还应兼顾必修课和选修课的评价，两种不同性质的课程采取不同的评估方式。必修课宜适当从严，选修课如“当代世界经济与政治”课宜适当从宽。应鼓励高校思想政治理论课教师在完成必修课教学任务之后，增开相关的选修课，拓宽学生的知识面，提高高校思想政治理论课的辐射性和实效性。可以把互联网技术引入高校思想政治理论课教学评价，通过网络特有的交互性、广泛性、非面对性，保证数量规模较大，甚至全体接受高校思想政治理论课教学的学生和从事高校思想政治理论课教学的教师都参与教学评估，弥补传统高校思想政治理论课教学评价存在的不足，提高反馈意见的全面性、真实性。

鉴于教学效果这一指标的重要性和具体评价中的操作复杂性，仅仅判断和评价在校学生思想品德的养成和程度都是不够的，甚至还必须因材施教、跟踪调查毕业生职业生涯等。

第五，要强化高校思想政治理论课教学效果评价和教学评价结果的运用。

高校思想政治理论课教学评价的结果应该在本教学部门内予以公开，以增强透明度，接受全面监督。对每一位被评估的授课教师，要列出每一项评估指标的评价分值和评价等级，并显示学生对教师教学优势和劣势的评价，作为教师改进教学工作的依据。把教师的教学质量等级与教学津贴、教学奖金直接挂钩，对教学质量评价优秀的教师，在津贴和奖金发放以及年度考核甚至职称评审、聘任等方面予以倾斜；对连续多次评价不合格的教师，应视为不合格教师，或强制进行业务培训以提高教学水平，或调离教学岗位，从而形成高校思想政治理论课教学评价结果的运用机制，做到高校思想政治理论课建设和教学改革明确目标、调控过程、评价效果、奖优汰劣，使高校思想政治理论课教师真正成为坚定的马克思主义者，马克思主义理论和党的路线、方针、政策的宣讲者，社会主义意识形态和精神文明的传播者，教书育人的表率，大学生健康成长的指导者和引路人。❶

为了使高校思想政治理论课教学评价取得预期效果或理想效果，评价指标体系的设计和评价工作的开展，应遵循和把握以下原则：

其一，整体性原则。高校思想政治理论课教学评价体系作为一个系统，在设计多项指标时，应注意考虑其整体最佳原则。作为若干指标构成的系统，既要反映出某一堂课的教学质量，同时也要兼顾整个教学的各个环节。多项指标之间要具有相对独立性，即同一级别的各项指标，不能存在包含与被包含的关系，也不能相互重叠、相互交叉。

其二，导向性原则。高校思想政治理论课教学的最终目标是使学生真学、真懂、真信、真用马克思主义，把马克思主义基本原理内化为大学生的思想道德和自觉行动，用马克思主义指导自己的人生实践，从而把大学生培养成为有理想、有道德、有文化、有纪律的德、智、体、美、劳全面发展的具有创新精神和实践能力的中国特色社会主义事业的建设者和接班人。因此，在制定评价体系的指标时，必须注重考察高校思想政治理论课教学对学生的世界观、人生观、价值观、道德观、法律观的树立和学生创新精神、实践能力的培养等方面的作用。

其三，客观性原则。高校思想政治理论课教学评价，只有客观公正地反映高校思想政治理论课的教学内容、方法和效果，才能促进高校思想政治理论课教学水平的提高。因此，在高校思想政治理论课教学评价过程中，制定评价指标尽量量化，并以高校思想政治理论课教师的实际和学生的学习现状为依据，只有这样，才能使评价标准客观、实际，从而较准确地反

---

❶ 教育部社会科学司组编：《普通高校思想政治理论课文献选编（1949～2008）》，中国人民大学出版社2008年版，第216页。

映高校思想政治理论课教学质量和水平，最大限度地减少人为因素的干扰。

其四，可行性原则。可行性主要是指评价体系的指标具有可操作性，一是简便、易行，使参与评价的各方面人员便于掌握和实施；二是明确、可行，各项指标要用可操作性的语言加以定义，指标所要求提供的信息可实地获得，并具有实际意义。

四、本章小结

高校思想政治理论课教学改革效果评估涉及众多的因素和变量。无论是《高等学校思想政治理论课建设标准（暂行）》，还是课程评价和教学评价，其主要内容都是为了提升课程的针对性和实效性，促进师生共同发展，并建立系统、科学、稳定的长效机制。

教学过程是教师与学生双向互动的过程，课程评价、教学评价和教学改革效果评估是评价者和被评价者、教师与学生共同参与的过程，也是一种价值判断的过程。教学改革效果评估应着眼于教评学和学评教两个维度：一是评价教师教的效果；二是评价学生学的效果。因此，教学改革效果评估是双向提高的过程，是教师满意度和学生满意度的统一。评价的导向或目的是使思想政治理论课更好地实现育人目标。对学生而言，学的效果就是学生素质尤其是思想道德素质的全面提升，并具体表现为“知、信、行”的统一与提升。通过评估，激发学生成长、成才的内部动力，促使其不断开发自己的发展潜能，实现自身价值。这是高校思想政治理论课教学改革效果评估的基础性目标。对教师而言，教的效果就是学生对教师教的东西“入耳、入脑、入心”以及对教师自身的认同、喜爱和信赖。通过评估，激发教师个人的自我反省意识与能力，提升自我的专业技能和育人素质及职业成就感。这是思想政治理论课教学改革效果评估不同于其他课程的又一个基础性目标。一种高效的思想政治理论课评估体系，应始终以促进“两个主体，两个提升”为宗旨。其实，在实际的评估过程中，评估不仅仅是检查目标是否达成，更重要的是提供主体改进与发展的信息。拉尔夫·W. 泰勒是美国当代著名的课程和评价专家，享有“课程理论之父”、“教育评价之父”和“行为目标之父”之称。他认为，评价的真正目的在于“判定学生实际上发生了怎样的行为变化，我们在何种程度上达成了教育目标，以及为了获得一种有效的教育计划，我们必须做哪些进一步的改进。”[1]

教学评估总是和一定的教学改革相伴而生的。教学评估实际上就是教学改革效果评估，同时，高校思想政治理论课教学评估又是进一步全面深化教学改革的助推器。但是，“评价研究通常在开始的时候被人们关注，随后被遗忘，之后被大肆批评存有严重的缺点而宣告解体，最后被完全忽视”。[2] 这从一个很重要的方面告诉我们，高校思想政治理论课教学改革效果评估，不应仅仅是一次性的、阶段性的、终结性的评价，而应克服短期行为，制定明确的长远目标，建立起系统、科学、稳定的长效机制。“以评促改，以评促建，以评促管，评建结合，重在建设”，这一本科教学工作水平评估的原则，同样适用于高校思想政治理论课教学改革效果评估。

---

[1] R. W. Tyler. *Basic Principles of Curriculum and Instruction*, Chicago, IL: University of Chicago Press 1949, p. 125.

[2] Susan R. *Komives*, *Dudley B. Woodard*, Student Services: A Handbook for the Profession 2002, p. 251.

第四章　高校思想政治理论课教学改革的成绩与经验

高校思想政治理论课建设和教育教学改革是一个动态的、持续推进的过程。在继承以往实践经验的基础上，高校思想政治理论课“98 方案”全面实施了 7 年时间，“05 方案”全面实施了 8 年多时间。十几年来，高校思想政治理论课建设和教育教学改革工作在机制体制建设、课程体系构建、学科创新与发展、实践教育的落实与拓展等方面取得了重要的阶段性成绩，积累了丰富的宝贵经验。

一、高校思想政治理论课教学改革的成绩

2002 年党的十六大以来，党中央始终高度重视大学生思想政治教育和青年一代的健康成长，针对新世纪、新阶段的新变化、新情况，以及高校思想政治理论课实施“98 方案”中所存在的一些问题，作出了一系列重要决策和部署，明确提出要加强针对性和实效性，提高吸引力和感染力，力争在几年内使高校思想政治理论课教育教学状况有明显改善。

中共中央宣传部、教育部根据党中央的指示精神，组织了各种类型的检查组、督导组、调研组，就大学生思想政治教育工作、思想政治理论课教育教学工作、马克思主义理论与思想政治教育学科建设工作等，进行了大量深入细致的调查研究，形成了许多有价值的调研报告，为党中央的决策提供了重要的事实依据。在此基础上制定并颁布的中央“16 号文件”，以“培养什么样的人”、“怎样培养这样的人”为根本宗旨，立意高远，总揽全局，具有很强的政治思想性、针对性和可操作性，从而成为新时期新

形势下指导大学生思想政治教育和思想政治理论课课程建设、教学改革的纲领性文件。

2005年1月中旬，党中央召开全国加强和改进大学生思想政治教育工作会议。这是新中国成立以来第一次以党中央名义召开的大学生思想政治教育工作会议。在这次会议上，党中央对加强和改进大学生思想政治教育工作作出了全面的具体部署。胡锦涛同志发表了重要讲话，指出："办好高校，首先要解决好培养什么人、如何培养人这个根本问题。"[1]"培养什么人、如何培养人，是我国社会主义教育事业发展中必须解决好的根本问题。正确认识和切实解决好这个问题，事关党和国家的长治久安，事关中华民族的前途命运。"[2] 同时，胡锦涛同志主持召开中央政治局常委会会议专门研究加强和改进高校思想政治理论课工作，审议通过了《关于进一步加强和改进高等学校思想政治理论课的意见》[3]，并于2005年2月颁布。该意见对进一步加强和改进高校思想政治理论课提出了明确要求和具体措施，即必须充分认识新形势下加强和改进高校思想政治理论课的重要性；必须全面把握加强和改进高校思想政治理论课的指导思想和总体要求；必须大力推进高校思想政治理论课的学科建设；必须不断完善高校思想政治理论课的课程体系；必须抓紧组织编写高校思想政治理论课教材；必须切实改进高校思想政治理论课教育教学的方式和方法；必须努力造就一支高素质的高校思想政治理论课教师队伍；必须切实加强和改进党对高等学校思想政治理论课的领导。该意见的核心内容是提出"通过充实教学内容，完善课程设置，形成结构合理、功能互补、相对稳定的课程体系"，并具体规定了四年制本科的课程设置以及课程名称。2005年3月，中共中央宣传部、教育部关于印发《〈中共中央宣传部、教育部关于进一步加强和改进高等学校思想政治理论课的意见〉实施方案》的通知[4]则进一步具体规定了高

---

[1] 胡锦涛："切实加强和改进大学生思想政治教育工作"，见《十六大以来重要文献选编》（中），中央文献出版社2006年版，第640页。

[2] 胡锦涛："切实加强和改进大学生思想政治教育工作"，见《十六大以来重要文献选编》（中），中央文献出版社2006年版，第632页。

[3] 教育部社会科学司组编：《普通高校思想政治理论课文献选编（1949～2008）》，中国人民大学出版社2008年版，第213～217页。

[4] 教育部社会科学司组编：《普通高校思想政治理论课文献选编（1949～2008）》，中国人民大学出版社2008年版，第218～221页。

等学校思想政治理论课（简称思政课）的课程设置及学分要求，各门必修课程的基本内容，课程设置实施工作的基本要求和时间安排，教材编写、教学研究、教师培训和学科建设，加强实施工作的领导并认真做好各项工作等一系列事项。由此，高校思想政治理论课教育教学改革新方案，即“05 方案”进入正式实施阶段。

实施“05 方案”，其前提和基础是组织教材编写和教师培训。根据党中央的部署，中共中央宣传部、教育部等部门陆续颁发了《中共中央宣传部、教育部、新闻出版总署关于加强高校思想政治理论课教材出版管理的通知》、《教育部办公厅关于进一步加强高等学校思想政治理论课教材编写管理、规范教材使用的通知》、《教育部办公厅关于重申高校思想政治理论课教材编写、出版、使用要求的通知》、《中共中央宣传部、教育部关于组织高校思想政治理论课骨干教师研修的意见》等文件，并着手进行“思想道德修养和法律基础”、“马克思主义基本原理”、“中国近现代史纲要”、“毛泽东思想、邓小平理论和‘三个代表’重要思想概论”等新四门思想政治理论课教材编写工作和教师培训工作。2006 年 8 月，《思想道德修养和法律基础》教材出版发行；9 月，新方案的第一门新课程即“思想道德修养和法律基础”课在 2006 级大学生中讲授；2007 年，其他课程的教材陆续编写完成，从而实现了从“98 方案”到“05 方案”的顺利转变。

2008 年 7 月，中共中央宣传部、教育部在北京召开加强和改进高校思想政治理论课工作会议，旨在总结实施“05 方案”的阶段性经验，并进一步明确任务、谋划发展。会议提出，要按照高举旗帜、遵循规律、改革创新、强化基础的总体思路，在教师、教材、教法和保障机制建设等方面加大工作力度，进一步强化高校思想政治理论课在大学生思想政治教育中的主渠道地位。会议还提出，要争取再用 4 年左右的时间，全面实现高校思想政治理论课教学状况明显改善的目标，努力把高校思想政治理论课建设成为大学生真心喜爱、终生受益的优秀课程。会议要求，各级高校党委、广大教师进一步增强责任感、使命感、光荣感，扎实工作，开拓创新，把高校思想政治理论课教学工作提高到一个新水平。

2008 年 9 月，中共中央宣传部、教育部发出了《关于进一步加强高等学校思想政治理论课教师队伍建设的意见》。该意见就加强高等学校思想政治理论课教师队伍建设的重要性、紧迫性和总体要求，大力加强高校思想政治理论课教学科研组织建设，认真做好高校思想政治理论课教师的选聘配备工作，切实加强高校思想政治理论课教师队伍的培养培训工作，为高校思想政治理论课教师队伍建设提供学科支撑，切实为高校思想政治理论课教师队伍建设提供政策和制度保障等问题提出了明确的要求。

实施“05 方案”是一项政治性、政策性和科学性、实践性很强的工作。8 年多来，高校思想政治理论课的学科建设、课程体系、教材编写、教学方法创新、教师队伍建设等都有了新思路、新举措，教育教学改革工作进展顺利，且富有生机和活力，呈现出新的局面。

现行的高校思想政治理论课“05 方案”既是教学改革的成果，也是在不断的教学改革中实施和推进的。在这一进程中，取得的成绩主要有：

（一）构建了高校思想政治理论课“05 方案”的课程体系

科学的课程设置、合理的课程结构体系是加强和改进高校思想政治理论课教育教学的基本环节。

在“05 方案”课程体系中，四年制本科的思想政治理论课设置 4 门必修课，即“马克思主义基本原理概论”（3 学分）着重讲授马克思主义的世界观和方法论，帮助学生从整体上把握马克思主义，正确认识人类社会发展的基本规律；“毛泽东思想、邓小平理论和‘三个代表’重要思想概论”（2008 年改为“毛泽东思想和中国特色社会主义理论体系概论”）（6 学分）着重讲授中国共产党把马克思主义基本原理与中国实际相结合的历史进程，充分反映马克思主义中国化的理论成果，帮助学生系统掌握毛泽东思想、邓小平理论和“三个代表”重要思想基本原理，坚定在党的领导下走中国特色社会主义道路的理想信念；“中国近现代史纲要”（2 学分）主要讲授中国近代以来抵御外来侵略、争取民族独立、推翻反动统治、实现人民解放的历史，帮助学生了解国史、国情，深刻领会历史和人民怎样选择了马克思主义、选择了中国共产党、选择了社会主义道路；“思想道德修养与法律基础”（3 学分）主要进行社会主义道德教育和法制教育，帮助学生增强社会主义法制观念，提高思想道德素质，解决成长、成才过程中遇到的实际问题。同时，开设“形势与政策”（2 学分）。另外，开设“当代世界经济与政治”等选修课。

“05 方案”课程体系是在总结和继承“98 方案”课程体系的基础上形

成的。但是，与“98 方案”课程体系相比，“05 方案”课程体系更加适应高校教育教学改革的需要，体现了新形势下教育教学改革的理念，具有鲜明的综合性、整体性、时代性、创新性的特点和优点。

“05 方案”课程体系对“98 方案”课程体系进一步优化，将同一类型的课程进行了必要而适当的合并，课程由 7 门减少为 4 门；规定的学时相对减少，“05 方案”规定课程 14 学分，如果按照通常计算的 1 学分相当于 16 学时或 18 学时计算，约合 224 学时至 252 学时，而在“98 方案”中，除“形势与政策”课外，理科开设 291 学时、文科开设 319 学时。但是，各高校实施“05 方案”换算的学时（课内学时与课外学时相结合）与实施“98 方案”的实际学时相差并不多，课程内容的覆盖面并没有缩小，课程的教学要求并没有降低，课程发挥的教育作用并没有削弱，从而体现了“学马列要精、要管用”[1] 的原则和时代发展的要求。

“05 方案”课程体系以马克思主义中国化的理论成果，即毛泽东思想、邓小平理论和“三个代表”重要思想为中心内容，并陆续添加了科学发展观以及习近平有关中国梦的重要论述等内容，更加突出了时代特征，体现了马克思主义与时俱进的理论品质。同时，“05 方案”课程体系与马克思主义理论学科设置相对应，既有利于加强马克思主义理论学科建设，又有利于提高高校思想政治理论课教育教学质量。

此外，“形势与政策”课建设进一步规范化。“形势与政策”课是高校思想政治理论课的组成部分，但又有其独特性。与其他课程的多姿多彩要求不同，“形势与政策”课在教学内容、教学形式、专兼职相结合的教师队伍等方面都有明确的、统一的要求和规定，并致力于规范化建设。“形势与政策”课不是集中时间开设。大学生在校期间，形势与政策都在发展，大学生的关注热点也在不断变化，这就要求“形势与政策”课适应大学生成长、成才需要，做到“全覆盖，不断线”，才能真正发挥作用。这是问题的核心之所在。譬如，10 余年来，北方工业大学探索、实施“形势与政策”课“全覆盖，不断线”教学模式，并取得了丰富的经验。[2]

---

[1] 《邓小平文选》（第 3 卷），人民出版社 1993 年版，第 382 页。

[2] 王超群：“这样的形势政策课，我们喜欢！”，载《中国教育报》2012 年 5 月 2 日。

（二）推进了高校思想政治理论课“05 方案”教材编写工作

在高校思想政治理论课教学改革和“05 方案”实施过程中，如何实现理论体系、学科体系、课程体系、教材体系、教学体系、大学生素质体系、信仰体系、行动体系的有机统一，是一个重大课题。而教材则是教学之本。高质量的教材是提高高校思想政治理论课教学水平的重要前提和根本保障。

党中央对哲学社会科学和高校思想政治理论课建设的高度重视，是推动高校思想政治理论课教学改革与课程建设的社会基础。马克思主义理论研究和建设工程的实施，是推动高校思想政治理论课教学改革与课程建设的理论支撑。党中央的一项重大决策就是，把高校思想政治理论课教材编写纳入马克思主义理论研究和建设工程，作为工程的重点项目进行建设。教材编写工作得到了党中央、国务院领导同志极大的关怀、鼓励和直接指导。中央政治局常委亲自审批高校思想政治理论课 4 门课程的编写提纲，为确定教材的编写思路和框架指明方向；中央有关领导同志多次审阅教材编写有关工作汇报并作出批示、指示，对教材编写方式提出明确要求。中共中央宣传部、教育部始终把教材建设作为一个基础性和关键性的环节，具体组织实施高校思想政治理论课教材编写工作。这些举措为高质量实施“05 方案”提供了根本的政治保证和组织保证。

按照党中央的部署和要求，以及马克思主义理论研究和建设工程的目标要求和工作程序，中共中央宣传部、教育部联合成立了高校思想政治理论课教材编写领导小组，负责编写组织领导工作，并组建了由多方面专家组成的高校思想政治理论课教材编审委员会。教材编写领导小组根据党中央确定的“定向申报、择优遴选、集中编写”原则，择优遴选教材编写组首席专家和主要成员，最后组成“马克思主义基本原理概论”等 4 个教材编写组。编写组成员在首席专家和召集人主持下，严格按照党中央要求全力以赴、全身心地投入编写工作。在深入调研、广泛听取意见的基础上，集中开展学术攻关，认真编写提纲和教材。编写组完成的提纲和教材初稿，依次经过教材编审委员会、教育部党组、马克思主义理论研究和建设工程咨询委员会、中央宣传思想工作领导小组会议分别审议和反复审议，最后报中央政治局常委审定。新课程的 4 本教材编写工作于 2007 年上半年全部完成，并经党中央审定后统一出版。随着时间的推移，各门课程教材还陆续出版了修订版、再修订版。

新编写的4门思想政治理论课教材，举全国之力，集中了各方面的智慧，在编写工作模式、组织方式、工作程序等方面创造的有益经验，已成为高校思想政治理论课教学改革与课程建设的一笔宝贵财富。

新编写的4门思想政治理论课教材（包括修订版）以及教育部多次印发的“高校思想政治理论课教学建议”、“高校思想政治理论课贯彻党的十八大精神教学建议”等，具有以下几个鲜明的特点：

1. 反映了马克思主义中国化的两大理论成果。教材和教学建议坚持以马克思列宁主义、毛泽东思想、中国特色社会主义理论体系为指导，深入贯彻党的十六大、十七大、十八大及其各届中央全会的精神，比较充分地反映了马克思主义中国化的历史进程和理论成果，特别是比较充分地反映了党领导人民建设中国特色社会主义的实践成果和基本经验，比较充分地反映了本学科领域的最新研究成果。教材和教学建议贯彻党中央精神，运用最新素材，观点鲜明正确，内容全面准确，具有科学性、权威性和严肃性。

2. 体现了马克思主义是随着时代、实践和科学的发展而不断发展的科学的精髓。教材和教学建议体现了分清哪些是必须长期坚持的马克思主义基本原理，哪些是需要进一步丰富和发展的理论，哪些是需要破除的僵化过时的东西，哪些是需要澄清的附加在马克思主义名义下的主观主义和形而上学的东西，还马克思主义以本来面目。

3. 突出了思想政治教育和马克思主义理论教育两个重点。教材在充分体现马克思主义的立场、观点和方法上下工夫，在充分体现人类社会发展规律、社会主义建设规律和人才成长规律上下工夫，力求更好地承担起对大学生进行系统的马克思主义理论教育的任务，同时突出了高校思想政治理论课的思想政治教育功能。

4. 具有较强的针对性和可读性。教材和教学建议坚持科学性与针对性、准确性与可读性的统一，在坚持理论科学性、准确性的基础上，紧密联系改革开放和社会主义现代化建设的实际，紧密联系大学生的思想实际，着力从正面回答大学生关心的问题，比较贴近大学生的需求。教材体例体现创新精神，文字鲜活简明，运用了许多新的表现元素，适宜于教师讲授和大学生学习。

新教材出版使用7年来，根据新的形势和任务，又充分吸纳教学建议的内容，经过多次修订[1]，不断完善，得到了高校思想政治理论课教师的认同和好评，受到了大学生的欢迎和赞许，并被誉为改革开放以来优秀的高校思想政治理论课教材之一，马克思主义理论研究和建设工程重要的阶段性成果之一，我国哲学社会科学界的重要学术成果之一。高校师生普遍认为，教材指导思想明确，内容新颖，观点鲜明，文字流畅，是科学性、思想性、可读性和针对性很强的精品教材。

教材的编写、修订和出版为加强大学生思想政治理论教育奠定了坚实的基础，但是，如何用好教材并不断吸收新营养进一步建设好教材，还需要做大量的工作。如果说教材是教学之本，那么教师则是能否使用好教材、能否提高教学质量的关键。为了教师备课使用方便，各门课程教材编写组还编写了相对应的“教师参考书”。这有利于教师弄清每个重要问题的来龙去脉，不仅知其然，而且知其所以然。这有利于教师对教学过程中“一杯水”与“一桶水”乃至“长流水”的关系问题进行正确的把握和处理。

（三）开展并加强了高校思想政治理论课“05方案”教师培训工作

高校思想政治理论课教师是高校教师队伍的一支重要力量，是党的理论、路线、方针、政策的宣讲者，是社会主义核心价值体系的传播者，是大学生健康成长的指导者和引路人。高质量实施高校思想政治理论课“05方案”，关键在教师。有了高质量的教材，还需要高水平的教师讲授，才能很好地实现进课堂、进大学生头脑，并最终真正落实“三进”工作。与以往的方案一样，“05方案”的实施同样重视高校思想政治理论课教师的培养、培训、优化和充实。中共中央宣传部、教育部在注重教材编写的同时，也把教师的培训工作提上重要的议事日程，有计划、分层次地全员培训高

---

[1] 例如：《毛泽东思想和中国特色社会主义理论体系概论》教材于2007年出版后，先后于2008年1月、2008年8月、2009年5月、2010年5月、2013年12月进行了修订。为了充分体现党的十八大精神、十八届三中全会精神和习近平总书记重要论述精神，体现中国特色社会主义理论和实践的新进展，2013年5月至12月，中宣部、教育部在广泛征求意见的基础上，组织课题组对教材进行了较大幅度的修订。相较2010年修订版，2013年修订版加写了“前言”，编写体例和框架结构进行了较大幅度调整，内容更为精简，从35万字压缩至23万字。其他各门课程也出版了2013年修订版。

校思想政治理论课教师。2007年4月27日，《中共中央宣传部、教育部关于组织高校政治理论课骨干教师研修的意见》发布。同年5月16日，中共中央宣传部、教育部联合举办高校思想政治理论课骨干教师研修班，并提出，要用5年左右的时间，围绕高质量实施高校思想政治理论课“05方案”、提高思想政治理论课教学质量，分期分批对全国高校思想政治理论课骨干教师进行一次系统的轮训，同时认真总结经验，探索有效做法，使之逐步纳入经常化、制度化轨道。研修着重围绕吃透教材精神，提高教学质量，组织开展专题辅导和讨论、观摩、交流，辅之以必要的形势报告、社会考察等形式进行。

2008年7月召开的全国加强和改进高校思想政治理论课工作会议再次强调，实现高校思想政治理论课教学状况明显改善的目标，教师队伍建设是决定因素。同年9月23日，《中共中央宣传部、教育部关于进一步加强高校思想政治理论课教师队伍建设的意见》（教社科〔2008〕5号）发布，进一步明确了高校思想政治理论课教师的准入标准和师生比配备标准。由此，各省（自治区、直辖市）高校思想政治理论课教师队伍建设的重点，由“98方案”时期的以提升教师队伍的学历和职称、调整教师队伍的年龄结构为主，转变为加强高校思想政治理论课教师队伍的制度建设，负责本地区高校思想政治理论课专职教师的全员培训，加强对高校思想政治理论课教师准入、教师配备、中青年学术和教学带头人培养、师德建设等方面的督查。

首先，明确提出教师培训工作的指导思想和重要任务。（1）提高认识，统一思想，明确任务，把高校思想政治理论课任课教师的思想认识统一于党中央对高校思想政治理论课重要性的认识，统一于党中央对高校思想政治理论课形势的分析、判断，统一于党中央对实施高校思想政治理论课新“05方案”的决策、部署和要求，统一于党中央关于高校思想政治理论课教材编写和中央审定的教材基本精神，增强工作的责任感和使命感。（2）以纳入马克思主义理论研究和建设工程的高校思想政治理论课教材为基本教材，以吃透、吃准新教材基本精神和教学基本要求为重点，帮助任课教师尽快熟悉和掌握相关课程的教学目的、教学基本要求，以及新教材的编写原则、编写思路、主题主线和教学重点、难点，切实保证新课程开课质量。（3）广泛听取高校思想政治理论课教师对新教材的意见和建议，集中全国高校思想理论界的智慧和经验进一步修改完善，确保教材质量，使党中央满意、教师满意、学生满意。

其次，建立和完善培训体系，全方位、分层次、多形式开展教师培训工作。教师培训主要由中共中央宣传部、教育部和省级教育部门两个层次进行。中共中央宣传部、教育部负责对教育部直属高校和各省（直辖市、自治区）相关课程教学协作组部分成员、部分省（直辖市、自治区）属高校思想政治理论课相关课程的部分骨干教师进行培训。各省（直辖市、自治区）级教育部门负责组织对本省高校思想政治理论课教师进行全员培训。部级培训是示范性培训。在培训方式上，主要采用学习文件、集中讲授、专题报告、分组研讨、征求意见、问题答疑、教学观摩等多种途径。

教师培训类型主要有岗前培训、课程轮训、骨干教师研修和在职培训。

培训的基本原则是：先培训后上岗，着力提高高校思想政治理论课新任教师适应岗位要求、胜任本职工作的能力；先培训后开课，坚持每次开课前的全员再培训，从而保证开课质量。

对于骨干教师研修和在职培训，主要在两个层面进行：一是选派骨干教师参加由中央五部委（中共中央组织部、中共中央宣传部、中共中央党校、教育部、中国人民解放军总政治部）和地方有关部门分期、分批组织的对全国高校哲学社会科学教学科研骨干进行的系统培训。这项工作开展8年来，在推动中国特色社会主义理论体系学习研究宣传、马克思主义理论研究和建设、哲学社会科学繁荣发展、加强和改进大学生思想政治教育工作、哲学社会科学队伍建设等方面取得明显成效，发挥了重要作用。二是从2007年开始，中共中央宣传部、教育部联合组织了高校思想政治理论课骨干教师研修班，并把研修班纳入马克思主义理论研究和建设工程，每年举办6期，每期培训100人，时间1个月。分期、分批对全国高校思想政治理论课骨干教师进行系统轮训，全面提高其理论素养和教学水平，培养一支适应新世纪、新阶段高校思想政治理论课教学的骨干教师队伍。同时，中共中央宣传部、教育部还提出，各地各高校要积极创造条件，组织教师开展社会实践、学习考察和学术交流活动，使教师进一步了解党情，了解国情，了解世界，开阔视野，丰富教学素材。教师培训工作的制度化、规范化和经常化，对全面提高教师质量和水平，加强教师队伍建设具有重要意义。

在上述两级培训的基础上，各高校着力于教师全员培训，也积极组织教师进行集体备课和教学观摩活动，进一步理解和把握教材基本精神，努力把思想和认识统一到对新教材的理解和运用上，把行动统一到“05 方案”的全面实施上，提高教师整体素质和水平。各高校普遍认识到，作为高校思想政治理论课的承担者和大学生思想政治教育的重要力量，任课教师对“05 方案”的实施和教育教学质量起着关键作用，任课教师队伍的整体素质在一定程度上决定着大学生思想政治教育的实效性。关于师资队伍建设，各高校的普遍做法是：有步骤地整合，有选择地引进，立足于培养，着眼于提高。按照“05 方案”的课程设置，对原有的教学组织进行整合，对极少数教学水平低、教学质量差、教学效果不理想的教师进行转岗、分流。通过引进优秀的专任教师、聘请校内外专家学者兼任教师等途径充实教师队伍。通过举办报告会、开设讲座等方式丰富教学内容。加强教师培训，在组织教师参加中共中央宣传部、教育部和各省（直辖市、自治区）主办的各类高校思想政治理论课教师培训的同时，组织各高校内部的教师培训和集体备课，使所有的任课教师在开设课程之前都能够掌握教学大纲的基本要求，并熟悉教材，不断提高现有教师队伍的思想政治素质、专业水平和教学能力以及整体水平，确保课程建设和教学改革的顺利实施。通过鼓励教师攻读博士学位研究生、做高级访问学者、进修等，改善教师的学历结构、知识结构，确保课程建设的稳定性和可持续性。

（四）改革、改进了高校思想政治理论课“05 方案”教学的方式方法，发挥了教师的主导作用，突出了学生的主体作用

任何一门课程，教学方法都有其内在的结构和要求。从教学过程的维度来看，教学方法是指在教学过程中，为达到一定的教学目的，教师和学生根据特定的教学内容，双方共同进行并相互作用的一系列活动方式、步骤、手段、技术和操作程序所构成的有机系统。从教学活动具体需求的维度来看，教学方法是由语言系统、实物系统、操作系统、情感系统等子系统构成的有机系统。

高校思想政治理论课的根本要求是对大学生进行思想政治教育，与其他专业课相比，高校思想政治理论课最大的特点是突出思想政治理论教育，

而不是一般性地局限于知识的传授，或者说最主要的不是知识的传授。同一个教师讲授同样的内容，教学方法不同，教学效果也可能会有所差别。因此，提高教育教学质量的根本出路，就是要从高校思想政治理论课的要求和特点出发，不断进行教学方法的改革和探索。《中共中央宣传部、教育部关于进一步加强和改进高等学校思想政治理论课的意见》强调，要坚持开拓创新，不断改进思想政治理论课教育教学的内容、形式和方法。[1]《〈中共中央宣传部、教育部关于进一步加强和改进高等学校思想政治理论课的意见〉实施方案》明确提出，要加强思想政治理论课教学方法的研究。[2] 实践表明，只有充分发挥教师的主导作用，才能提高马克思主义理论的说服力和感染力；只有充分发挥学生学习的主体作用，才能激发学生学习的积极性和主动性。教学方法只有贴近学生实际，符合教育教学规律和学生学习特点，开展启发式、参与式、研究式教学，研究分析社会问题特别是热点问题，使用通俗易懂的语言、典型生动的事例、新颖活泼的形式，营造浓厚的教学气氛，启发学生的积极思考，才能增强教育教学效果。

“05 方案”实施 8 年来，高校思想政治理论课教学方法、教学方式改革主要体现在以下几方面：

1. 积极探索、尝试适应“05 方案”的教学方法。“05 方案”各门课程教学内容具有很强的整体性和综合性。适应课程教学的要求，教师的知识结构必须调整、充实和完善，教学方式和方法必须改进和提高。各高校在教学实践中创造出了许多好的经验，如确立研究型教学理念，进行研究型教学实践；依据高校思想政治理论课教学内容的内在逻辑，采用“整体为先、专题为主”的专题式教学；收集、整理、运用案例，用实例阐明道理，使学生在案例教学中拓展知识面，提高分析问题和解决问题的能力等。教育部还面向高校思想政治理论课教师设立了教学法研究专项，取得了很好的效果。

例如，安徽省教育主管部门对高校思想政治理论课教学方法的改革和探索进行了系统总结，具有一定的普遍性、典型性和可借鉴性、推广性。

---

[1] 教育部社会科学司组编：《普通高校思想政治理论课文献选编（1949～2008）》，中国人民大学出版社 2008 年版，第 214 页。

[2] 教育部社会科学司组编：《普通高校思想政治理论课文献选编（1949～2008）》，中国人民大学出版社 2008 年版，第 220 页。

2012年5月18日，安徽省委教育工委副书记高开华在2012年全省高校思政理论课教研部主任会议上所作的题为“加强课程建设，深化教学改革，努力实现‘真心喜爱终生受益毕生难忘’目标”的报告中，对安徽省着力深化高校思想政治理论课教学改革、推进教学方法创新进行了总结，并列举了一些特色鲜明、富有实效的教学方法。主要有：

经典导读法。青年时代是人生观和价值观形成的时期，也是系统接受科学的世界观和方法论的重要时期。认真阅读马克思主义经典著作、掌握贯穿其中的马克思主义立场、观点、方法，是树立科学的世界观、掌握正确的方法论的重要前提。学习思想政治理论课，必须把学习课程知识同学习马克思主义经典著作结合起来，努力掌握其中蕴含的科学内涵和精神实质，不断提高理论素养、夯实理论基础。这是因为，经典著作，它代表着一个时代，承载着一个时代的记忆，诠释了一种时代精神，建构了一个时代的价值观，是时代精神和民族精神的重要组成部分。经典著作的魅力在于它所具有的深邃的思想、渊博的知识、严谨的逻辑以及优美的语言。因此，经典著作可以穿越时空，特别是马克思主义经典著作更是具有恒久的魅力，且历久弥新。阅读经典著作才能了解其本质，掌握其精髓。安徽师范大学等高校精心选择经典著作的篇目，要求并帮助学生读好、用好经典，组织开展课前、课间“学马列、读经典”活动，使大学生走近马克思主义、亲近马克思主义，这成为该校思想政治理论课教学的一个突出特点。

模块教学法。思想政治理论课的教材是全国统一的，将教材体系转化为教学体系、信仰体系需要高等学校积极探索。有的高校在思想政治理论课教学中运用模块教学法，建立了体系模块、内容模块、教学模块，改变了单纯按照章、节、目照本宣科的教学方法，增强了教学实效性。

公开教学法。理论要展现其魅力，必须在形式上公开，让公众们易于接近、便于倾听。中国科技大学等高校在教学中，敞开课堂教学大门，公开教学；开展集体备课，公开教案、课件；结合网络教学，公开考核，取得了明显的效果。

双语教学法。有的高校在思想政治理论课教学中探索“双语”教学，把学生喜爱英语的兴趣转移到了思想政治理论课的学习上。其主要做法是运用英语口语教学，分层分班要求，评说政治、经济热点问题，学生在思想政治理论课课堂上收获了英语课堂教学中所接触不到的政治、经济、文化、娱乐新词汇，拉近了学生和思想政治理论课的距离。

案例教学法。各校在思想政治理论课教学中实行案例教学，普遍选取重大典型、时效性案例进行正面引导。党的创新理论、安徽改革开放发展的成就为教学提供了直接的案例。在“毛泽东思想和中国特色社会主义理论体系概论”、“思想道德修养与法律基础”课程教学中，选取爱党爱国的先进典型案例，培养学生的理想信念；选取助人为乐的先进典型案例，引导学生无私奉献；选取创业就业的先进典型案例，引导学生自立自强。

网络教学法。改变传统的黑板加粉笔的一言堂式的课堂教学模式，在教学中注重信息技术使用和信息资源应用，建立专门平台，建设优质资源，使用信息手段，开设教师博客、微博。淮北师范大学探索构建理论、实践、网络三位一体的网络教学平台及相应考评体系，阜阳师范学院多数思想政治理论课教师开设微博，并利用微信与学生交流，收到明显的效果。

访谈交流法。安徽农业大学、安徽师范大学等高校在思想政治理论课教学中强化交流、沟通，增加互感、互动、互促，访谈教学名师，访谈模范人物，访谈优秀学生，起到了良好的引导作用。

移动课堂法。强化实践感知、注重体验体会是思想政治理论课教学的规律要求，通过调查了解、实践教学、论坛教学、结合专业实际开展教学，引导大学生感受历史、感受时代，探察历史、了解现实，增强教学效果。安庆师范学院在教学中采取“四到”，即到农村、企业、社区、学校去；安徽科技学院、皖西学院开展改革开放成就和皖西革命传统文化教育；滁州学院将实践教学活动和大学生“三下乡”、寒暑假的社会实践活动结合进行，开辟新课堂；安徽医科大学、安徽中医学院、蚌埠医学院开展医学与人文、伦理的结合教育，创设一系列讲坛、讲堂、论坛，成为思想政治理论课教学课堂的有机组成部分和有效延伸；有的高校创建了校企合作模式下的思想政治理论课教学机制，实现“两结合”，即思想政治理论课实践教学与各系部专业实践相结合，与学工部、团委日常思想政治教育相结合；有的高校还构建了大学生职业能力提升的双实践平台，提升学生能力。

模拟教学法。思想政治理论课属于意识形态和社会科学范畴，需要积极创设情景和现实环境，提高教学效果。安徽工业大学、安徽农业大学、安徽大学等学校建立网上模拟课堂，建立模拟法庭，开展模拟演习，大学生把自己的故事、自演的节目、喜乐会的场景和所闻所见拍录下来，制作成精美的视频，上传到校园网一角，成为教和学的素材。

综合考评法。把思想政治理论课教学纳入学校整体的教学质量管理和监控体系，从总体上考评，在多个环节上考评，特别是在学生考核上实行开卷与闭卷考试相结合、卷面考试与其他考试相结合，着重考核学生运用马克思主义立场、观点和方法分析问题和解决问题的能力。合肥工业大学建立健全了具有信息化特征的考试考核评价体系，皖西学院采取开卷考试、自选考试和平时成绩相结合的方式，形成一套“综合全程考试模式”，有的高校还围绕“知行统一”积极探索建立测评体系。[1]

教学有法，法无定法，贵在得法。在新的历史条件下，教学内容的丰富和发展，必然要求教学方法也必须有相应的创新、丰富和发展，亦即贵在变和新，贵在因材施教。方法正确，事半功倍；方法不当，事倍功半，甚至南辕北辙，难见成效。

2. 充分利用现代教学手段、教学方式。21 世纪以来，随着信息技术飞速发展，教育信息化成为高等教育改革的重要途径之一。《国家中长期教育改革和发展规划纲要（2010～2020 年）》中明确提出，信息技术对教育发展具有革命性影响，必须予以高度重视。因此，要充分利用优质资源和先进技术，促进教育内容、教学手段和方法现代化。高校思想政治理论课教学手段、教学方式也在适应教育信息化的趋势，也在享有教育现代化的便利。

大部分高校都采取了以专家带团队的形式，在集体备课的基础上统一制作教案和教学课件。不少高校建立了思想政治理论课课程网站和网络教学平台，教学大纲、教学案例、教学课件、课程习题、试题样本、教学录像等资源均已上网。思想政治理论课教师大都运用多媒体手段进行教学，借助丰富多彩的多媒体形象，增强了教学的主观性、生动性，增加了教学的感染力和说服力。他们还充分利用 QQ、微博、微信、飞信、论坛、电子邮件等形式，与学生进行教学交流、疑难解答等，了解学生生活和思想状况，增强教学的针对性和实效性。

2007 年上半年，教育部在“教育部哲学社会科学研究重大课题委托项

---

[1] 参见安徽教育网 www. ahedu. gov. cn。

目”中设立了4门思想政治理论课“精彩一门课”全程教学示范片研究制作项目，共完成了4个大课题、70个子课题。2007年下半年，教育部在全国高校广泛征集、评选思想政治理论课4门课程“精彩一课”，共评选出43部教学示范片。2008年下半年，教育部又在全国高校开展了征集高校思想政治理论课优秀教学案例、精彩教案、精彩多媒体课件的工作，共评选出“精彩教案”65份、“精彩多媒体课件”125份。

2012年上半年，教育部举行了第一次全国性思想政治理论课现场教学观摩活动，并于7月6日在上海召开了全国高校思想政治理论课教学能手表彰暨现场教学观摩会。47名全国高校思想政治理论课教学能手受到表彰，其中4名教学能手作了现场示范教学。这是第一次对全国高校思想政治理论课教学能手进行表彰。这次表彰的47名全国高校思想政治理论课教学能手，是从各地推荐的70多名教师中，通过学校和各地教育部门以多种方式，包括现场教学技能大赛等遴选出来的。他们有较深厚的马克思主义理论素养，爱岗敬业，潜心教学，教学功底扎实，教学效果良好，教学成绩突出，是全国高校思想政治理论课教学领域一线教师的优秀代表。会议充分肯定了多年来高校思想政治理论课建设取得的成绩，指出当前正处在一个攻坚爬坡阶段，要求各地各高校和广大思想政治理论课教师进一步增强紧迫感、责任感、使命感，把提高思想政治理论课教学质量放在首位，认真学习贯彻党的十七届六中全会精神，切实加强社会主义核心价值体系教育。这次表彰暨教学观摩会，标志着我国高校思想政治理论课教师队伍建设得到了进一步深化和拓展。[1]

为了推动高校教师专业发展和教学能力提升，促进信息技术与学科教学融合，搭建高校教师教学经验交流和教学风采展示平台，全国高校教师网络培训中心于2013年举办了首届全国高校微课教学比赛，这是一次大规模在线开放公益比赛。比赛得到各地教育行政部门、高校及包括思想政治理论课教师在内的高校教师的大力支持与积极响应，极大鼓舞了广大中青年教师积极投入教学的热情。全国共设31个省级赛区，全国参与比赛的高校超过1600所，参赛选手12000多人。经严格选拔，全国共638名选手入围决赛，评选出特别奖2名，一等奖17名，二等奖68名，三等奖105名，

---

[1] 参见《中国教育报》2012年7月7日。

优秀奖446名，108个赛事组织单位获优秀组织奖。在信息化环境下，基于教育与应用的资源及分享平台日益丰富，教学资源的充分合理运用及信息技术与学科的深度融合是整个教育信息化建设的根本出发点。在众多教育资源中，微课具有“短、小、精、经、趣”的特征，它能在较短时间内对某一个知识点进行充分有趣的讲解，符合时代要求和大众心理，符合当今紧张的学习生活节律，同时它又能推动教师进行教学方式、教学方法改革，解决教育需求多样性、资源便捷性等问题，促进教学与现代信息技术的深度融合。从这个意义上说，首届全国高校微课教学比赛有效地促进了教师专业发展和教师培训工作，同时聚集和积累了大批可供教学观摩和学生学习的视频资源。比赛期间，全国范围内开展信息化环境下学习变革和微课教学探索、在线开放课程的建设与应用、教师信息化教学能力提升等研讨会、专题讲座和研修班10余次，各省、各高校开展相关微课开发和应用的研讨和培训活动近千场次。

上述所有这些措施和活动，是广大教师交流经验、相互学习的好办法，对于促进教材体系向教学体系转化，鼓励广大教师在教学实践中积极改进教学方法，大力推进教学手段的创新，逐步实现教学过程科学化、教学技术手段现代化，提高教学质量和效果，增强教学的针对性、实效性和吸引力、感染力，起到了积极的促进作用。

3. 加强重点、难点、热点问题研究，保证“05方案”课程开设质量。教育部组织全国的专家学者，根据形势的发展和教学的需要，定期或不定期地就“05方案”课程教学实践中遇到的教学重点、社会热点、理论难点、思想疑点问题进行集体攻关，编辑出版了《高校思想政治理论课热点·重点·难点问题解析》[1]，帮助广大任课教师把有关理论和实际问题讲深讲透、讲明白讲清楚。从2008年6月开始，中共中央宣传部理论局、教育部社会科学研究与思想政治工作司还定期编辑并向全国高校思想政治理论课教师发送《高校思想政治理论课参考资料》，迄今已出版200余期，以帮助教师深入了解中央精神，了解当前形势，进一步提高思想政治水平和授课能力。近年来，教育部哲学社会科学课题重大攻关项目、重大委托

---

[1] 熊启珍、高伟丽主编：《高校思想政治理论课热点·重点·难点问题解析》，华中科技大学出版社2010年版。

项目中都有高校思想政治理论课相关课题，并且继续加大这一领域工作的力度。有些省级教育部门和高校，也多方筹措资金，设立高校思想政治理论课科研课题。

4. 建立高校思想政治理论课教育教学数据库，丰富和优化教育资源。教育部社会科学研究与思想政治工作司组织了一批专家联合研制建设全国高校思想政治理论课教育教学数据库，为教师教学和科研提供了丰富的教育教学信息资料，并搭建了师生互动平台。与各门课程新教材配套的《学生辅学读本》、《教学参考书》、《教学案例解析》等辅助材料，也同时提供给师生使用。高校思想政治理论课教育教学资源网的建设是一项基础工程，运行效果良好。

5. 积极完善考核方法。考核是检查学生学习情况和教师教学效果的一种重要方法。近年来，高校思想政治理论课教师积极探索，逐步形成了一套闭卷与开卷、笔试与口试、平时作业与期末测试、理论认知与实际表现相结合的考核和评价体系，综合考核大学生对所学内容的理解运用能力以及自身思想道德修养水平。

（五）提升了高校思想政治理论课的学科建设水平

2005 年以来，国务院学位委员会、教育部先后印发了《关于增设马克思主义理论一级学科及所属二级学科的通知》[1]、《关于增设“中国近现代史基本问题研究”二级学科的通知》[2]，教育部办公厅印发了《关于做好2008 年“高校思想政治理论课教师在职攻读马克思主义理论博士学位”专项计划招生工作的通知》[3]，中共中央宣传部、教育部印发了《关于进一步加强和改进高等学校思想政治理论课的意见》等文件。这些文件强调，学科建设是加强和改进高校思想政治理论课的基础。作为我国特有的一门政治性、科学性和实践性很强的学科，马克思主义理论一级学科及所属二级

---

[1] 教育部社会科学司组编：《普通高校思想政治理论课文献选编（1949～2008）》，中国人民大学出版社 2008 年版，第 222～231 页。

[2] 教育部社会科学司组编：《普通高校思想政治理论课文献选编（1949～2008）》，中国人民大学出版社 2008 年版，第 248～250 页。

[3] 教育部社会科学司组编：《普通高校思想政治理论课文献选编（1949～2008）》，中国人民大学出版社 2008 年版，第 243～247 页。

学科的确立，是学科体系建设的重大突破，并成为高校思想政治理论课教育教学最基本的支撑学科和最重要的坚实依托。

各高校和高校思想政治理论课教师抓住这一机遇，积极建设和充分利用这一平台，在凝练学科方向上下工夫，在强化马克思主义综合性和整体性研究上下工夫，努力把学科建设同实施“05 方案”紧密结合起来，为增强高校思想政治理论课的针对性、实效性和吸引力、感染力服务；努力把学科建设同科学研究紧密结合起来，为不断地推出研究成果，解决教学中的难点服务；努力把学科建设同教师队伍建设紧密结合起来，为培养和造就一批中青年学科带头人和骨干教师服务。他们深入开展马克思主义综合性研究和整体性研究，努力建设一个研究对象明确、功能定位科学的学科体系，不断总结学科发展经验，探索马克思主义理论学科发展的规律，防止学科发展的弱化、边缘化和泛化倾向，并为加强和改进大学生思想政治教育及高校思想政治理论课提供学科上的有力支撑，这是高校思想政治理论课教师的普遍共识和工作内容，并取得了明显的进展，且势头强劲。同时，高校思想政治理论课教育教学实践也拓展了马克思主义学科研究的视野，为马克思主义学科建设添加了时代气息。这是因为“马克思主义一级学科本身就是一个特殊的学科，其标志之一就在于它一身二任，在于它与思想政治理论课的新型的、紧密的联系。诚然，这种关系并不体现在学科和课程的直接对应上，而是体现在人才培养模式、培养目标、教学内容等方面，应紧密贴近和充分体现思想政治理论课的实际需要”。[1]

总的来说，各级教育主管部门、各高校党委对思想政治理论课的重视程度有新的进一步的提高，体制机制不断完善；大学生对高校思想政治理论课的认可程度和接受程度有新的进一步的提升，主渠道是畅通的，主课堂是积极向上的，主阵地是巩固的，主旋律是高扬的。检验高校思想政治理论课“05 方案”实施及教学改革成效，一个极为重要的尺度就是大学生的认可程度、接受程度和践行程度。这就涉及理论教育和思想政治教育的意识形态特性。意识形态工作是党和国家的一项极其重要的工作，关系到国家安全和社会稳定，关系到党和人民事业的兴衰成败。毋庸讳言，意识

[1] 徐维凡：“关于马克思主义理论一级学科建设与思想政治理论课相互关系的思考”，载《思想理论教育导刊》2006 年第 11 期。

形态有着鲜明的阶级性。任何一个社会的主流意识形态，都是统治阶级意志和思想体系的反映。这是一个普遍的社会规律。我国是工人阶级领导的、以工农联盟为基础的人民民主专政的社会主义国家。中国共产党是中国特色社会主义事业的领导核心，以马克思主义作为自己的行动指南。这就决定了我们必须把马克思主义作为立党立国的根本指导思想，必须把马克思主义作为社会主义意识形态的旗帜和灵魂，必须把在中国共产党领导下走中国特色社会主义道路、实现中华民族的伟大复兴作为全党全国人民团结奋斗的共同思想基础。强化、巩固意识形态阵地帮助大学生树立正确的世界观、人生观、价值观和道德观、法律观，把大学生培养成为中国特色社会主义事业的合格建设者和可靠接班人，这是高校思想政治理论课教育教学改革，特别是“05 方案”实施以来所取得的最重要的阶段性成绩。

二、高校思想政治理论课教学改革的经验

“05 方案”实施以来，高校思想政治理论课在改革中加强、在创新中发展，既取得了重要的阶段性成绩，又在教育教学改革的实践中积累了宝贵的经验，形成了对加强高校思想政治理论课建设的规律性认识，从而为进一步深化高校思想政治理论课教育教学改革打下了坚实的基础。

1. 坚持正确的政治方向，高举中国特色社会主义伟大旗帜，用马克思主义中国化的最新成果武装大学生。这是高校思想政治理论课教育教学改革最基本的经验。

在用马克思主义中国化的最新成果武装大学生的过程中，我们党始终坚持把什么是马克思主义、如何坚持和发展马克思主义作为教育的灵魂，把什么是社会主义、怎样建设社会主义作为教育的主题，把建设一个什么样的党、怎样建设党作为教育的核心，把实现什么样的发展、怎样发展作为教育的根本，把什么是中国梦、如何实现中国梦作为教育的指向。灵魂、主题、核心、根本、指向，是对大学生进行思想政治理论教育的历史主线和基本内容，它具体表现为坚持进行马克思列宁主义、毛泽东思想、邓小平理论、“三个代表”重要思想和科学发展观的教育，表现为弄清“六个

为什么”[1] 和“划清四个界限”[2] 的教育以及党的十八大以来，实现中华民族伟大复兴中国梦的教育，因而使大学生思想政治理论教育始终具有明确的方向性和针对性、敏锐性和鲜明性，突出地体现了以马克思主义为指导的社会主义意识形态的本质特征，这也是高校思想政治理论课教育教学改革坚持用马克思主义中国化的最新成果武装大学生的根本政治意义。

2. 坚持以人为本，突出学生的主体地位，贴近实际、贴近生活、贴近学生，调动学生的参与热情，解决学生关注的理论和现实问题。

在教学改革中，高校思想政治理论课教师把教书与育人结合起来，在增强师生亲和力上下工夫，对待学生既动之以情，以情感人，又晓之以理，以理服人，力求做到入情入理、情理交融。在发挥教育合力上下工夫，努力坚持教育与自我教育相结合，既发挥学校的教育引导作用，又调动大学生学习的积极性、主动性。在教学实践中，坚持理论联系实际，一切从实际出发，按照“三贴近”即贴近实际、贴近生活、贴近学生的要求，努力实现在观念、内容、方法、体制上的创新。贴近实际，就是立足于社会主义初级阶段这个最大的实际，紧跟时代步伐，把回答和解决学生关注的理论和现实问题作为高校思想政治理论课教育教学的中心任务。贴近生活，就是深入社会经济、政治、文化生活和人民群众的日常生活，反映客观现实，把握社会主流，使高校思想政治理论课教育教学工作更加入情入理，充满生活色彩，富有生活气息。贴近学生，就是深深扎根于学生之中，想

---

[1] 2008年12月，中央领导同志在纪念十一届三中全会召开30周年理论研讨会上谈到“切实加强理论研究，不断深化对中国特色社会主义发展规律的认识”时，明确要求紧密联系干部群众的思想实际，深入解答六个与社会主义核心价值体系建设密切相关的重大问题，更好地统一思想、凝聚力量。这六个重大问题是：为什么必须坚持马克思主义在意识形态领域的指导地位，而不能搞指导思想的多元化；为什么只有社会主义才能救中国，只有中国特色社会主义才能发展中国，而不能搞民主社会主义和资本主义；为什么必须坚持人民代表大会制度，而不能搞“三权分立”；为什么必须坚持中国共产党领导的多党合作和政治协商制度，而不能搞西方的多党制；为什么必须坚持以公有制为主体、多种所有制经济共同发展的基本经济制度，而不能搞私有化或“纯而又纯”的公有制；为什么必须坚持改革开放不动摇，而不能走回头路。

[2] 2009年，党的十七届四中全会通过的《中共中央关于加强和改进新形势下党的建设若干重大问题的决定》指出：“加强党的意识形态工作和思想政治工作，引导党员、干部增强政治敏锐性和政治鉴别力，筑牢思想防线，自觉划清马克思主义同反马克思主义的界限，社会主义公有制为主体、多种所有制经济共同发展的基本经济制度同私有化和单一公有制的界限，中国特色社会主义民主同西方资本主义民主的界限，社会主义思想文化同封建主义、资本主义腐朽思想文化的界限，坚决抵制各种错误思想影响，始终保持立场坚定、头脑清醒。”

学生之所想，满足学生需求，把握学生脉搏，为学生提供想听爱看、健康向上的精神食粮，多联系学生身边的事例，多运用学生熟悉的语言，多用学生喜闻乐见的形式，力求使高校思想政治理论课教育教学工作更加可亲可信、深入人心。力戒照本宣科、刻板说教，真正做到关心学生、理解学生、尊重学生、服务学生、引导学生、提高学生。“三贴近”体现了辩证唯物主义和历史唯物主义的世界观和方法论，体现了理论联系实际的根本原则，是高校思想政治理论课教育教学改革必须长期坚持的宝贵经验。

3. 坚持解放思想、改革创新，完善课程体系，改进教学内容，创新方法手段，不断增强教育教学的针对性、实效性和吸引力、感染力。

坚定不移地坚持解放思想、改革创新，高校思想政治理论课课程体系不断得到完善，教学内容不断得到改进，教学方法、手段不断得到创新，教学效果、教学实效性不断得到强化。所谓实效性，主要是指实现高校思想政治理论课的教育教学目标。忘记了这个根本，高校思想政治理论课的教学改革与建设就会失去正确的方向。围绕教学效果、教学实效性着力，教学内容的改革创新方面尤为突出，并具体表现为：坚持以理想信念教育为核心，深入进行正确的世界观、人生观、价值观教育，努力使所有大学生都懂得，党和人民对当代大学生寄予殷切期望，全面建成小康社会和实现社会主义现代化需要大学生去建设，中华民族伟大复兴的中国梦需要大学生的奋斗去实现；坚持以爱国主义教育为重点，深入进行民族精神教育，引导大学生增强民族自尊心、自信心、自豪感，做到以热爱祖国、贡献全部力量建设社会主义祖国为最大光荣，以损害社会主义祖国利益、尊严和荣誉为最大耻辱；坚持以基本道德规范为基础，深入进行公民道德教育，引导大学生自觉遵守爱国守法、明礼诚信、团结友善、勤俭自强、敬业奉献的基本道德规范，养成良好的道德品质和文明行为；坚持以大学生全面发展为目标，深入进行素质教育，促进大学生思想道德素质、科学文化素质和健康素质协调发展。各高校还普遍重视“两支队伍”相结合和“两个课堂”相结合。“两支队伍”相结合，是指高校思想政治理论课教师队伍与学校党团组织工作者和班主任、辅导员队伍相结合，即专兼职相结合。这样的结合，使高校思想政治理论课教学更有现实感和针对性。“两个课堂”相结合，是指高校思想政治理论课课堂教学小课堂与社会实践和社会教育大课堂相结合。实践教育是高校思想政治理论课实现理论与实践相结合、深化对马克思主义理论的理解、强化学生能力培养的有效形式。譬如，清华大学“毛泽东思想和中国特色社会主义理论体系概论”课程组探索并坚持课堂教学与实践教学相结合的教学模式，加强实践教学环节，有针对性地组织学生开展社会实践活动，特别是课前调研活动，同时，积极组织教师走出校门，深入社会各个领域开展调查，了解世情、国情、民情，使他们进一步丰富教学素材，增长见识，开阔视野，活跃思想，启发思维。如组织课程组教师分别赴朝鲜和越南等国考察，对这些国家的政治经济和人民生活状况有了比较深入的了解，使教师对中国的改革开放有了更为深入的认识和思考，从而极大地提高了课堂教学的针对性，增强了教学的实效性。[1] 再如，天津师范大学从 2005 年起结合“马克思主义基本原理”、“中国近现代史纲要”、“思想道德修养与法律基础”、“毛泽东思想和中国特色社会主义理论体系概论” 4 门课程课堂教学的目标、内容和进度，开展实践教学，使实践教学成为课堂教学的补充和延伸，并严格规范教学环节，做到实践教学与课堂教学“五同”：同对象、同目标、同内容、同进度、同考试，实践教学关节不仅渗透到 4 门课程的各个单元，而且覆盖全校各专业的所有学生，从而形成了新的教学模式。在新的教学模式中，丰富多彩的实践教学与课堂教学形成互补模式教材中平面的知识、观点立体化。同时，为了避免实践教学模式化、形式化，学校要求实践教学教师发挥主观能动性，使实践教学突出专业特色。[2]

正是由于在观念、内容、方法和体制机制等方面不断改革创新，不断总结和创造新经验，高校思想政治理论课教学的针对性、实效性和吸引力、感染力明显增强，更加体现时代性、把握规律性、富于创造性。

4. 坚持统筹推进学科体系、教材体系和教师队伍建设，既注重学理支撑，又注重人才保证。

高校思想政治理论课教学改革的基本理念和做法是，从“05 方案”的基本要求出发，统筹兼顾教材、教法、教师、学科、保障等各个方面，使课程建设整体推进到新的高度，取得了一系列突出成果。主要体现在：以

---

[1] 孔祥云：“‘毛泽东思想和中国特色社会主义理论体系概论’课实践教学探索——以清华大学为例”，载《思想教育研究》2012 年第 4 期。

[2] 张宝敏：“天津师大探索思政课教学新模式”，载《中国教育报》2009 年 11 月 17 日。

课程改革和建设为中心，建立了以国家重点教材为主体的立体化和网络化教材体系；突出学生主体地位，建立了以强化能力培养为目标的理论与实践相结合的教学体系；坚持以教师为本，建立了以提高素质为根本的教师队伍建设制度体系；发挥学科优势，建立了以科学研究为基础的高校思想政治理论课程支撑体系等。

尤其需要强调的是，在中共中央宣传部、教育部的领导下，按照提高素质、优化结构、相对稳定的要求，在建设一支政治强、业务精、作风正的高校思想政治理论课教师队伍方面，成绩突出，涌现出了许多受学生爱戴、让人民满意的教师，他们把立德树人作为教育的根本任务，爱岗敬业、关爱学生，刻苦钻研、严谨笃学，勇于创新、奋发进取，淡泊名利、志存高远，甘为人梯、乐于奉献；他们把传授知识与思想教育结合起来，把系统教学与专题教育结合起来，把理论武装与实践育人结合起来，切实改进教学方法，改善教学手段，扎实推进高校思想政治理论课教育教学改革，取得了显著效果。

5. 坚持加强宏观指导，建立有效的领导体制和工作机制，形成工作合力。

高校思想政治理论课建设和教育教学改革必须坚持、加强和改善宏观指导。从中央到地方各级党政领导干部特别是高校党委和行政领导，从战略和全局的高度充分认识加强和改进大学生思想政治教育的重大意义，把加强和改进思想政治理论课教育教学以及“培养什么样的人”、“怎样培养这样的人”这一重大课题，始终摆在各项工作重中之重的位置，作为党的一项根本任务来抓，充分调动各方面的积极性，努力构建以科学、创新、有效为根本价值目标，具有良好舆论氛围、职责明确、齐抓共管、覆盖全党全社会的领导体制和工作机制，形成工作合力，这是推进高校思想政治理论课建设和改革最重要的保证。

根据党中央16号文件的精神，各地各高校普遍把思想政治理论课建设纳入党政重要议事日程，进一步调整和充实思想政治理论课建设领导小组，建立和完善以马克思主义理论研究和教学为中心的教学管理机构，以及整合学校思想政治理论课教学资源的工作平台和长效机制。设立学校学生工作特色基地，营造思想政治理论课教育教学的良好氛围；采取切实可行的制度措施，解决好教师待遇问题；加强经费投入，确保各项工作顺利开展，等等。通过这些措施，使高校思想政治理论课教学的条件得到明显改善，手段得到明显优化，大学生思想政治教育主阵地、主课堂、主渠道的作用得到了很好的发挥。

“05 方案”实施以来，高校思想政治理论课教育教学改革取得了新的阶段性成绩，积累了新的经验。但是，高校思想政治理论课教育教学与党中央的要求、人民的期望、迅速发展变化的社会现实需要之间还有一些矛盾和一定差距。诸如教学内容与方法的矛盾、教授学时与课程内容的矛盾、理论讲授学时与社会实践学时的矛盾、教师业务专长与实际工作需要的矛盾、学科建设与思想政治理论课教学的矛盾、机构设置的统一性与灵活性的矛盾等，所有这些问题，都需要在高校思想政治理论课教育教学进一步改革的实践探索中逐步解决，从而不断适应高校思想政治理论课教育教学的新要求。

三、高校思想政治理论课教学改革案例

早在 2006 年“05 方案”课程开设之初，时任教育部部长周济就曾提出，要“努力使高校思想政治理论课成为大学生真心喜爱、终生受益的优秀课程”。周济强调，高校思想政治理论课要开好，最根本的是要以人为本。要做到让大学生真心喜爱、终生受益，应该做好三个方面的工作：一是准确把握思想政治理论课的定位和基本任务；二是使思想政治理论课成为对大学生成长最有帮助的一门课程；三是使思想政治理论课成为对大学生最具吸引力的一门课程。[1] 现任教育部部长袁贵仁也多次强调，要进一步使高校思想政治理论课成为大学生真心喜爱、终身受益、毕生难忘的优秀课程。而要判别高校思想政治理论课是否成为大学生真心喜爱、终身受益、毕生难忘的优秀课程，就要对高校思想政治理论课教学改革适时进行科学的总结，并将其经验加以推广。本书选取不同时间形成的福建省教学改革文件、聊城大学教学改革调研报告和教学测评问卷调查、北方工业大学实践教学大纲这三个层面的内容，作为高校思想政治理论课教学改革案

---

[1] 焦新：“高校思政理论课骨干教师研修班报告会举行：思政课要让学生真心喜爱终身受益”，载《中国教育报》2006 年 6 月 8 日。

例进行研究，具有一定的实证性价值和解剖性价值。

（一）福建省《关于进一步增强我省高校思想政治理论课教学实效性的若干意见》（闽委教宣〔2007〕36号）

这一文件，是在充分调研和总结经验教训的基础上，由中共福建省委教育工委、福建省教育厅2007年6月研究、制定的，其主旨在于进一步增强福建省高校思想政治理论课教学的实效性。这是很有针对性的，它从根本上抓住了高校思想政治理论课教学改革的实质。

福建省《关于进一步增强我省高校思想政治理论课教学实效性的若干意见》（闽委教宣〔2007〕36号）内容如下：

各设区市委教育工委（教育局），各高等学校：

高校思想政治理论课是对大学生进行思想政治教育的主渠道。各级党委高度重视，加强大学生思想政治教育，继去年秋季在高校06级新生中开设“思想道德修养与法律基础”课后，今年春季又开设了“中国近现代史纲要”和“毛泽东思想、邓小平理论和‘三个代表’重要思想概论”两门课，秋季还将继续开设“马克思主义基本原理”。高校思想政治理论课新课程方案的全面实施，为我省深入贯彻《中共中央国务院关于进一步加强和改进大学生思想政治教育的意见》（中发〔2004〕16号），加强大学生思想政治教育奠定了坚实的基础。要真正使其在大学生思想政治教育中发挥主渠道作用，还必须在提高教学实效性上狠下工夫。为进一步增强我省高校思想政治理论课教学实效性，现提出如下意见：

一、加强高校思想政治理论课教师队伍建设

加强高校思想政治理论课教师的配备是提高思想政治理论课教育教学实效性的基础。各高校要严把新进教师准入关，应从具有思想政治教育或其他相关专业研究生以上学历和硕士以上学位、思想政治素质好的人员中选聘。要根据每门课程的学生数、学分值、具体师资情况，核定专任教师编制，合理设置教学岗位。

为增强思想政治理论课教学效果，每个教学班原则上不超过100人。

加强高校思想政治理论课教师的思想教育，增强思想政治理论课教师的光荣感和责任感，思想政治理论课教师要坚定对全面建设小康社会和实现中华民族伟大复兴的信心，牢固树立党的观念、国家观念、人民观念和社会主义观念，做到真学、真懂、真信、真用马克思主义。

充分利用省级四个思想政治理论课研修和培训基地（福州大学牵头负责“思想道德修养与法律基础”教师培训和研修基地、福建师范大学牵头负责“马克思主义基本原理概论”教师培训和研修基地、福建农林大学牵头负责“毛泽东思想、邓小平理论和‘三个代表’重要思想概论”教师培训和研修基地、集美大学牵头负责“中国近现代史纲要”教师培训和研修基地建设），加强思想政治理论课教师培训。从今年开始，每年利用寒暑假，以课程为单位，组织骨干教师进行培训和研修。同时，加强高校思想政治理论课学科带头人的培养工作，从今年开始，在全省高校范围内每门课程每年拟选拔3~5名中青年学科带头人培养人选，选送到全国知名高校通过攻读学位、学术交流、脱产进修、专题培训、课程培训、挂职锻炼等多种方式进行重点培养。

建立科学的激励机制。每三年组织评选表彰省高校思想政治理论课建设先进集体、优秀思想政治理论课教师，并纳入省教育系统先进集体、德育和思想政治教育工作先进个人的评选表彰活动。在评选表彰高等学校教学名师、组织开展精品课程建设等方面重视支持思想政治理论课建设。

二、成立高校思想政治理论课教学协作中心

针对我省目前高校类别、层次多，思想政治理论课教学力量参差不齐的状况，决定以设区市为单位，以所在地本科高校（宁德以宁德师专）为依托成立思想政治理论课教学协作中心。教学协作中心由各设区市委教育工委（教育局）申报，省委教育工委、省教育厅授牌。

教学协作中心的任务：承担组织所在地区高校思想政治理论课教师培训，集体备课和研修，开展教学经验交流、学术研究和研讨活动，组织所在高校进行教学观摩、教学帮扶等活动。明确帮扶的目标和具体内容，制定切实可行的措施和办法，老本科高校帮助新本科高校，本科高校帮助专科学校，公办高校帮助民办高校，将帮扶工作落到实处。

教学协作中心每年都要制订各门课程教师的协作计划，组织教师进行业务学习、集体备课、研修和教学观摩等，不断提高教师的教学能力和水平。

除以设区市为单位成立思想政治理论课协作中心外，有条件的高校也可建立学校思想政治理论课教学协作中心或教学研究中心，定期组织本校思想政治理论课教师集体备课、经验交流和专题学术研讨等活动。

三、建立高校思想政治理论课教学实践基地

加强思想政治理论课教学实践是思想政治理论课教学的重要组成部分，是大学生深化理论学习、提高思想觉悟、增长见识才干的重要措施。经过3~5年的努力，省、市、校三级都要建立一批相对稳定的思想政治理论课教学实践基地。

省级思想政治理论课教学实践基地采取省、市共建方式，与设区市共建省级爱国主义教育、革命传统教育、建设社会主义新农村、工厂和企业改革与发展、社区建设等一批大学生社会实践基地；市级思想政治理论课教学实践基地要结合本地实际，建立符合大学生需要的有特色的社会实践基地；各高校要主动与城市社区、农村乡镇、爱国主义教育基地、企事业单位、部队、社会服务机构等联系，本着优势互补、合作共建的原则，从地方经济社会建设发展的实际需求和大学生锻炼成长的需要出发，建立多种形式的思想政治理论课教学实践基地，力争每门课程都有相对稳定的教学实践基地。

本科高校思想政治理论课四门课教学实践课时不低于32学时（不含寒暑假社会实践），高职高专院校思想政治理论课两门课教学实践课时不低于16学时（不含寒暑假社会实践）。各地、各高校要确保思想政治理论课教学实践的经费，确保教学实践纳入教学计划，计算课时，记入学分。思想政治理论课教师要对学生教学实践进行指导，计算教学工作量并纳入教师年度考核内容。

四、强化高校思想政治理论课督导评估

为进一步提高思想政治理论课的教学实效性，从今年起实施思想政治理论课督导制度，成立省、市、校三级思想政治理论课教学督导组织，加强教育教学督导。

教学督导员可聘请关工委的老领导、老同志，思想政治理论课和相关学科的老专家、老教授和思想政治理论课教学指导委员会的专家等组成。教学督导员必须具有较高马克思主义理论水平，热爱教育事业和教学督导工作，具有较强的事业心和责任感，熟悉思想政治理论课教育教学的方针、政策、法规，作风扎实，公道正派，身体健康。省、市、校三级教学督导员分别由省委教育工委、设区市委教育工委和各高校聘任。省级教学督导员聘期为2年，可连任。

省、市、校三级教学督导组织可通过听取汇报、召开师生座谈会、随堂听课、参与教研活动等方式，检查指导各地、各高校贯彻落实《中共中央宣传部教育部关于进一步加强和改进高等学校思想政治理论课的意见》（教社政〔2005〕5号）和《〈中共中央宣传部教育部关于进一步加强和改进高等学校思想政治理论课的意见〉实施方案》（教社政〔2005〕9号），以及省实施意见和教师教育教学的情况，总结典型经验，针对存在的问题，提出改进意见，并督促落实。同时形成相应的督导报告，供省、市委教育工委和学校党委决策参考。各设区市委教育工委和各高校要高度重视督导工作，要充分发挥督导成果在加强思想政治理论课教育教学中的推动作用。

在平时督导的基础上，每5年对全省高校思想政治理论课的教育教学情况进行一次全面评估，纳入本科教学水平评估和高职高专人才培养水平评估，并占一定的权重。

五、构建高校思想政治理论课网络共享平台

利用高校思想政治教育网络“德育之窗”，建立思想政治理论课网上资源共享平台，共享平台力争2007年底基本建成。各高校要积极参与网站建设，组织申报专项开发项目，提供多种形式的教学资源，推进网络平台的建设。

在共享网站中开辟时事焦点、文献选编、学科动态、课程建设、教学改革、教师论坛、释疑解难、专题调查、教学资源等栏目。在“教学资源”中开辟优秀课件库、典型案例库、文献资料库、研究成果库、问题解析库、教学示范库等六大教学资源库；在“教师论坛”中开辟教学法交流、案例教学交流等分栏。

六、切实加强对思想政治理论课建设的领导

各高校党委要切实负起政治责任，把思想政治理论建设作为“一把手工程”，认真研究、及时解决思想政治理论课建设中的重大问题。要由分管意识形态的党委副书记和分管教学的副校长共同主抓思想政治理论课的建设与改革工作。

各高校要建立健全与院（系）同等建制的思想政治理论课教研部门，作为学校的二级单位独立设置，统一管理本校思想政治理论课的教育教学工作，直属学校党委领导。各门思想政治理论课作为一个完整的课程体系，不得将其分散化解到不同学院（系、部）。

各高校要加大对思想政治理论课建设的投入，在保障思想政治理论课教学部正常的行政事业经费的同时，从收缴学费中按学生总数每生每年15~20元的标准提取思想政治理论课教学专项经费，并将教学专项经费的30%切块专项用于保障实践教学所需经费。

福建省的这一文件是为了贯彻落实国家有关部委特别是中共中央宣传部、教育部各个时期的宏观决策而采取的具体举措，是针对全省高校进一步增强思想政治理论课教学的实效性且主要是针对“05方案”的实施而制定的，具有中观性，起到了联结教育部和各高校的承上启下的作用。

（二）聊城大学“两课”教学改革调研报告和教学测评问卷调查

2004年8月，《中共中央、国务院关于进一步加强和改进大学生思想政治教育的意见》明确提出：“要加强对思想政治理论课的宏观指导，采取有力措施，力争在几年内使思想政治理论课教育教学情况有明显改善。”这充分表明了党和国家对大学思想政治教育理论课的关心和重视，它是加强和改进大学生思想政治教育的纲领性文件。这一文件，是在全国范围内对各高校广泛调研的基础上形成的。《中共中央、国务院关于进一步加强和改进大学生思想政治教育的意见》发布前夕的2004年5月，“聊城大学学生思想教育工作和公共理论课教学调研组”撰写了“两课”教学改革调研报告，它实际上是针对一所高校“两课”教学的实际且主要是针对“98方案”的实施而作出的自我评估，具有总结性意义，并为该校随后实施“05方案”奠定了思想基础和认识基础。

聊城大学调研报告内容如下：

根据中央领导同志对加强和改进高校学生思想教育工作和公共理论课教学的批示精神和省委高校工委、省教育厅及校党委的要求，学生思想教育工作和公共理论课教学调研组通过召开和教学单位负责人座谈会、专业课教师座谈会、“两课”教师座谈会、学生辅导员座谈会、学生座谈会、个别访谈、随机听课等形式，对我校“两课”教学情况进行了调研，掌握了大量的第一手资料，并在此基础上进行研究、分析综合，现将有关情况报告如下：

一、“两课”教学取得的成绩和主要经验

（一）“两课”教学取得的成绩

近些年来，校党委高度重视“两课”教学工作，要求马列教学部严格按照教育部的要求，开全所有“两课”课程，开足教学时数。马克思主义教学部注重日常教学管理，逐步完善教学质量监控体系；不断进行教学改革，增强“两课”教学的针对性；注重师资队伍建设，提高教师课堂教学水平和教学效果。通过我们的不懈努力，学校的“两课”教学水平和教学质量逐步提高，得到了学生的认可和教学督导专家的肯定，成效明显。

1. 充分发挥“两课”教学的主渠道作用，坚持用科学的理论武装大学生头脑。21 世纪是建设中国特色社会主义、迎来中华民族复兴的伟大历史时期。我们要求“两课”教学必须适应这一历史时期国家发展对人才的要求，服从和服务于培养中国特色社会主义事业建设人才的总目标，充分发挥了“两课”教学的主渠道作用，坚持用科学的理论武装学生头脑。我校 20000 多名学生，爱祖国、爱集体、爱科学，绝大多数学生具有较坚定的中国特色社会主义理想信念，理解、支持党和国家的方针政策。在国家出现重大突发事件时，都能按照中央精神正确对待，维护了学校、社会的发展和稳定。

2. 充分发挥“两课”教学在素质教育中的功能，促进学生全面素质的提高。素质教育是 21 世纪高等教育的主题。在各级、各类人才的素质中，思想道德素质是灵魂，它规定了科学文化素质的方向。我们充分发挥“两课”教学作为思想道德素质教育的主渠道作用，通过“两课”教学促进学生全面素质的提高。多年来，我校毕业生在各自的岗位上，不仅以专业素质赢得了用人单位的认可，而且爱岗敬业，作风朴实，乐于奉献，以过硬的思想道德素质赢得了用人单位的好评。

3. “两课”教学贴近学生思想实际，教学效果明显提高。随着社会主义市场经济体制的建立和知识经济时代的到来，大学生的思想特点和学习注意力发生了极大变化。在市场经济条件下，竞争日趋激烈，大学生的独立意识、自主意识、竞争意识进一步增强；在知识经济时代，大学生探索的欲望、创新意识也在不断增强。这些变化表现在学习方面，就是大学生更注重所学知识的针对性、实用性，注重在校学习与未来自身发展之间的联系，乃至以此作为评价和接受课程内容的尺度之一。因此，新世纪的“两课”教学必须适应大学生的思想变化，贴近实际、贴近社会，有针对性地对大学生进行思想政治教育。

在“两课”教学中，马克思主义教学部采用集体备课、统一教案、专题讲授的模式，既注重基本理论、基本知识的讲授，又强化了教学内容的深度和针对性；既解决了学生的思想问题，又回答了学生普遍关注的社会问题，提高了“两课”的整体教学效果，得到了学生的认可和领导、专家的肯定。我校的“邓小平理论概论”课程在前期教学改革的基础上，于2000年被省教委确定为教学改革试点课程，这一教研项目获得的阶段性成果——《邓小平理论概论》教材，于2002年获省教学研究成果二等奖。[1]“两课”教师在学校组织的课堂教学评价中，有2/3以上在各任课的教学单位中名列前茅；学校督导专家组听课后认为，“教学效果出乎意料的好”，学生到课率、互动率高，从而充分肯定了“两课”的教学效果。马克思主义教学部和“两课”教师也获得了多种荣誉称号，先后有1人被评为山东省教学名师，1人被评为校级“十佳”师德标兵称号，12人次获校级中青年教师教学竞赛奖，2人被评为校级“两课”优秀教师，1人被评为校级思想政治工作创新先进个人，马克思主义教学部被评为学校思想政治工作创新先进集体、师德建设先进集体等称号。

（二）主要经验

近年来，我校在“两课”教学中取得了一定的成绩。取得这些成绩的原因是多方面的，既有学校党委、行政的重视，又有马列主义教学部细致的工作，更有“两课”全体教师爱岗敬业的奉献精神，概括起来主要有：

1. 学校党委、行政及各职能部门充分认识到“两课”教学在学生培养中的作用，高度重视“两课”教学是搞好“两课”教学的关键。在指导思想上，学校党委、行政及各职能部门对“两课”教学的性质、地位和重要作用认识深刻、到位。在马克思主义理论教育和思想品德教育方面，“两课”教学发挥着其他课程无法替代的作用。因此，学校党委、行政从讲政

---

[1] 董泉增、王庆功主编：《邓小平理论概论》，人民中国出版社1998年版。该教材是“山东省高等教育面向二十一世纪教学改革重点资助项目”的成果。作为主要作者之一，林建华撰写了该书的“导论”部分，约2万字。

治的战略高度认识“两课”教学的重要地位。在具体工作中，学校教务部门严格按照教育部的要求安排课程，并确保教学学时充足；学校人事部门在“两课”教师队伍建设中，积极引进硕士、博士高层次人才，提高了教师队伍的素质。所有这些，都为搞好“两课”教学提供了组织保证。

2. 马克思主义教学部狠抓教学管理，采取切实有效的教学质量监控体系，为提高“两课”教学质量提供了制度保障。近年来，马克思主义教学部对课堂教学质量评价体系进行了实事求是的改革和改进，变学生评教、系部评教和教研室评教的三元评教体系为学生评教一元评价体系；变“两课”教师之间的评教排序方法为“两课”教师在各任课教学单位教师范围内评教排序方法，科学地评价了教师的教学水平和效果。改进课堂教学质量评价体系的目的，在于科学使用其评价结果。因此，马克思主义教学部在岗位津贴的发放上，既考虑教学的数量，即课时的多少，更考虑教学的质量，即学生的认可程度。教学部把每一位教师在各教学单位的学生评价分为三个档次，每一档次教师每一节课的津贴是不同的。对“两课”教师课堂教学质量采用各专业教学单位的学生评价结果，并且与岗位津贴相联系，大大激发了“两课”教师提高教学质量和教学水平的积极性，为提高“两课”教学质量提供了制度保障。

3. 适应形势变化，深化教学改革，为教学质量的提高提供动力。自从1998年教育部实施“98方案”即设置了新的“两课”课程体系以来，针对我校学生实际，在教学实践中，马克思主义教学部在教学内容、教学方法、教学手段和考试方法等方面进行了积极的、有益的改革探索，取得了显著成绩，特别是“两课”核心课程“邓小平理论概论”的教学，通过集体备课、统一教案、专题讲授等改革措施，不仅收到了很好的课堂教学效果，而且锻炼了教师队伍，增强了他们做好“两课”教学工作的自信心。通过教学改革提高教学质量，得到了大学生的认可，并且改变了许多人对“两课”教学效果认识上的一些误解。

二、“两课”教学过程中存在的主要问题及其原因

近年来，“两课”教学取得了一定的成绩，也还存在许多问题，但最主要的问题是“两课”教育教学的实际效果在一定意义和一定程度上还没有达到教学目的的要求，真正让邓小平理论和“三个代表”重要思想进学生头脑是“三进”工作的难点之所在。

在“两课”教学过程中发现，有的学生存在着旷课、上课注意力不集中的现象。从学生对“两课”的思想认识来看，有的学生受家长、社会和个别专业课教师的影响，采取拒绝接受的态度；有的学生采取无所谓的态度，认为学习“两课”的目的就是应付课程考试；有的学生采取功利性的态度，认为学习“两课”的目的是考研的需要，如此等等。实事求是地讲，还有一定数量的学生并不能真正从思想上认识到学习“两课”对自己的世界观、人生观、价值观、道德观、法律观起着重要作用甚至决定作用。

造成以上问题的原因是多方面的，包括社会的因素、学校的因素、教师的因素、学生的因素、教材的因素、课程设置的因素等，但是，通过调研来看，主要有：

1. 社会现实与理论教学在某些方面相矛盾的问题。

由于科学技术的发展，学生获取知识的渠道日趋多样化，从“两课”知识获取的渠道来看，除了课堂教学主渠道外，还有各种媒体，更重要的是学生还会用社会现实状况来验证理论的科学性和正确性。尤其是在高等教育日趋市场化的情况下，学生还会更多地关注缴费、就业等具体问题。一旦关系自己切身利益的问题不能解决，学生就会产生消极情绪，看不到改革开放的成绩而更多地关注社会的阴暗面。在这种情况下，任何一种理论再有系统性、科学性，教师讲得再好，也很难具有说服力，达到“进头脑”的目的。

2. 课程内容重复的问题。

多年来，“两课”教学虽然注意各部分课程的衔接，注意和中学思想政治教育课程的衔接，尽量做到结构合理，功能互补，减少重复，但是仍然存在着内容交叉重复的现象。这种重复，不仅包括“两课”诸课程之间内容上的重复，而且还包括“两课”与中学政治课之间内容上的重复，虽然其广度、深度和侧重点各不相同，但对调动学生的学习积极性、取得良好的教学效果不可避免地有着较大的负面影响。

从“两课”与中学政治课的比较来看，较好地体现了层次性和提高性问题，但高校思想政治理论课7门课程与中学政治课在内容上都有重复，尤其是“马克思主义政治经济学原理”、“马克思主义哲学原理”、“邓小平理论和‘三个代表’重要思想概论”，分别与高中一年级、二年级、三年级的“思想政治”课程内容之间有严重的重复。虽然中学政治课考虑到中学生的接受程度，更形象、更浅显易懂，没有“两课”内容那么系统、那么具理论性，但基本概念、基本原理都是一致的。从我们调研的情况来看，中学政治课对某一问题的分析所用的学时远远多于“两课”所用的学时，表述也相当直观、透彻。

从“两课”诸课程来看，主要是“邓小平理论和‘三个代表’重要思想概论”课程内容与其他几门课程之间的重复，虽然教材编写过程中注意到了这一问题，但更多地还是考虑各门课程自身内容的系统性。在教学实践中，承担不同课程的“两课”教师更多关注自己讲授内容的全面性和系统性，在讲解过程中相互之间沟通较少，因此他们对重复的内容如何处理缺乏整体把握。

除以上两类内容的重复交叉外，还有的内容不仅“两课”之间重复，而且还同时与中学政治课重复，譬如关于社会主义初级阶段的基本经济制度和市场经济的内容，高中一年级“思想政治”、高校“马克思主义政治经济学原理”和“邓小平理论和‘三个代表’重要思想概论”等课程中都有论述，内容几乎一致。像这样的知识内容，同一个学生在不同的学习阶段重复接受三次，教学效果可想而知。

3.“两课”教学课堂安排学生数量过多的问题。

按照1998年6月中共中央宣传部、教育部印发的《关于普通高等学校两课课程设置的规定及其实施工作的意见》的要求，高等学校必须开全“两课”课程、开足“两课”课时。随着高校招生规模的不断扩大和学生数量的不断增加，“两课”教学工作量呈逐年增长的趋势，而“两课”教师的增加速度远远赶不上学生的增加速度，赶不上“两课”教学工作量的增加速度，在师资有限、教学任务加重的情况下，就只能增加“两课”教学的课堂学生规模。据调查，“两课”大部分课程课堂学生规模都在80～160人。面对如此规模的“两课”课堂教学，很难做到师生互动，教师也很难掌握学生的思想实际和他们关心的问题，很难做到因材施教。

4. 不良社会环境和氛围影响的问题。

在经济全球化、世界政治格局多极化和科学技术迅猛发展的情况下，世界思想文化领域呈现出错综复杂的新态势。新生的与腐朽的同在，传统的与现代的共存，先进的与落后的杂陈，各种思想层出不穷，各种学说粉墨登场，各种艺术形式目不暇接，各种文化相互激荡。社会的氛围和学生家长的态度，尤其是社会上信仰各种宗教的人员越来越多，这都势必影响学生对理论的接受程度和信仰的确立。个别专业教师甚至个别“两课”教师对“两课”不正确的认知，在一定程度上也影响学生对“两课”学习目的的认同。部分用人单位在学生就业时过于注重专业知识和专业技能，忽视学生的德行、操守和理想信念，同样直接影响学生学习“两课”的积极性。

三、改进和促进“两课”教学、保持和提高“两课”教学效果的几项具体措施

如何进一步提高“两课”教学的针对性和实效性，即如何使“两课”更好地“进头脑”，是今后“两课”教学改革和努力的方向。通过对教学实践中取得的成绩、积累的经验和存在的问题进行调研后分析，我们认为，能否“进头脑”是衡量“两课”教学效果的基本标准，在“进头脑”上下工夫是改进“两课”教学、提高“两课”教学效果的着力点。

1. 要把德育为首落到实处，必须进一步强化“两课”教学的地位。在对学生进行教育的过程中，我校始终以德育为首，但要真正落到实处，则需要进一步强化“两课”教学的地位，全校上下都要认识到“两课”教学在学生思想政治教育中的主渠道和主阵地作用。学校要从精神、物质、制度上为“两课”教学提供保障和激励，各职能部门要以最优质的服务为“两课”教学提供便利，各教学单位要从培养高素质人才的角度出发，重视“两课”教学，各专业教师要寓德育教育于专业课教学之中。只有学校各部门各单位、全体教职工真正注重德育教育，“两课”教学在思想政治教育中才能真正发挥其应有的作用。

2. 以提高“两课”教学的实效性为着力点，进一步加大教学改革力度，力求理论与现实相统一。实效性即实际教学效果所达到的教学目标的程度。“两课”教学实效性不强的主要原因，一方面在于教学目标定得太高，脱离学生的思想实际，脱离实际的空洞的说教只能使学生产生抵触情绪；另一方面在于教学内容脱离社会实际，不能与现实问题有机结合起来，从而使理论在现实面前显得苍白无力。因此，要提高“两课”教学的实效性，一方面要制定科学的教学量化目标体系，针对不同层面的大学生❶，

---

❶ 不同层面的大学生，包括不同类型院校的大学生、不同地区院校的大学生、不同专业的大学生、不同家庭背景的大学生等。

教学目标要有层次性；另一方面要结合实际组织教学，只要能够结合社会实际和学生思想实际正确分析当前的社会变革，回答大学生提出的各种思想问题，并对现实问题进行正确剖析，就能够体现和证明“两课”教学内容的科学性，就能说服学生，就能真正达到“进头脑”的目的。

3. 进行课程体系改革，减少课程内容重复。适应新世纪思想政治教育的需要，高中“思想政治”课程正在进行深入改革，建议教育部组织协调并解决基础教育和高等教育关于思想政治课教学内容的重复问题，对中学和高校的政治理论课进行统筹安排。适合中学生的，在中学阶段讲授；适合大学生的，在大学阶段讲授，体现连贯性，增强针对性，减少重复性，提高实效性。建议教育部组织专家认真研究、解决“两课”各门课程之间的重复问题，规定重复的内容究竟由哪门课程来重点讲授。同时认真研究现行课程体系设置存在的问题，在每门课程课时减少存在困难的情况下，对一些课程进行整合，譬如把“毛泽东思想概论”、“邓小平理论和‘三个代表’重要思想概论”整合为“中国化马克思主义”（72 学时）或其他名称，适当减少“两课”总学时，以适应普通高等学校教学改革的总体需要。目前，“两课”教学实际总学时数大约占本科学生实际教学总学时数的10%左右，在调研中，部分教学单位的负责人曾提出“两课”教学总学时数偏多的问题。

4. 加强“两课”教师队伍建设，提高“两课”教师整体素质。目前，我校“两课”教师还存在着数量不足、学历层次不高的问题，要完成新形势下“两课”教学任务，必须大力培养思想觉悟高、知识面广、能够有效利用现代化教学手段的高水平师资，特别是高水平学科带头人。建立完善的“两课”教师选拔、培养和考核机制，调动“两课”教师的工作主动性和积极性，同时，不断改善“两课”教师的教学条件和办公条件，促进“两课”教学水平的不断提高，为培养中国特色社会主义事业合格建设者和可靠接班人竭尽心智和辛劳。

当代大学生的变化是高校思想政治理论课教育教学改革的重要动因，因此，高校思想政治理论课教育教学改革必须不断创新，真正贴近生活、贴近实际、贴近学生，满足学生求解困惑的需求，提高教学的实效性。我的老师、时任华中科技大学教育科学研究院副院长的别敦荣教授曾交给我一项任务，即协助他对聊城大学思想政治理论课教学情况以“测评问卷”的方式进行调研。本次调查活动共发出问卷500份，回收有效问卷500份，有效回收率为100%。测评对象是聊城大学所有专业本科2006级（即二年级）的部分在校学生。测评时间是2008年5月5日。当时，我保留了这份教学测评问卷的样本和测评调查数据。这也可以说是对聊城大学思想政治理论课教学的跟踪和对比研究。

“测评问卷”内容如下：

高校思想政治理论课教学测评问卷（样卷）

同学：

您好！

为了解目前高校思想政治理论课教学情况，我们进行这次问卷调查。问卷采取不记名方式，请您按照实际情况和真实想法回答。衷心感谢您的大力支持！

性别： 政治面貌： 专业：

填写方式：

1. 请在选择的数码上或相应的空格内打√。2. 请做单项选择。

问题：

1. 从总体上讲，您对目前本校思想政治理论课教学：

①满意 ②基本满意 ③不满意 ④说不清楚

2. 您对本校四门思想政治理论课教学的满意程度是（未上过的课程可以不选）：

序号	课程名称	满意	基本满意	不满意	说不清楚
1	马克思主义基本原理概论				
2	毛泽东思想，邓小平理论和“三个代表”重要思想概论				
3	中国近现代史纲要				
4	思想道德修养与法律基础				

3. 从总体上讲，您对思想政治理论课任课教师：

①满意 ②基本满意 ③不满意 ④说不清楚

4. 请简明写下您对改进高校思想政治理论课教学的意见和建议。

高校思想政治理论课教学测评汇总（聊城大学）

总人数：500人

性别：男257人；女243人

政治面貌：群众8人；团员490人；中共党员（含预备党员）2人；民主党派0人

专业结构：文、哲、法、史、教育53人；经济、管理69人；理、工、农、医293人；军事、体育、艺术85人

对思想政治课教学的满意度：满意150人；基本满意233人；不满意40人；说不清楚77人

分课程满意度：

序号	课程名称	满意	基本满意	不满意	说不清楚
1	马克思主义基本原理概论	232	188	53	27
2	毛泽东思想，邓小平理论和“三个代表”重要思想概论	286	65	28	21
3	中国近现代史纲要	234	213	33	20
4	思想道德修养与法律基础	310	145	22	23

对思想政治理论课任课教师的满意度：满意204人；基本满意251人；不满意15人；说不清楚30人

意见与建议：（1）进一步加强理论与实际的结合；（2）在课堂讲授中多给学生提供一些视频资料；（3）加强课堂讨论，充分调动学生参与的主动性、积极性；（4）合理利用多媒体教学，尽量避免由“照本宣科”变为“照屏宣科”；（5）结合时事政治进行教学，使学生尽可能多地了解党的路线、方针、政策及其动态；（6）多讲一些经典案例；（7）增加课堂教学内容的生动性和趣味性。

（三）北方工业大学实践教学体系和实践教学大纲

2005年，《中共中央宣传部、教育部关于进一步加强和改进高等学校

思想政治理论课的意见》强调指出："要加强实践教学。高等学校思想政治理论课所有课程都要加强实践环节。要建立和完善实践教学保障机制，探索实践育人的长效机制。围绕教学目标，制定大纲，规定学时，提供必要经费。加强组织和管理，把实践教学与社会调查、志愿服务、公益活动、专业课实习等结合起来，引导大学生走出校门，到基层去，到工农群众中去，要通过形式多样的实践教学活动，提高学生思想政治素质和观察分析社会现象的能力，深化教育教学的效果。"[1] 2008 年，《中共中央宣传部、教育部关于进一步加强高等学校思想政治理论课教师队伍建设的意见》则明确要求"要从本科思想政治理论课现有学分中划出两个学分，开展本科思想政治理论课实践教学"。北方工业大学在思想政治理论课教学中，对实践教学进行了有益的探索，在读书会、农村调查、热点问题研究、校内调研等方面都制定了实践教学大纲，有着极为丰富的内容，形成了自己的特色，并初步构建起了一个相互支撑、相互补充、相对完善的模块化的实践教学方案和实践教学体系。同时，北方工业大学也深刻认识到，正如课堂理论教学不能取代实践教学一样，实践教学同样也不能取代课堂理论教学，这是因为实践教学的逻辑与课堂理论教学的逻辑并不具有必然的同一性，所以，应防止课堂理论教学消解于实践教学之中。实践教学与课堂理论教学二者应力求做到相互补充、相互支撑、相得益彰。

北方工业大学思想政治理论教研部思想政治理论课实践教学各模块的教学大纲[2]内容如下：

课程编码：实 01

课程名称：思想政治理论课实践教学——读书会

课程学分：2 学分

课程学时：32 学时

适用专业：全校本科生

---

[1] 教育部社会科学司组编：《普通高校思想政治理论课文献选编（1949～2008）》，中国人民大学出版社 2008 年版，第 216 页。

[2] 这里辑录的 4 份实践教学大纲是北方工业大学思想政治理论教研部副主任李志强博士提供的，特此致谢。李志强博士强调，这 4 份实践教学大纲是思想政治理论教研部全体教师集体智慧的成果，同时也存在进一步充实、完善的空间。

教学大纲

一、教学性质与目的

本实践教学环节通过引导和组织学生课外阅读原著与名篇，可以实现教师课堂讲授与学生原著阅读相结合，巩固和强化教师课堂讲授的内容。读书会的实践教学不仅可以拓宽大学生理论的深度和广度，同时又可以为本教研部教师的教学科研提供素材性的资源。

二、教学内容与要求

读书会的成果形式为读书报告，读书报告即读完书之后的心得报告，是阅读者系统地收集、统整、研读与创作主题相关的各种材料，经分析、归纳、提炼等思维活动，提出个人见解和观点的文字作品。写读书报告的目的在于增加新知、提升研究和表达能力。

教学内容：

1. 《关于费尔巴哈的提纲》、《共产党宣言》、《马克思恩格斯选集》第1卷（人民出版社1995年版）。

2. 《青年在选择职业时的思考》、《马克思恩格斯全集》第40卷（人民出版社1982年版）。

3. 《毛泽东选集》，人民出版社1991年版。

4. 《邓小平文选》，人民出版社1993年版。

5. 《江泽民文选》，人民出版社2006年版。

6. 《科学发展观学习读本》，人民出版社2009年版。

7. 中共中央宣传部：《“三个代表”重要思想学习纲要》，学习出版社2003年版。

8. 中共中央宣传部理论局：《六个“为什么”——对几个重要问题的回答》，学习出版社2009年版。

9. 中共中央宣传部理论局：《划清“四个重大界线”学习读本》，学习出版社2010年版。

10. 中共中央宣传部理论局：《七个怎么看》，学习出版社、人民出版社2010年版。

基本流程：

1. 布置任务。教师讲解读书会这一实践活动的目的、要求及意义，重点讲解读书报告的写作方法，包括格式、写法及类型等方面。对学生进行分组，确定小组负责人，从教学内容中选取本组感兴趣的原著，课下小组进行讨论式集体研读，完成读书报告写作大纲。

2. 中期检查。组织小组负责人会议，对学生所完成大纲进行针对性的指导，指出存在的缺陷和不足，及时调整思路和方法，重新修订写作大纲，以保证研读工作的顺利进行。

3. 完成报告。将研究结果整理成读书报告，老师对研究报告进行评价，择优颁发“优秀证书”，并在教研部网上展示。

具体要求：

1. 读书报告一律用A4纸打印。所写读书报告题目恰当，观点明确，逻辑合理，除所选著作（不低于1000字）外，字数不低于2000字。

2. 要求注明本组所读著作的具体的出版信息（书名，出版社，著者，出版时间，起止页码等），以备查找。

3. 负责人在文章开始注明小组成员在本实践环节中的具体分工和作用。

4. 研究报告提交的截止时间：

5. 研究报告的提交地点：

四、课程各教学环节和各篇章（节）学时分配

总学时	布置任务	调研研究	中期检查	活动总结
32	3	22	3	4

五、本课程采用的教学方法和教学手段

本课程采取课堂教学（布置任务和活动总结）和课下指导相结合的教学方式。

指导教师充分利用电子邮件、教学信息网、多模式教学网等现代教学手段监督学生的整个读书过程。

六、教材及教学参考资料

暂无，即时布置。

七、本课程的考核方法及成绩评定标准

本课程的成绩认定以学生所提交的读书笔记为准，成绩分为及格和不及格两个档次，被评选为优秀调研报告的学生（上课总人数的20%）颁发

“思想政治理论课实践课程优秀证书”。

八、其他问题的说明

本课程本学期开设两个课堂，课程总人数不超过300人。

选课时间在本学期第4周；开课时间在本学期第5~14周。

上课地点：

上课时间：

教师联系方式：

大纲撰写人：

大纲审阅人：

系负责人：

学院负责人：

制定（修订）日期：2010年12月

课程编码：实02

课程名称：思想政治理论课实践教学——农村调查

课程学分：2学分

课程学时：32学时

适用专业：全校本科生

教学大纲

一、课程性质与目的

本课程以“深入农村、了解农村、服务农村”为宗旨，组织指导学生深入大学生思想政治教育基地（北京周边特定村庄），参与农村的生产与生活，调查目前农村问题的热点与核心、思辨中国农村问题的出路和解决方案。通过教学使学生从理性与感性两个角度系统、全面地把握和了解中国的农村问题，形成自己比较独立的观点，提高理论与实践结合的能力，同时促进和服务于思想政治理论课的教学和科研活动。

二、课程内容与要求

1. 调查内容

三农问题的历史背景调查与研究

农村新农合政策贯彻落实情况调查

农村基层政权选举现状调查

农村养老问题调查与研究

“大学生村官”相关问题调查

进城务工人员权益保护问题调查

农村文化生活与精神文明建设调查

农村留守儿童教育问题调查

农村产业调整与发展调查研究

农民法律素质调查

农村计划生育现状调查

农村环境保护与生态文明建设调查

2. 思考与辩论

题目:“三农问题”的出路与解决方案

三、本课程与其他相关课程的联系与分工

与思想政治理论课直接相关，修读相关课程期间或者修读完相关课程的同学可以修读本实践教学课程。

四、课程各教学环节和各篇章（节）学时分配

总学时	布置任务	调查研究	中期检查	活动总结
32	3	22	3	4

五、本课程采用的教学方法和教学手段

本课程采取课堂教学（布置任务和活动总结)、现场指导和课下指导相结合的教学方式。

指导教师充分利用电子邮件、教学信息网、多模式教学网等现代教学手段指导监督学生的调研过程。

六、教材及教学参考资料

《毛泽东思想与中国特色社会主义理论体系概论》教材

参考书目:

费孝通:《乡土中国》,《江村经济》

贺雪峰:《新乡土中国》,《乡村治理的社会基础》

温铁军:《中国农村基本经济制度研究》

曹锦清:《黄河边的中国》

曹锦清等：《当代浙北乡村的社会文化变迁》

梁鸿：《中国在梁庄》

七、本课程的考核方法及成绩评定标准

本课程的成绩考核以学生所提交的调查报告为准，分为及格和不及格两个档次。同时，评选优秀调研报告，对获奖学生（上课学生的20%）颁发“思想政治理论课实践课程优秀证书”。

八、关于其他问题的说明

本课程本学期开设两个课堂，每个课堂50人。

选课时间：本学期第1~3周

开课时间：本学期第4~14周

第4周课堂授课时间：指导教师；具体时间；地点

课程进度表：

1. 第4周：布置任务
2. 第5周：提交策划书
3. 第6~8周：设计、提交调查问卷
4. 第9~13周：发放、回收调查问卷，撰写调研报告
5. 第14周：召开总结会

指导教师：

具体时间：

地点：

大纲撰写人：

大纲审阅人：

系负责人：

学院负责人：

制定（修订）日期：2010年12月

课程编码：实03

课程名称：思想政治理论课实践教学——热点问题研究

课程学分：2学分

课程学时：32学时

适用专业：全校本科生

教学大纲

一、教学性质与目的

本实践教学环节通过互联网、研究问卷等形式开展研究，使大学生逐步形成关注社会、了解民生的习惯，使其能够透过热点问题，解剖麻雀，举一反三，不断提高自己分析问题、研究问题、解决问题的能力，同时也为本教研部教师的教学科研提供素材性的资源。

二、教学内容与要求

社会实践，是为让大学生了解社会、锻炼自我而敞开的一扇大门。为了让广大同学能更好地了解社会，参与到社会实践中去，并为构建和谐社会作贡献，热点问题的研究分为16个方面的内容、4个基本流程、8个方面的具体要求。

主要内容：

1. 马克思主义中国化、时代化、大众化问题。
2. 近代中国的现代化问题。
3. 近代中国的腐败问题。
4. 近代中国的民生问题。
5. 近代中国的改革与改良问题。
6. 近代中国的妇女解放问题。
7. 中国为什么不能搞资本主义。
8. 中国为什么不能搞民主社会主义。
9. 中国为什么不能搞私有化。
10. 中国为什么要坚持公有制。
11. 中国绝不能搞“三权分立”。
12. 中国近代历次反侵略战争失败的根本原因。
13. 近代中国科学与玄学的论争。
14. 近代中国主义与问题的论争。
15. 国民党为什么会失去大陆。
16. 近代中国的国际关系。

基本流程：

1. 布置研究任务，介绍研究热点问题的方法。主要内容为：研究的基本方法，调查试卷的数据处理，热点问题的确定方式，热点问题的现象分析，研究报告的结论确定。

2. 问题论证阶段。主要内容为：组成热点问题兴趣小组，在互联网上进行可行性研究。主要内容为：通过反馈，确定有价值的热点问题。通过互联网，进行数据挖掘。进行数据整理，形成对热点问题的基本看法。

3. 中期检查阶段。主要内容为：对学生第一、第二阶段的工作进行个别指导，了解研究工作的进程，提出应该发扬的成绩和应该总结的教训，及时调整研究方式、方法，保证研究工作的顺利进行。

4. 研究结果总结阶段。主要内容为：将研究结果整理成文章、研究报告，老师对研究报告进行评价，选择优秀成果向报刊投稿或向职能部门提出合理化建议。

具体要求：

1. 研究报告一律用 A4 纸打印，形式规范，文从字顺，没有明显的错别字，差错率要低于千分之三。

2. 要求注明自己的研究方式、数据处理方法，保留原始调研试卷以备检查，或注明数据来源、出处。

3. 要求所写报告题目恰当，观点明确，论据充分，层次清晰，结合自己知识结构特点写出特色，具有一定的创新性。

4. 研究报告的数字不低于 2000 字。

5. 每个同学必须注明自己在研究活动中的分工、作用。

6. 研究报告提交的截止时间：__________

7. 研究报告的提交地点：__________

8. 要把研究成果做成多媒体课件，在公开场合进行展示。

三、本课程与其他相关课程的联系与分工

与“毛泽东思想和中国特色社会主义理论体系概论”、“思想道德修养与法律基础”课程直接相关，处于修读该课程期间或者修读完该课程的同学可以修读本实践教学环节。

四、课程各教学环节和各篇章（节）学时分配

总学时	布置任务	开展研究	中期检查	活动总结
32	3	22	3	4

五、本课程采用的教学方法和教学手段

本课程采取课堂教学（布置任务和活动总结）和课下指导相结合的教学方式。

指导教师充分利用电子邮件、教学信息网、多模式教学网等现代教学手段监督学生的调研过程。

六、教材及教学参考资料

暂无，即时布置。

七、本课程的考核方法及成绩评定标准

本课程的成绩认定以学生所提交的调研报告为准，成绩分为及格和不及格两个档次，被评选为优秀调研报告的（上课总人数的20%）颁发“思想政治理论课实践课程优秀”证书。

八、关于其他问题的说明

本课程本学期开设两个课堂，课程总人数不超过300人。

选课时间在本学期第4周；开课时间在本学期第5～14周。

指导教师：

上课时间：

上课地点：

大纲撰写人：

大纲审阅人：

系负责人：

学院负责人：

制定（修订）日期：2010年12月

课程编码：实04

课程名称：思想政治理论课实践教学——校内调研

课程学分：2学分

课程学时：32学时

适用专业：全校本科生

教学大纲

一、教学性质与目的

本实践教学环节通过组织学生在学校内开展调研，使其认识大学生活特点，逐渐适应大学生活，并提高相应的道德修养和法律素质。校内调研的实践既要为学校从整体上把握我校大学生道德素养和法律素质的基本状况提供数据性的参考，同时也要为本教研部教师的教学科研提供素材性的资源。

二、教学内容与要求

调研主题		可选子题目和具体内容	所涉及的教材内容
大学生生活状态调研	学习生活	大学学习生活状态的调研：如学习态度、学习理念和学习风气等	大学生活的问题
		大学生读书状况调研	
	日常生活	大学日常生活状态调研，如生活节奏、生活能力和生活压力等问题	
		大学生家庭生活状况调研	
		大学生消费观念调研	
大学生理想信念状况调研		大学生理想信念状况调研	理想信念的问题
		理想信念与大学生成才的关系	
大学生爱国主义调研		大学生的爱国心理与情绪	爱国主义的问题
		对于自己家乡发展状况的调研	
		结合每个学期发生的比较重大的国际、国内事件所开展的调研	
大学生人生观调研		“我的昨天、今天与明天”——大学生人生阅历及人生规划调研	人生观的问题
		列举几种典型的人生观并调研其在同学之中所占的比例及其分析	
		人生目的、人生态度和人生价值的调研	
大学生心理健康状况的调研		心理健康状况调研	人生环境的问题
		大学生心理健康知识掌握情况的调研	
		大学生心理问题解决途径的调研	
大学生人际关系状况调研		人际交往状况、人际交往中的障碍，如何克服等	人生环境的问题
		大学生的宿舍关系的问题	
		大学生与周边环境	
大学生科技（道德）素养状况调研	科技道德素养	大学生网络文明的调研	人生环境的问题
		大学生环保意识状况的调研	
		大学生学术研究状况的调研	
	科技素养	现代媒体素养：运用电脑和手机等现代信息交流工具状况的调研	社会公德的问题 适应大学生活的问题
		大学生与大众媒体，如广播、电视、报纸等	
		大学生与电子（网络）游戏	

续表

调研主题	可选子题目和具体内容	所涉及的教材内容
大学生道德观调研	校园文明调研：寝室、课堂、教室及其他公共场所的行为表现等	道德修养的问题
	大学生怎样看待传统道德	
	大学生怎样看待社会主义道德	
	大学生怎样看待公民道德	
大学生恋爱观调研	大学生婚恋观念调研	婚恋观的问题
	恋爱的道德问题，如恋爱文明的问题	
大学生就业观调研	大学生就业现状调研	就业问题 职业道德的问题
	大学生就业预期和就业心理调研	
	大学生就业道德调研	
	大学生勤工助学情况调研	
大学生法律素质调研	法制观念、法律基本常识的掌握程度	法律基础
	对于日常法律事件关注的程度	
	大学生维权现状调研	

三、本课程与其他相关课程的联系与分工

与“思想道德修养与法律基础”课程直接相关，处于修读该课程期间或者修读完该课程的同学可以修读本实践教学环节。

四、课程各教学环节和各篇章（节）学时分配

总学时	布置任务	调研	中期检查	活动总结
32	3	22	3	4

五、本课程采用的教学方法和教学手段

本课程采取课堂教学（布置任务和活动总结）和课下指导相结合的教学方式。

指导教师充分利用电子邮件、教学信息网、多模式教学网等现代教学手段监督学生的调研过程。

六、教材及教学参考资料

暂无，即时布置。

七、本课程的考核方法及成绩评定标准

本课程的成绩认定以学生所提交的调研报告为准，成绩分为及格和不及格两个档次，被评选为优秀调研报告的学生（上课总人数的20%）颁发“思想政治理论课实践课程优秀证书”。

八、关于其他问题的说明

本课程本学期开设两个课堂，课程总人数不超过300人。

选课时间：本学期第1～3周；

开课时间：本学期第5～14周

指导教师：

授课时间：

地点：

课程进度表：

1. 第5周：布置任务
2. 第6周：提交策划书
3. 第7～9周：设计、提交调查问卷
4. 第10周：印刷调查问卷
5. 第11～13周：发放、回收调查问卷，撰写调研报告
6. 第14周：召开总结会

教师联系方式：

大纲撰写人：

大纲审阅人：

系负责人：

学院负责人：

制定（修订）日期：2010年12月

四、本章小结

高校思想政治理论课课程方案是在全国范围内普遍适用、必须执行的方案。因此，高校思想政治理论课教学改革和“05方案”的实施具有统一性。在高校思想政治理论课教学中，各高校以思想政治理论课建设标准为指导，以建设工程为抓手，以师德建设为核心，以提升水平为重点，以学

科建设为依托，以体制机制为保障，全面推进教学及教学管理工作，逐步实现“真心喜爱、终身受益、毕生难忘”的课程建设目标。

围绕课程建设目标，各高校在思想政治理论课教学改革中既不断地更新教学理念，也在实践探索中取得了一定的成绩和经验。成绩和经验具有阶段性特征，因此，总结成绩和经验是为了更好地推进高校思想政治理论课教学改革的实践。

教学理念，亦即教育理念，它所关注的核心问题是教育目的的问题，或者说是将受教育者培养成什么样的人的问题。高校思想政治理论课各门课程的共同的教学目的是坚持育人为本、德育为先、能力为重、全面发展，着力增强学生服务国家服务人民的社会责任感、勇于探索的创新精神、善于解决问题的实践能力，努力培养德、智、体、美全面发展的社会主义建设者和接班人。正是这一教学目的，把高校思想政治理论课与其他知识性学科课程区别开来，并要求它摈弃从理论到理论、从书本到书本的教学模式，从而切实推进高校思想政治理论课教学改革的实践。这也涉及高校思想政治理论课的价值维度和价值评判问题。高校思想政治理论课的价值可以从个体价值和社会价值两个维度进行剖析和评判。[1] 就个体价值而言，思想政治理论课有助于引领大学生走向正确的政治方向、激发他们的精神动力、塑造个体人格、调控他们的行为。也就是说，思想政治理论课教学在实现人的全面发展中具有导向价值、提升价值、塑造价值、激励价值、调适价值等。就社会价值而言，思想政治理论课教学有助于培养一代又一代大学生的社会责任感和历史使命感，最大限度地发掘人的主观能动性，为全面建成小康社会和推进社会主义现代化建设提供强大的智力支持、人才资源和精神动力。

理念引导实践。在21世纪初的教学改革中，特别是实施“05方案”的过程中，各级教育主管部门和各高校着力解决课程建设和教学工作中的机构设立问题、课堂教学质量问题、队伍建设问题、科学研究问题、形势与政策教育问题等；着力推进教学内容和教学方法的改革，明确教育教学的主要内容和重点内容，大力改革教学方法；着力加强师资队伍建设和马克思主义理论学科建设，探索实施项目带动计划、教师表彰计划、教师择

[1] 王伟：“论我国思想政治教育价值问题的研究现状”，载《科教文汇》2008年第8期。

优资助计划等；着力推进管理工作，加大建设标准检查工作力度，建立教学评价体系，开展教学效果评价，充分发挥教育主管部门和高等学校在思想政治理论课建设中的主动性和积极性。同时，由于具体条件有别，各高校思想政治理论课建设在教学改革和相互借鉴中也逐渐形成了自己的特色，并因而使思想政治理论课蕴含着无限的生机和活力。

第五章 深化高校思想政治理论课教学改革的对策

高校思想政治理论课教学改革是一个动态的过程，只有进行时，没有完成时。“05 方案”实施以来，国际国内形势和环境进一步发生着深刻的变化，高校思想政治理论课建设逐渐面临着一些新的问题和困难，教学状况在某些方面还差强人意，这同样是高校思想政治理论课面临的严峻挑战。分析这些困难和问题的成因，进一步思索深化教学改革的对策，把握高校思想政治理论课教育教学的走向，加强其针对性和有效性，充分发挥高校思想政治理论课的功能，诸如理论教育的功能、人性教育的功能、政治教育的功能、信仰教育的功能等，持续提高高校思想政治理论课教育教学质量，仍然是一个极其重要的理论课题和实践课题。

一、高校思想政治理论课教学改革存在的主要问题

从高校思想政治理论课“05 方案”的实施和教学改革持续推进的维度来看，育人为本、德育为先的理念在一些高校还没有得到完全落实，有的高校对思想政治理论课不是足够重视，学时安排存在着实际上不到位的现象；有的高校教师缺乏探索和尝试新的教学方法的积极性、主动性，教学方法不够丰富生动，思想政治理论课针对性、实效性和吸引力、感染力不强，教学效果有待于进一步增强；有的高校思想政治理论课教育教学工作队伍保障激励机制还不健全，等等。

高校思想政治理论课教学改革中，不同程度地存在着一些问题和负面倾向，主要表现在以下方面：

1. 高校思想政治理论课地位偏低。“05 方案”实施以来，从中央到地

方以及高校各级领导和任课教师，普遍提高了对高校思想政治理论课的认识和重视程度。但是，在涉及诸如人力资源配、职称评定和聘任、经费支持甚至课程安排等具体问题时，仍然存在不少问题和难题，从而表现出思想政治理论课地位偏低的倾向。有些高校尽管制定了关于加强和改进思想政治理论课教学工作的文件，出台了不少保障措施，但真正落到实处且持之以恒并不是易事。

从高校领导层面来看，囿于学校定位，有人认为思想政治理论课不是学校的主流课程，对学校提升层次和水平、打造知名度和影响力不会产生太大的影响，因此不必投入过多的精力来研究解决思想政治理论课建设问题，从而不同程度地存在着表面重视、实际不重视的现象。譬如，不少高校对思想政治理论课建设经费投入偏少，教师特别是青年教师参加各种教研和科研活动以及课题立项和申报奖项的机会偏少，导致一些教师挂靠在相关专业院系从事其他学科领域研究，而不是把主要精力用在马克思主义理论研究领域，难以做到尽职尽责。思想政治理论课教师与专业课教师相比，职称晋升相对缓慢，教授人员比例、高层级教授比例偏低。少数高校思想政治理论课不仅不能优先排课，甚至做不到与专业课一样随机排课，而是把思想政治理论课排课时间段集中在下午和晚上。[1]

从教师层面来看，部分教师缺乏崇高的专业理想和专业道德，对思想政治理论课的地位、作用、功能心存疑虑，不能从系统的、全局的、宏观的、发展的角度去认识思想政治理论课教学工作的重要性。有些专业课教师对思想政治理论课教学缺乏正确认识，在专业教学中甚至有意无意地消解思想政治理论课的功能和作用。所有这些，都不同程度地制约着思想政治理论课主渠道、主阵地、主课堂作用的发挥。

2. 高校思想政治理论课教学目标定位偏失。高校开设任何一门课程，首先要明确课程的教学目标。高校思想政治理论课的开设，同样存在进一

---

[1] 2005 年 1 月 ~2011 年 9 月，我担任聊城大学教务处处长期间，在排课时，就实行了优先安排思想政治理论课的做法，但也多次遇到专业课老师的质疑："每天上午这么好的时间段，为什么要把思想政治理论课这样不重要的课程安排进课程表？"诸如大学英语、计算机等课程就较少遇到这样的质疑。我总是耐心解释：一是思想政治理论课与专业课和其他全校性公共课同等重要；二是思想政治理论课和其他全校性公共课程一样，都是全校各专业均须开设的课程，涉及面广，必须先行协调、先行安排。

步明确教学目标的问题。《中共中央、国务院关于进一步加强和改进大学生思想政治教育的意见》指出：“大学生是十分宝贵的人才资源，是民族的希望，是祖国的未来。”“加强和改进大学生思想政治教育，提高他们的思想政治素质，把他们培养成中国特色社会主义事业的建设者和接班人，对于全面实施科教兴国和人才强国战略，确保我国在激烈的国际竞争中始终立于不败之地，确保实现全面建设小康社会、加快推进社会主义现代化的宏伟目标，确保中国特色社会主义事业兴旺发达、后继有人，具有重大而深远的战略意义。”❶《中共中央宣传部、教育部关于进一步加强和改进高等学校思想政治理论课的意见》进一步指出：“马克思主义是我们立党立国的根本指导思想，是全党全国人民团结奋斗的共同思想基础。高等学校思想政治理论课承担着对大学生进行系统的马克思主义理论教育的任务，是对大学生进行思想政治教育的主渠道。”❷因此，我国高校思想政治理论课课程设置实行党和国家全面干预、统一规定的方式，有相应的统编教材、参考书及统一的课时规定。这对帮助大学生树立正确的世界观、人生观和价值观，弘扬和培育时代精神、民族精神，提高思想道德素养，最终引导大学生成为有理想、有道德、有文化、有纪律的社会主义新人，奠定了坚实的理论基础和制度保证。由此可知，高校思想政治理论课的教学目标就是要承担提高大学生理论素质和思想政治素质的任务。

但是，目前很多高校思想政治理论课教学实际与党和国家规定的教学目标之间存在着一定的差距。在现实的教学过程中，提高大学生理论素质和思想政治素质并没有真正成为所有高校思想政治理论课的教学目标。有的高校思想政治理论课教师只是为完成学校安排的工作特别是教学工作量、保证课时费而上课；有的高校思想政治理论课教师甚至把每周本应分散完成的教学工作集中在一两天完成；有的学生或者为考试成绩和规定的学业学分，或者为准备参加硕士研究生政治理论课入学考试而上课；有些高校的教务部门和教学督导也没有把思想政治理论课与提高学生理论素质和思想政治素质相联系，而只是作为一般性课程来管理。这就不同程度地出现

❶ 教育部社会科学司组编：《普通高校思想政治理论课文献选编（1949～2008）》，中国人民大学出版社2008年版，第202页。

❷ 教育部社会科学司组编：《普通高校思想政治理论课文献选编（1949～2008）》，中国人民大学出版社2008年版，第213页。

了党和国家开设高校思想政治理论课的目标与教师、学生、教务部门等教学活动和监督管理活动的主体之间的认识的偏移和错位，是高校思想政治理论课教学中普遍存在的问题。

3. 高校思想政治理论课教学主体缺位。首先，高校思想政治理论课教学中教师的缺位，既表现为教师队伍数量相对不足，同时也表现为整体素质有待进一步提高。

《中共中央宣传部、教育部关于进一步加强高等学校思想政治理论课教师队伍建设的意见》规定："各高等学校要根据专任为主、专兼结合的原则，按照学生人数以及实际教学、科研和社会服务的需要，合理核定专任教师编制，配备足够数量和较高质量的思想政治理论课教师。本专科思想政治理论课专任教师要总体上按不低于师生1∶350～1∶400的比例配备。""要以中班教学（每班100名学生左右）为主体，组织开展教学活动。"实际上，不少高校普遍存在着师资数量相对不足的问题，不少思想政治理论课教师的周学时数常年保持在12学时以上，除必要的教学研讨、集体备课、组织学习、批改作业外，许多时间都用于完成课堂教学和实践教学任务，没有将更多的精力用于自身的提高和发展上。

提高当代大学生的理论素质和思想政治素质，对高校思想政治理论课教师的整体素质有着很高的要求。但是，我国高校思想政治理论课教师队伍整体素质存在着一些问题，并有待改善和提高。第一，专业理论素养参差不齐，知识结构相对单一。有的教师学历不高，没有受过系统的思想政治理论教育；有的教师没有及时深化专业知识的学习，甚至没有下工夫研读相关的原著，理论造诣不深厚，不能显示出学科的特点，难以提升教学品位。在有些高校，思想政治理论课教师年龄普遍较轻，教学经验相对不足；兼职教师比重和年龄普遍较大，有的甚至是非专业出身，缺乏较为系统的理论知识和专业知识，因而影响和制约着教学质量的不断提高。第二，有的教师执教能力不强。有的教师缺乏教学基本技能的训练，缺少感情投入，教学感染力不强，不能引起学生共鸣；有的教师教学没有针对性，学生所关注的社会热点问题得不到释疑解惑；有的教师授课没有重点，语言平铺直叙，不能吸引学生；有的教师授课内容层次不鲜明，缺乏逻辑性，等等。第三，在经济全球化和市场经济的时代背景下，人们对物质利益的追求和对政治关注的淡漠直接影响教育对象对思想政治理论课存有质疑心理甚至逆反心理，并进而使得一些思想政治理论课教师尤其是青年教师对自己所教课程缺乏认同感，对自己所从事的职业缺少自信心和荣誉感。第四，在很多高校思想政治理论课教师队伍中，科研型、专家型教师较少，拔尖人才、创新人才较少，学科带头人匮乏，从而严重制约了教师队伍整体素质的提高。

其次，高校思想政治理论课教学中学生的缺位。理论素质和思想政治素质是大学生最重要的素质。理论素质和思想政治素质的培养、提高，主要是通过高校思想政治理论课的系统学习来实现的。但是，从受教育者方面来看，不少学生对高校思想政治理论课学习的重要性认识不足，缺乏学习的动力，参与意识薄弱，采取消极应付的态度。不少学生认为，思想政治理论课的内容与中学时期开设的社会、政治、历史等课程的内容有比较大的重复性，大学开设这些课程无非是出于政治的需要。部分学生受功利主义和实用主义的影响，把是否具有发展前途和对自己有用作为选择专业和学习课程的主要标准，因而把高校思想政治理论课作为不得已而修读的课程。他们认为，高校思想政治理论课不会给自己带来立竿见影的效果和直接的收益，与自己的专业学习和就业前途没有多大的关联度。毕业找工作时，用人单位只会关心专业课成绩或外语水平，不会关注学生思想政治理论课学习成绩。因此，没有必要花费大量的时间和精力学习思想政治理论课。在高校思想政治理论课教学过程中，学生基本上有四种态度：一是“全盘接受”，不动脑思考，上课不过是走个过场；二是“部分接受，部分质疑”，这些学生有的能主动找老师探讨问题、抒发己见，有的则保留问题、心存矛盾；三是“完全排斥”，认为所学的内容与现实脱节，没有意义；四是充耳不闻，人在课堂，心在他处，要么睡觉，要么用手机上网玩游戏，要么学习外语等其他课程知识。前两种态度是部分学生对思想政治理论课教学的反映，后两种态度则存在于少数学生当中。这都使思想政治理论课很难达到对学生进行理论教育和思想政治教育的预期效果。受教育者在“场”对于教学活动的正常开展至关重要。“上课点不点名?”“这门课画不画重点、主要考什么内容?”等是部分学生对思想政治理论课经常关注的问题。2013～2014学年第一学期，我讲授“毛泽东思想和中国特色社会主义理论体系概论”课程的一个班，选课人数是116人，我曾对该班做过一次实验，上课前，我粗略清点一下，课堂上大约有90人。我发下两张白纸，请到课的同学签名（实际上就是考勤），于是，有一部分同学就开始用手机发短信，在两节课的时间里，陆续有学生进入教室，结果共有112名同学来到课堂上签到，有3名同学委托其他同学代为请假。每个学期最后几节课，学生到课率最高，几乎没有缺课的学生。由于对思想政治理论课缺乏学习兴趣，大学生显性逃课和隐性逃课问题普遍存在，严重影响了高校思想政治理论课的教育教学效果。

4. 高校思想政治理论课教学方式、教学方法片面、陈旧。科学的教学方法，有利于实现高校思想政治理论课的教学目标。黑格尔认为，科学的方法“是知识范围内一切真正科学知识的灵魂”❶。但是，在高校思想政治理论课教学中，教学方式、教学方法缺乏针对性且陈旧，主要表现在：

第一，重教师，轻学生。引导学生参与到教学过程之中，充分发挥学生的积极性，形成教师与学生的互动，是最基本的教学方法。在教学活动中，起主导作用的无疑是教师。但是，忽视学生参与也是一种普遍存在的现象，具体表现为：高校思想政治理论课教学基本上是单向的理论灌输，教师主动灌，学生被动听；教师的“一言堂”贯穿于教学活动的全过程；学生没有发表自己建议和观点的权利和机会；强制学生接受抽象的结论，对学生主动探究、获取知识的主体能动作用视而不见、充耳不闻，甚至予以扼杀。教师和学生处于不平等的地位，教师的思维霸权、知识霸权、语言霸权有意无意地，然而却强烈地挤占着学生自身建构的空间，教师是课程学习的唯一主动者和设计者，是课堂教学的唯一“表演者”和权威。教师利用各种信息资源和采用各种教学手段是为了支持“教”，而非支持“学”，不是把学生当作活生生的有思维的个体存在，而是抹杀学生主体和个性的存在。

第二，重理论，轻实践。高校思想政治理论课是一门理论性、政治性很强的课程，它比较抽象和枯燥，但是，它又是实践性很强的一门课程。理论联系实际是基本的要求。任何理论脱离实际，就会成为没有任何实际意义的空洞的说教。部分教师缺乏对学生的了解，缺乏对社会的了解，对改革开放和社会主义现代化社会实践缺少切身的感受和深度思考，因此，在高校思想政治理论课教学中，难于联系学生实际和当前国际国内形势的

---

❶ ［德］黑格尔：《小逻辑》，贺麟译，三联书店1954年版，第188页。

实际，对理论问题进行深入浅出的分析和讲授。这源于部分高校教师虽然身在当代社会，但却远离社会实践：他们的成长轨迹基本上是小学—中学—大学—研究生—高校；他们的工作轨迹基本上是家庭—课堂；他们的思维逻辑轨迹基本上是书本—书本。

第三，重形式，轻内容。当代大学生正处于生命力极其旺盛的时期，且充满想象力和活力，因此，高校思想政治理论课教学应是充满活力的动态过程，并通过动态的教学方法使其教学目标得以实现。教学方法和教学手段的与时俱进是教学目标得以实现的保障。传统的教学方法和教学手段有其合理的一面，但是，它越来越不能适应信息化时代教育发展的要求，尤其是作为属于人文社会科学领域的思想政治理论课，传统的教学方法并没有与教学手段的现代化同步改进。过去，一个老师、一本书、一支粉笔就是整个课堂；教师备课认真、讲课内容丰富、条理清晰成为衡量教学效果的重要标志。在多媒体教学手段的运用中，原本更有利于启发式教学、案例式教学等教学方法的运用，但是，并不少见的现象是：一个老师、一个课件、一张屏就是整个课堂，教师在课前制作课件，上课时充当“电脑操作员”，对学生进行“机灌”，从“照本宣科”演变为“照屏宣科”。从实际情况来看，大部分课堂教学采用的仍然是单纯讲授的形式，有的教师有时也运用课堂讨论等多种方式，但还没有形成多元的、个性化的教学模式，没有真正做到教学内容、教学方法与多媒体等教学手段的有机统一。

5. 实践教学的持续发展遭遇困境。“05 方案”实施后，各高校加强了实践教学，开展了形式多样的实践教学，取得了明显的教学效果。但是，“在主观认识上仍然存在着一定程度的重理论，轻实践；重课堂，轻课外倾向，没能正确处理好理论教学与实践教学的关系，把实践教学看成课堂教学之外的辅助性工作，缺乏对实践教学的总体设计和指导”。[1] 同时，在高校中不同程度地存在着“应景式”社会实践和“保姆式”社会实践教学的现象。所谓“应景式”社会实践，就是响应中央或地方的政策号召或顺应舆论导向进行的社会实践，具有运动式、非制度化的特点，容易滋生敷衍

---

[1] 艾四林主编：《思想政治理论课新体系与教师队伍建设研究》，清华大学出版社 2008 年版，第 151 页。

的态度，甚至导致弄虚作假，例如有些学生开假实习证明欺骗校方。“保姆式”社会实践则是由学校和老师从头负责到尾的社会实践，不仅实习的时间、地点、计划、内容、方法、经费都由教师组织联系，而且在实践中也是教师唱主角儿，学生被动地按老师的安排和要求开展工作，在实践过程中无法展示自己的知识、能力、才华，培养独立创新能力更无从谈起，使社会实践流于形式。实践教学的持续发展存在着诸多困难。这一方面是因为实践教学的开展需要经费、实践基地、实践学时等诸多条件，需要学校各部门相互协调以及整个教学系统的支持；另一方面是由于实践教学条件有限，实践教学活动难以覆盖全体学生，特别是需要“走出去”的教学实践活动，更是受制于实践教学基地的条件的局限性。同时，实践教学对教师的综合素质和责任意识要求更高。在实践教学中，教师要承担多方面的角色，需要投入更多的精力，需要承担保证学生安全的风险。学校和教师在这方面的顾虑，也在很大程度上影响了开展实践教学的积极性和效果。

6. 高校思想政治理论课教学效果有待提高。教学地位偏低、教学目标错位、教学主体缺位、教学方法陈旧的结果，导致教学效果不佳。高校在思想政治理论课教学上的投入是很大的。实施“05 方案”，仅就基本教学课时而言，“思想道德与法律基础”课 48 学时，3 学分；“中国近现代史纲要”课 32 学时，2 学分；“马克思主义基本原理概论”课 48 学时，3 学分；“毛泽东思想和中国特色社会主义理论体系概论”课 64 学时，6 学分；“形势与政策”课每学期 4 学时，2 学分。此外，多数高校还有一定的实践教学课时。大学生总共要获得 16 学分，一般需要安排上课 224 学时，占大学生 4 年全部修读学分和修课学时的 9% ~10% 。这种制度性设计和安排，其目的在于提高大学生的理论素质和思想政治道德素质。从技术经济学的角度分析，投入与产出应是协调和匹配的。但是，高校思想政治理论课的投入与产出即实效性是有一定差距的。这种实效性表现在两个方面：一是学生是否真正接受和认可；二是是否与国家设置本课程的目标相吻合。

在不少高校，在思想政治理论课堂教学中，学生到课率和听课率不高，教师讲授系统的理论知识多，与经济社会发展特别是市场经济相联系的、具体的新信息少；课堂教学集中，接触社会和未来职业领域的社会实践少；课堂讲授中教师主导，忽视学生作为教育教学主体的地位；只顾理论灌输，很少启发学生；只重视理论说教，不注重对学生行为的引导，缺乏感情投入，难以用自己的人格魅力影响学生。因此，占用大量时间开设的课程，不能引起学生的共鸣，并被学生普遍、有效的接受，从而真正走进学生的心中。

但是，目前高校思想政治理论课教学中也存在另外一方面的情况，就是仅仅为了追求学生“喜欢”这种所谓的“实效性”，教师和学生把课程庸俗化、把理论低俗化，从而出现了一种非“实效性”，甚至是反效果的“实效性”现象。从教师的角度来说，尽管思想政治理论课教师的专业化水平越来越高，但仍有相当部分教师囿于自身认识水平，对思想政治理论课的本质把握不到位。他们把该课程同其他课程特别是自然科学课程相混淆，仅仅把课程作为知识型课程，只谈其科学性，而不谈其价值性；只作方法论探讨，不求世界观树立；只注重知识传授，不重视信仰树立；只注重人生技巧讲解，不重视人格培养；离开学生理论素质和思想道德素质的提高，学生想听什么就讲什么，有意无意地全面迎合学生，使教学内容市场化，这与课程的培养目标是脱节的，也是失效的。从这个意义上说，高校思想政治理论课教学有其特殊性，受学生“欢迎”的课也并不一定是好课。

在高校思想政治理论课教育教学改革过程中，也还存在着不容忽视的现象和亟待研究的问题。诸如：（1）在实现马克思主义理论体系转化为高校思想政治理论课课程体系、课程体系转化为教学体系、教学体系转化为大学生思想政治素质及综合素质体系，进而转化为大学生信仰体系和行动体系的过程中，依次要解决为什么教、为什么学、教什么、学什么、怎么教、怎么学以及知行统一的问题。大学之道，在明明德，在亲民，在止于至善。时代不同，问题不同，但道理是一致的。但是，有些思想政治理论课教师由于对这一系列转化的必要性和规律性认识不清，也还存在“不做转化”、“中断转化”、“随意转化”等错误态度和错误做法。（2）有些高校在教学管理中忽视思想政治理论课各门课程的内在关联性，也致使教师仅仅专注于根据自己所讲授课程的教学内容的组织教学和开展教学研究。各门课程固然各具特点，各有其培养目标，且都是相对独立的科学体系，但是这种分设单开的做法，既带来了思想政治理论课教学内容、方法、手段及实践环节上的重复、交叉现象，同时也造成了各门课程改革积极活跃、思想政治理论课整体建设乏力，从而在客观上、在一定程度上强行肢解了高校思想政治理论课课程体系，直接影响思想政治理论课整体育人功能的发挥，不利于思想政治理论课教学改革的整体、有效推进。（3）在教学方法、教学手段上，也还存在着脱离教学内容和目标的实际需要，在创新的同时带有过度技巧化的倾向。在教学方法上，为了方法而方法，常常引发专题不专、启而不发、探而无究、例而无力、讨而不论等形式主义做法。在教学手段上，有些教师过多使用甚至依赖多媒体教学手段，把辅助手段上升为主要手段甚至唯一手段，从照本宣科演变为照屏宣科，弱化甚至消解了教师引导学生思维的逻辑之美。（4）在教师素质建设上，也还存在着教师“重理论学术研究、轻教育教学研究”、“重学识魅力、轻人格魅力”的失衡现象。[1] 这既有教育主管部门和学校的政策导向问题，也有教学过程中教师自身和学生自身的实际问题。

二、影响高校思想政治理论课教学改革的因素

高校思想政治理论课教学改革是一项系统性工程，涉及社会环境、课程、教材、教师队伍、教学方法、学科建设等诸多方面，因此影响其作用发挥的因素也是多方面的。

1. 国际国内形势变化加快。从国际社会看，当今世界正在发生深刻复杂变化，和平与发展仍然是时代主题。世界多极化、经济全球化深入发展，文化多样化、社会信息化持续推进，科技革命孕育新突破，全球合作向多层次全方位拓展，新兴市场国家和发展中国家整体实力增强，国际力量对比朝着有利于维护世界和平方向发展，保持国际形势总体稳定具备更多有利条件。同时，世界仍然很不安宁。国际金融危机影响深远，世界经济增长不稳定，不确定因素增多，全球发展不平衡加剧，新霸权主义、强权主义和新干预主义有所上升，局部动荡频繁发生，粮食安全、能源资源安全、网络安全等全球性问题更加突出。特别是当今世界各种思想文化交流、交融、交锋更加频繁，西方发达国家凭借其经济、技术优势，不断向我国渗透西方的意识形态和生活方式，从而对我国高校思想政治理论课教学改革

---

[1] 宋吉玲：“高校思想政治理论课教学改革误区及对策初探”，载《思想政治教育研究》2011年第4期。

形成强烈的冲击。

从国内状况来看，进入21世纪以来，我国取得了一系列新的历史性成就，为全面建成小康社会打下了坚实基础。我国经济总量从世界第六位跃升到第二位，社会生产力、经济实力、科技实力和人民生活水平、居民收入水平、社会保障水平以及综合国力、国际竞争力、国际影响力都迈上一个大台阶，国家面貌发生了新的历史性变化。但是，经济社会发展中还存在不少矛盾和问题，主要是：发展中不平衡、不协调、不可持续问题依然突出；经济增长下行压力和产能相对过剩的矛盾有所加剧；企业生产经营成本上升和创新能力不足问题并存；财政收入增速放缓和政府刚性支出增加的矛盾凸显；金融领域存在潜在风险；产业结构不合理，农业基础依然薄弱；经济发展与资源环境的矛盾日趋尖锐；城乡、区域发展差距和居民收入分配差距较大；社会矛盾明显增多，教育、就业、社会保障、医疗、住房、生态环境、食品药品安全、安全生产、社会治安等关系群众切身利益的问题不少，部分群众生活困难；制约科学发展的体制机制障碍较多；政府职能转变不到位，一些领域腐败现象易发、多发。这些问题，有些是长期积累的，有些是经济社会发展过程中出现的，有些是政府工作中的缺点和不足造成的。这些发展中的新问题也对高校思想政治理论课教学改革提出了新的要求。

不少教师和学生提出，教师在课堂上运用理论的逻辑虽然能够把问题讲清楚，学生听后也觉得很有道理，但是一遇到社会现实的负面问题和现象，就感到说服力不强，教学效果就会消减。这就需要引导高校师生树立主流思想，正面宣传改革发展成就，用社会主义核心价值体系、社会主义核心价值观统一大学生思想，首要的就是要求思想政治理论课教师要真懂、真信、真用马克思主义，不断提高政治素质，了解时势变化以及党和国家的政策，了解意识形态和思想政治教育工作。这也有一个认识问题的方法论问题，譬如全面与片面的关系问题，主流与支流的关系问题，当下与长远的关系问题等。

2. 教育教学理念相对落后。观念和理念的培育在高校思想政治理论课教学改革中居于主要的或核心的地位。高校思想政治理论课教学活动的主体缺少现代化的教育理念，在很大程度上影响和制约着高校思想政治理论课建设和教学改革及其有效性。

首先，“以人为本”的理念仍需强化。高校思想政治理论课教学坚持以人为本，就是要树立以学生为本的教育理念，坚持思想教育的人性化、平等性、主体性、生活性、针对性、实效性。要确立以教师和学生为本的教学管理理念，在处理管理者与教师的关系时以教师为本；在处理教师与学生的关系时以学生为本。当前，在我国高校思想政治理论课教学中，存在未能实现由教师本位向学生本位的转变，以学生为本没有落到实处；在教学管理上，未能实现由管理本位向教师本位的转变，以教师为本没有落到实处等问题。

其次，批判性思维仍需培育。批判性思维是当今世界教育教学改革的一大趋势。高校思想政治理论课批判性思维教学，是培养学生适应信息时代具有鉴别能力的需要，是培养学生创新精神的需要，是教师完成教学任务的需要。马克思主义的批判性本质和大学生思维的批判性特点，为高校思想政治理论课批判性思维教学提供了可能。在教学中，通过倡导思想解放、鼓励质疑、指导反省和提高重建等环节来加强对所学知识的理解和创新，从而使学生理解、掌握、信仰马克思主义。原有的和现有的高校思想政治理论课教学，在一定程度上存在忽视学生的批判性、积极性和创造性的现象和做法，实施“05 方案”需重新定位教师的角色，进一步转变教学策略，运用案例教学、启发式教学、谈话教学、学导式教学等教学方法。

再次，师生互动教学模式仍需完善。高校思想政治理论课教学要走出困境，在重新认识理论灌输的必要性和重要性的同时，引入对话机制，探索实施师生交互主体性或师生互主体的教学模式，把教育教学活动视为师生共在（教学现场）共构（教学情境）、互通（双向沟通）共通（对教学文本意义之共识性理解）的行为。通过师生互动的有效沟通，使学生自觉接受理论灌输，并通过实践深化对理论的理解，将所学理论内化为自己的思想观念，外化为自身的行为，从而做到“深学、深知、深究、真信、真情、真用——激发、诱发、开发、交流、交锋、交心——形动、心动、行动、共振、共享、共进”的逻辑递进。[1]

---

[1] 江洪明：“主体间性视阈下的高校思想政治理论课教学”，载《鞍山师范学院》2008 年第 1 期。

最后，高校思想政治教育理论应与社会转型同构。高校思想政治教育理论应及时关注社会新问题、真问题、大问题，坚持主导性和多样性，提倡民主性与主体性，坚持政治性与意识形态性，注重理论性与思想性，并实现其统一性。

3. 课程定位存在偏差。首先，把高校思想政治理论课仅仅理解为知识性课程的偏差。冯友兰曾经说过，高校有两类课：一类是使人作为人、成为人；另一类是使人成为某种人。它是两种学问、两种课。[1] 高校开设的各种专业课应该属于“使人成为某种人”的学问的载体。这是重要的。高校开设的使人“成为人的学问”则是教育本质的载体，而高校思想政治理论课就是使人“成为人的学问”的载体。这是更重要的。高校思想政治理论课的基本任务是使大学生掌握马克思主义的基本立场、观点和方法，树立正确的世界观、人生观和价值观，全面提高其思想政治素质、品德素质、心理素质和文化素质，使其成为具有现代素质的社会主义合格公民。这既是高校思想政治理论课教学的本质定位，也是确定高校思想政治理论课教学的逻辑前提。高校思想政治理论课不是一般地向学生传授知识的公共课，而是思想性、政治性、政策性很强的理论课，是塑造大学生灵魂的课程。高校思想政治理论课教学的特殊效益性，决定了应该始终对高校思想政治理论课教学有一种忧患意识、阵地意识、历史使命感及责任感。

其次，把高校思想政治理论课仅仅理解为工具性课程的偏差。高校思想政治理论课为各种考试（包括期末考试、公务员考试、研究生入学考试等）而设、为各种考试而教、为各种考试而学，这种认识是很普遍的现象。在高校思想政治理论课教学改革实践中，有些学生甚至教学管理部门和教师也往往不能深刻理解课程开设的意义，不能用长远的战略性的眼光看待课程对培养学生成长、成才的意义，只是作为实现某种眼前利益目标的工具。在把高校思想政治理论课实用主义化的情况下，大学生尽管通过了各种考试，但是，对本应了解和掌握的基本的思想政治理论知识依然欠缺，对国家和社会的发展态势依然时常感到迷茫。面向世界，面向未来，放眼我国作为现代化大国崛起的前景，公民的基本理论素质和思想政治素质极其重要，在一定意义上甚至可以说是决定21世纪中叶能否实现现代化的关

---

[1] 转引自：“高扬马克思主义旗帜　发挥咨政育人作用”，载《新华日报》2006年6月2日。

键。高校开设思想政治理论课的目的和意义就在于此。

4. 教育改革相对滞后。改革开放30多年来，特别是21世纪初的10余年来，社会主义市场经济体制的建立，政治文明的发展，信息化速度的加快，促使人们的民主意识日益增强，主体意识逐步觉醒。这种发展与高校教育体制仍然没有摆脱的“官本位”发生矛盾，它严重阻碍教学主体的主体意识发挥。而缺少民主的教育环境，作为教学主体的教师和学生就没有话语权，只能在僵化的教育体制下俯首听命，从而与思想政治教育的本质相违背。思想政治教育的本质，在于唤起教育对象的主体性及民主理性，在于促进人的自我教育能力的提高。但是，思想政治教育并没有充分涉及这方面的内容，以致教师教学动力不足，教育对象普遍缺乏学习动力，态度消极，教学实效性差。这使得国家意志（包括学校和教师的意志）与学生意志不够一致，难以形成强大合力，没有能够唤起教育主体的主体性及自我教育热情。

在这种背景下，高校缺少思想政治理论课创新的制度环境。首先，缺乏尊重、保护、鼓励和发展思想政治理论课课堂教学创造性的制度。现行以学科知识为核心的教学计划和以知识管理为目标的课堂教学制度，导致思想政治理论课课堂教学缺少创新性。在这种计划和制度下，学生们不需要形成和提出自己的问题；不需要就某个问题发表自己的意见；不需要就某个问题进行同学之间的讨论；师生之间也缺乏真诚与平等的对话；教学时间和空间被分割成无数的小单位，每个单位都预先为师生设置了任务，没有个性化选择的自由，等等。其次，缺乏有效的创造性教学评价标准。教学评价在教师和学生行为的塑造方面有着重要的导向作用。有什么样的高校思想政治理论课教学评价标准，就会产生什么样的教学行为。现行的高校思想政治理论课教学评价标准，在目标上，以知识为核心，着重检查某些知识的组织、传递、理解、运用和再现情况；在方法上，以量化为手段，着重检查师生教学目标达成方面的结果，忽视师生双方取得这些结果的过程；在内容上，面面俱到，着重检查师生对某类知识掌握的完整性、系统性和准确性。这种评价体系将整个教学生活引导到统一化、标准化和程式化的轨道上来，这是非常重要的。但是，在评价活动中则又难以凸显个体的创造性，并给个体独特的理解、阐释、表达以及策略的寻求留下必要的时间和空间。

5. 课程管理相对松散。高校对思想政治理论课管理比较松散是一个普遍现象。从体制上看，绝大部分高校独立设置了马克思主义学院、思想政治理论教研部，基本形成了学校党委直接领导、教学机构独立运行、教研活动独立开展的管理体制，但是，在一些高校，特别是工科院校，思想政治理论课教育教学并没有真正从边缘地带走向中心的位置。从机制上看，制度缺失的现象还比较严重，对思想政治理论课的教育教学工作还缺乏一套有效的评价标准与激励约束机制，思想政治理论课教师的积极性、主动性、创造性还得不到有效的发挥。从教学组织上看，课程的教育教学工作缺乏前瞻性和计划性，教学管理的规范性、科学性有待进一步提高。从教学实践上看，教学实践的安排还存在不少困难，稳定的社会实践基地还比较缺乏，教学实践活动同课程要求之间还有相当大的差距。

6. 学科建设和课程研究相对迟缓。从学科建设上看，思想政治理论课的研究工作没有受到足够的重视，有的学校还没有将其纳入重点学科、精品课程进行建设，在各级各类课题立项中，思想政治理论课所占的比例不高，尤其是在一些层次比较高的课题申报过程中，思想政治理论课的课题往往缺乏应有的实力和竞争力。从教学研究上看，存在重学科研究、轻教学研究的现象，诸如对学生认知方式的研究、接受规律的研究、价值取向的研究不够深入，对课程教学方法的改进性研究、教学效果的评价性研究、教学改革的实验性研究、教学内容的实效性研究不够系统等。

三、深化高校思想政治理论课教学改革的对策

关于社会历史发展，恩格斯曾提出著名的“合力论”思想：“历史是这样创造的：最终的结果总是从许多单个的意志的相互冲突中产生出来的，而其中每一个意志，又是由于许多特殊的生活条件，才成为它所成为的那样。这样就有无数互相交错的力量，有无数个力的平行四边形，由此就产生出一个合力，即历史结果。”[1] 恩格斯的这一思想，对高校思想政治理论课“05 方案”的有效实施和教学改革同样提供了有益的方法论指导和现实性启迪。

---

[1] 《马克思恩格斯选集》（第 4 卷），人民出版社 1995 年版，第 697 页。

2005 年，《中共中央宣传部、教育部关于进一步加强和改进高等学校思想政治理论课的意见》提出了明确要求和具体措施，即必须充分认识新形势下加强和改进高校思想政治理论课的重要性；必须全面把握加强和改进高校思想政治理论课的指导思想和总体要求；必须大力推进高校思想政治理论课的学科建设；必须不断完善高校思想政治理论课的课程体系；必须抓紧组织编写高校思想政治理论课教材；必须切实改进高校思想政治理论课教育教学的方式和方法；必须努力造就一支高素质的高校思想政治理论课教师队伍；必须切实加强和改进党对高等学校思想政治理论课的领导。[1] 2006 年，教育部召开全国高校思想政治理论课管理工作会议。会议提出，高质量实施高校思想政治理论课新课程方案，是一项十分复杂的系统工程。这仍然是高校思想政治理论课课程建设的基本指导思想和教学改革的出发点。但是，面对 21 世纪以来特别是高校思想政治理论课“05 方案”实施以来出现的新问题，在全面分析影响和制约因素的基础上，必须进一步提出深化教学改革的新思路和新对策，以课程建设标准为指导，以建设工程为抓手，以加强师德建设和提高教师业务水平为中心，坚持“建、管、改”多维度并举，形成“合力”，切实提升课程的针对性、实效性和吸引力、感染力。

1. 以科学发展为指导，进一步提高对高校思想政治理论课建设重要性的认识，增强责任感和使命感。

认识是行动的先导，没有正确的认识，就没有正确的行动。提高思想认识是推进高校思想政治理论课建设和教学改革的重要前提和基础。作为大学生思想政治教育的主渠道、主阵地、主课堂，高校思想政治理论课是大学生必修基础课，但又不同于其他基础课。“马克思主义基本原理概论”、“毛泽东思想和中国特色社会主义理论体系概论”、“中国近现代史纲要”、“思想道德修养与法律基础”等课程，实际上包含着“哲学”、“国史”、“法律”和“修身”四个领域的内容。教育部部长袁贵仁曾提出，各高校领导一定要充分认识到思想政治理论课在帮助大学生树立正确的世界观、人生观、价值观方面具有不可替代、不可忽视的重大作用。各高校主

[1] 教育部社会科学司组编：《普通高校思想政治理论课文献选编（1949～2008）》，中国人民大学出版社 2008 年版，第 213～217 页。

要领导要按照懂政治的教育家标准来要求自己，重视思想政治理论课建设。实际上，在任何一个国家的教育中，都非常重视对这些领域教学内容的规定性和规范性。

在美国高校，对大学生进行的“公民教育”和“政治社会化”，实际上相当于我国的思想政治教育。美国高校设置了五种课程：一是哲学课，引导学生认识和思考世界与人类社会发展的基本规律；二是历史课，以爱国主义教育为主；三是政治学方面的课程，包括美国总统制、欧洲政治思想、美国政治生活中的道德问题、政治与社会制度等；四是人文社科类课程，如伦理学、宗教、男女平等理论与妇女运动等；五是职业道德教育类课程，医学院、法学院、商学院等都开设与其专业相应的伦理学课程。在课堂教学中，这些课程巧妙地灌输和渗透着爱国主义精神、资产阶级个人主义价值观以及资产阶级自由、平等、民主、“好公民”等思想。所谓“好公民”的标准，就是爱美国、爱美国的社会制度、遵守美国的法律、履行宪法规定的公民义务。从实际操作来看，美国大学的课程设置大都把“哲学”、“国史”、“法律”、“修身”等置于通识教育模块。譬如，哈佛大学的通识课程中就设有“道德推理”模块；布朗大学的通识课中设有“道德与责任”模块；哥伦比亚大学的“人文与社会科学”模块中设有“政治学”、“哲学”、“宗教”、“社会学”等课程，并作为学生的必选课；在公立的加州大学伯克利分校，“美国历史与政府”和“美国文化”都是必修课；耶鲁大学设有“人类学”、“政治学”、“社会学”、“心理学”等课程。以上这些课程的教学内容和讲授过程，都有对西方价值观的领悟、维护、传授和传播。

在日本高校，思想政治教育课程设置各有特色，但其“一般教育课程”、“教养教育课程”、“共通教育课程”等，都具有我国高校思想政治理论课的课程性质。譬如，东京大学思想政治理论课课程的设置主要是在“前期课程”教育中体现的，由教养学部负责实施，并构成了“东京大学的本质特色之一”。[1] 所谓“前期课程”教育，就是以全校一、二年级学生为对象的基础知识和思想政治等方面的教育。课程体系包括基础科目、综

---

[1] ［日］浅野摄郎等：《东京大学的变化——教养教育的挑战》，东京大学出版社2000年版，第13页。

合科目和主题科目三大类别。其中，综合科目主要由思想、艺术（A），国际、地域（B），社会、制度（C），人生、环境（D），物质、生命（E），数理、信息（F）等六大领域构成，集中体现了思想政治理论课课程的特点。同时，它还对文、理科学生修读综合科目课程的学分作出了具体规定。与国立大学思想政治理论课课程设置的计划性、系统性的特点不同，作为私立大学，早稻田大学在思想政治理论课课程设置上表现出自主性、独立性的特征。早稻田大学虽然没有设立面向全校学生的统一的、必修的思想政治理论课课程，但是各学部都设有学部共同课程，即思想政治理论课课程。它的教育学部开设的共通科目包括必修课程和选修课程。其中，必修课程有环境学、地球学、生命学、媒介学、语言交流学、现代文化演习、现代社会演习等，几乎都涉及思想政治教育的内容，实际上就是思想政治理论课；带有思想政治理论课课程性质的选修课有现代社会与现象、异文化交流、网络伦理、现代思想、伦理学概论、应用伦理学、现代史研究、国际关系论、比较文化研究、教育哲学等。譬如，创价大学就是一所非常重视思想政治教育的学校。创价大学的创立者池田大作提出，创价大学的建校精神是“人本教育的最高学府，新文化建设的摇篮，守护人类和平的要塞”。创价大学将“全体的人”和“创造性的人”作为通识教育的目标，并围绕这个目标展开了“以人为本”的通识教育。创价大学的通识课程名称，称为共通科目，具体内容见表5－1[1]：

表5－1　创价大学的共通科目设置

部门	科目群	科目名称	课程名称	学分	履修学分	履修年级
共通基础	大学科目	人间论教育	人间教育与创价大学	2	10	1～4
			人间教育与人间理解	2		1～4
		21世纪文明论	21世纪文明论A	2		1～4
			21世纪文明论B	2		1～4
		大学论	大学史中的创价大学	2		1～4
	共同基础实践	共同基础实践	共同基础实践Ⅰ—Ⅳ	2	2	1～4

[1] 转引自倪愫襄：“创价大学‘以人为本’的通识教育”，载《文化学刊》2010年第2期。

续表

部门	科目群	科目名称	课程名称	学分	履修学分	履修年级
共通综合	人生×历史×思想	哲学	西方思想入门 a b	4	6	1~4
			东洋思想入门	2		1~4
		伦理学	伦理学入门	2	2	1~4
		历史	日本史入门	2	6	1~4
			东洋史入门	2		1~4
			西洋史入门	2		1~4
共通综合	文化×社会×生活	法学入门	法律与人生	2	8	1~4
			人的尊严与人权	2		1~4
			国际社会与法	2		1~4
			劳动关系与法	2		1~4
		法学概说	法学概说 a、b	4	4	1~4
		日本国宪法	日本国宪法	2	6	1~4
		经济学	价格与市场	2		1~4
			国民所得	2		1~4
			国际贸易	2	2	1~4
		政治学	政治学入门	2	10	1~4
			西方政治思想	2		1~4
			日本的政治	2		1~4
			比较政治	2		1~4
			福利政策	2		1~4

在法国高校，自20世纪80年代以来，“造就责任公民”就是思想政治理论课程的目标。它以提高公民素质为核心，以道德教育为基础，以人文教育贯穿始终，不断强化大学生的政治认同，增强其社会归属感。法国高校思想政治理论课程实施，是在教师、学生和社会力量共同参与下通过多种渠道、以多样方式实现的。法国高校虽然没有专门的思想政治工作队伍，但是教师的整体素质还是比较高的，其中有大量的心理学家、社会学家、教育学家和行为科学工作者。通过课堂教学讲授系统知识，仍然是思想政治理论课教学的主要方式，同时，在教学中也采用现代教学方法，如道德

认知发展法、价值澄清法、文化传递法、情景模拟法等。具体来说，主要有体现先贤智者深刻思想的说理教育，师生之间的启发式交流对话、学生之间的辩论和质疑等。在教学中，既注重各学科互相配合，把抽象的理论融入鲜活的文化教育、历史知识传授，又注重结合各专业的特点、针对学生需求的差异性，其教学内容具有很强的方向性和针对性。譬如，工程师学院的课程教学注重探讨"工程师和企业"，涉及工业发展和环境保护问题，尊重和保护知识产权问题，提升企业文化、加强内部管理和沟通问题，在社会管理中如何体现和保护人的价值问题等，涵盖伦理学、法学、社会学和人类文化学等诸多领域。医学院的课程教学则注重探讨"医学伦理"，涉及堕胎、克隆人、安乐死、病人知情权、临终关怀等社会伦理和医生职业道德问题。法国高校还认识到，大学生的政治素养和道德品质不能仅通过思想政治理论课课堂学习、考试来培养，更需要在活动、实践中巩固提高，也就是通过社会实践和社区服务、学校社会团活动等，加强人际交往，开阔视野，培育爱心和互助精神，逐步构建价值观念体系，提高组织和社会活动能力，并使校内和校外行为一致，做到"知行合一"。

由上可知，在国外，高校思想政治理论课是通识教育的一部分，是整个大学育人课程体系不可或缺和非常重要的一部分，只不过是名称不同而已。国外大学进行思想政治教育，同样也不是课程体系之外的政治任务。

在"05 方案"中，除"中国近现代史纲要"外，"马克思主义基本原理概论"、"毛泽东思想和中国特色社会主义理论体系概论"、"思想道德修养与法律基础"等均为综合性课程。"马克思主义基本原理概论"包括马克思主义的三个主要组成部分。"毛泽东思想和中国特色社会主义理论体系概论"包含马克思主义中国化的两大理论成果，涵盖了马克思主义三个主要组成部分的重要内容，内容涉及政治、经济、文化、社会，革命、改革、发展、稳定，内政、外交、国防、党建，是一个博大精深的科学体系。"思想道德修养与法律基础"与其他高校思想政治理论课一起，构成进行公民意识教育的重要内容。《国家中长期教育改革和发展规划纲要（2010～2020 年）》强调，要"加强公民意识教育"，"培养社会主义合格公民"。公民意识教育，包括国史、国情，义务、责任、权利，道德、法律、修养，情感、态度、价值观等内容，而这些内容则大都涵盖在高校思想政治理论课程之中。因此，高校思想政治理论课承担着大学生成长、成才、成人的使命，体现了社会主义大学的本质要求。

随着国内外环境的深刻变化，随着高等教育大众化的深入推进，高校思想政治理论课面临的形势更为复杂。因此，必须从国家、民族和未来的高度，充分认识高校思想政治理论课建设和教学改革的重要性，不断增强新形势下加强和改进高校思想政治理论课建设和教学改革的责任感、使命感。

2. 以问题为导向，以创新为抓手，进一步推进高校思想政治理论课课程建设和教学改革，增强针对性和实效性。

在实施“05 方案”的过程中，各高校都根据自己的实际情况从不同维度进行思想政治理论课教学改革。改革没有统一的模式，譬如有关高校的财经类、政法类专业，在坚持教学基本要求的前提下，统筹、整合高校思想政治理论课相关课程的有关知识与某些专业的专业基础课的有关知识，这样，既能讲深、讲透教学内容，又能节约课堂教学时间。但是，改革却有一致的追求和目标，即在课程教学改革中促进课程建设。

人是教育的出发点，也是教育的归宿。一切教育都必须以人为本，以现代人的视野培养现代人，以全面发展的视野培养全面发展的人。“以人为本”是高校思想政治理论课教学改革的出发点和落脚点。教学改革，首要的是教学观念改革；而教学观念改革，首要的则是坚持以人为本，尊重学生的主体地位。其一，学生是价值主体。高校思想政治理论课的根本目的，是从政治上、思想上促进学生健康成长。因此，在教学中，既要坚持教育、引导和激励学生，又要尊重学生，立足学生实际，满足学生需要，坚持从学生关心的热点、难点问题出发，从为学生服务出发，贴近实际、贴近生活、贴近学生，帮助学生释疑解惑、排忧解难。其二，学生是自我教育的主体。教师不能把学生看作被动的受教育者，在教学中不能只是灌输、说教，而是要通过启发、引导学生学习、思考，培育学生的主体性，增强学生的主体意识，使学生有独立感悟、思考、探索的空间，变被动学习为主动参与，在主动参与的过程中获得自我教育和自我提升。教育的目的是育人，高校思想政治理论课肩负着更强的育人功能。只有在教学中尊重学生的主体地位，把学生看作自主的、能动的学习个体，尊重他们的独立人格、自身价值和思想感情，了解学生的思想实际，从学生的实际和要求出发，找准思想政治理论课和学生思想实际、成长成才要求、全面素质提高的最佳结合点，才能使教学有的放矢，从而调动学生的学习积极性，使学生学有所思、思有所悟、悟有所得，从而增强高校思想政治理论课教学的实效性。

增强高校思想政治理论课教学实效性的显著标志，是把统一的教材体系转化为生动的教学体系、信仰体系，把学生理论武装和思想修养提高转化为分析问题、解决问题的能力提升，这就需要在教学中实现由灌输向引导转变，由说教向渗透转变，由讲授向体验转变，由静态向动态转变，由抽象向生动转变，深入进行课程教学改革。这是因为，教材体系具有把握力的作用，即把握同一性，在理解教材意义的基础上，规定必讲的知识点；而教学体系具有建构力的作用，需要从更深层次挖掘理论深度，找出内在逻辑和体系。因此，每门课程要以问题为导向，注重突破难点问题，把握重点问题，反映热点问题，巩固知识点，精心设计教学体系。

高校思想政治理论课教学方式方法改进，主要是突出创新性，旨在增强针对性和实效性。高校思想政治理论课的实效性在于理论的说服力。离开与时俱进、理论联系实际，说服力就无从谈起。理论联系实际是一个常讲常新的问题，实践在不断变化，理论也在不断丰富和发展。高校思想政治理论课教学只有与时俱进，把握时代精神，找到理论和实际的契合点，才能增强理论教学的时代感和针对性，使理论教学贴近时代，贴近社会实际，贴近学生思想实际，满足学生的求知需要，激发学生的学习兴趣，调动学生的学习思维，开阔新视野，实现课程的教学目的。这也是思想政治理论课效果的检验标准。因此，高校思想政治理论课课程建设和教学改革，必须根据新形势、新情况，在内容、形式、方法上不断地进行创新和改进。教学方法决定着课堂教学的实际效果。建立课堂教学中学生的主体地位，注重发挥学生在学习中的主动性，积极推行启发式、探究式、讨论式、参与式、互动式、案例式等更加灵活、多样、有效的教学方法，激发学生的学习热情，推动学生知识、能力、素质协调发展。定期评选各级思想政治理论课“精彩一课”和“精品课程”，推广先进教学方法，促进优质教学资源建设和共享。同时，强化网络教学功能，重视发挥多媒体和网络等信息技术的重要作用，倡导在教学中使用新技术手段，实现教学手段现代化，利用校园网络进行教学、沟通、管理，把思想政治理论课教育教学空间延伸到课堂之外，形成网上网下教学互动、校内校外资源共享。因此，不断改革和创新教学方法，提高教学艺术和教学水平，对于提高高校思想政治理论课实效性有着重要的作用，甚至是决定性的作用。

改革考核方式，强化教学调控和评估。成绩考核是教学体系中的一个重要环节，是一种导向。考核是体现教学理念最明显的教学活动，它能起到强化高校思想政治理论课思想、规范高校思想政治理论课行为的作用。传统的教学和考核方式导致学生“上课记笔记、考试背笔记、考完全忘记”的现象。针对高校思想政治理论课教学重在理论教育、实践检验、提高学生素质的特点，为避免“一卷定终身”的弊端，应采取多样化、综合化、立体化的方式，全面地考评学生的学习情况。高校思想政治理论课的成绩考核，应从终结性评价转向注重过程和促进学生应用能力发展的形成性评价，从理论和实践两个层面对学生的思想政治素质进行综合考核，并确定成绩综合评定标准。例如，改革考核方法和途径，实行平时考查与集中考核相结合，在教学过程中渗透能力考核因素，通过笔试、自学笔记、心得写作、专题研究报告、参与教学活动情况，综合考核学生对所学内容的把握情况；改革考核内容和题型，密切结合社会经济发展的实际，较多地采用判断、辨析、材料分析等考核题型，着重考核学生理论联系实际的能力和水平，突出评价学生对社会认知和人生价值的思考，力求做到科学、客观、全面。总的来说，考核方式的改革，应以考核学生分析、解决问题的能力和树立正确价值观的状况为重点，以调动学生学习积极性为目的。

3. 进一步加强形势与政策教育，丰富高校思想政治理论课教学内容的背景知识和要求指向。

形势与政策教育是结合中国特色社会主义伟大实践，对大学生开展思想政治教育的重要内容和途径。“形势与政策”课是高校开展大学生形势与政策教育的主渠道，也是大学生获取相关信息的主要途径之一。“形势与政策”课在帮助大学生提高素质、开阔视野、增强责任感和使命感等方面具有不可替代的重要作用。同时，“形势与政策”课也丰富了高校思想政治理论课的背景知识和要求指向，二者相辅相成，互为依托，互相促进。在这方面，应力求避免形成长短板。

在当今世界和当今时代，我国必然要面临非常复杂的国际国内政治、经济形势。相应地，高校师生的思想状况也必然会出现许多新情况、新特点，因此，统一思想、凝聚共识的任务非常艰巨。各高校应结合师生思想实际和学校工作实际，结合思想政治理论课建设和教学改革实际，突出重点且持续关注不同时期的重点，诸如，加强《中华人民共和国国民经济和社会发展第十二个五年规划纲要》的宣传教育，解读“十二五”时期国民经济和社会发展的指导思想、总体思路、目标任务及重大举措，引导师生不断坚定对中国特色社会主义现代化建设的信心；加强《国家中长期教育改革和发展规划纲要（2010～2020年）》的宣传教育，牢牢把握坚持以人为本，全面推进素质教育战略主题，大力推进校风学风和师德师风建设，促进学校改革发展稳定；加强主旋律宣传教育，围绕组织宣传、贯彻落实中国共产党第十八次代表大会精神，在师生中唱响共产党好、社会主义好、改革开放好、伟大祖国好、各族人民好的时代主旋律；进行国际形势的分析解读，使师生在复杂的国际环境中更加坚定信念。通过邀请地方党政领导为师生作报告、组织学校领导和专家学者为师生作专题辅导报告、加强“形势与政策”课教学等各种方式，充分发挥各方面的积极性，注重利用各种教育资源，确保形势与政策教育的实际效果。

4. 以打造长效机制为目标，进一步加强高校思想政治理论课的实践教学，探索科学理论“进头脑”的现实途径，实现科学理论“进头脑”的根本目的。

进一步加强高校思想政治理论课的实践教学，是马克思主义理论本质的必然要求，是高校思想政治理论课的内在要求，也是提高大学生自身素质的根本要求。

马克思主义理论的本质是实践性。马克思主义理论来自于实践，同时又为实践服务，并在实践的检验中丰富和发展自己。马克思指出，以往的“哲学家们只是用不同的方式解释世界，而问题在于改变世界”[1]。高校思想政治理论课的教学目的和要求，也决定了思想政治理论课教学过程的逻辑，即它是引导学生由对马克思主义理论的认知转化为认同，由认同内化为思想政治素质和科学思维方法，同时外化为分析问题和解决问题的能力的过程。从教学主体和学生主体的角度来看，“进课堂、进教材”这种教师的外部灌输是用科学理论武装大学生的必要的途径和手段，但是，学生在课堂上和书本上学到的马克思主义理论，只是间接经验，要把间接经验

[1] 《马克思恩格斯选集》（第1卷），人民出版社1995年版，第61页。

变成观察问题、分析问题、解决问题的方法和能力，变成科学、坚定的理想信念，就必须参加社会实践，到社会实践中去体验。因此，高校思想政治理论课程的生命，不仅仅在于逻辑阐释，亦不仅仅在于文本的注解，而更是一种实践和经验。高校思想政治理论课的实践教学不是一种外在的可有可无的教育方式，而是实现思想政治理论课教学目的和要求的关键环节。在实践中促进学生各方面素质和能力的全面发展，促进学生的可持续发展，是指导、设计和规划高校思想政治理论课实践教学的基本原则。

制度问题更带有根本性、全局性、稳定性。因此，必须加强高校思想政治理论课实践教学的制度化、规范化建设，建立理论教学与实践教学一体化管理的教学模式。建立思想政治理论课实践教学指导委员会，由校领导主抓，教务处与教学系部分工协作，各负其责。教务处负责制定实践教学具体管理措施和考核指标，把思想政治理论课实践教学纳入思想政治理论课教学方案，把思想政治理论课实践教学学分作为该课程的必修学分。对实践教学中学生的学时、学分、论文、调查报告、讨论等成绩的优劣，制定量化考核指标。教师完成学时、批改作业的工作量计算标准，应有具体、细致的管理规定与措施。充分利用暑假、寒假进行思想政治理论课实践教学，加强对参加思想政治理论课实践教学师生的组织领导，规范培训，并进行跟踪指导、协调。对思想政治理论课实践教学及时进行总结，对实践教学中的优秀教师和学生进行表扬。每年编辑思想政治理论课实践教学的优秀调查报告和论文，固化思想政治理论课实践教学的成果。学校每年划拨思想政治理论课实践教学的专项经费。只有使思想政治理论课实践教学既有硬件、软件上的制度保障，又有激励、调控机制，才能保证思想政治理论课实践教学的正常进行和实际效果，从而避免思想政治理论课实践教学的随意性和形式主义，使学生在理论与实践的结合中，对马克思主义理论的认识和自身的综合能力素质得到升华，从而真正实现思想政治理论课教书育人的目的。

建立相对稳定的实践教学基地，包括校内实践教学基地和校外实践教学基地，从而保持实践教学的长期性、稳定性和实效性。

校内实践教学主要是在学期内根据理论教学内容来安排的。可充分利用校内各种场所和现有条件，加强校内实践教学基地建设。如电化教学厅，可组织学生观看各种有关毛泽东思想、中国特色社会主义理论体系在中国革命、社会主义建设和改革开放取得成就等方面的录像片，在声情并茂中深化学生对课堂理论教学内容的理解。思想政治理论课阅览室，可为学生提供与教学内容相关的图书、杂志、报纸等丰富的学习资料，创建学生对课堂理论学习理解延伸的重要条件。政治理论文印室，可为学生撰写论文、调查报告提供条件，配备打字、复印等必需的电脑、打印机、复印机、纸张等用品，使论文撰写有保证。小型会议室，可为学生举行论文交流、专题讨论会等丰富多彩的实践教学提供舒适的场所。通过实践教学，进一步加强对重点、热点、难点问题的研究，并把注入式教学转变为互动式教学、启发式教学、体验式教学，真正解决学生的思想问题，提高大学生分析问题和解决问题的能力。

建立稳固的校外实践教学基地，引导、组织大学生走出校门，走出课堂，到社会实践中去，到群众中去。在实践教学中，分析、研究许多复杂的问题，诸如城乡、区域、经济社会发展不平衡问题，就业、社会保障、收入分配、教育、医疗、住房、社会治安问题，诚信缺失、道德失范、腐败现象蔓延问题等。在实践教学中，发挥学生的主体作用，通过了解社会，使学生主动按照时代的要求去塑造自己，在了解社会的过程中与服务社会、服务实践教学基地的人民群众结合起来，达到双赢的教学目的。在实践教学中，还要坚持实事求是的原则，针对多数高校思想政治理论课合班上课、人数较多的实际，既抓住重点，又顾及面，点面结合，既具有可操作性，又能充分发挥每个学生的积极性和主动性。

实践教学能够激发学生学习思想政治理论课的热情和兴趣，使学生在动态中触及更为广泛的知识，使高校思想政治理论课贴近实际、贴近社会、贴近学生，具有鲜活的时代气息和实践气息。但是，在实践教学中，还要正确认识和处理文献调查与实地调查的关系，反对把别人的认识当成自己的认识，把别人的思想当成自己的思想，把别人的经验当成自己的经验，把别人的成果当成自己的成果；正确认识和处理过程评价与结果评价的关系，既要重视实践结果，也要重视参与的过程，这是实践教学与理论教学的不同之处；更为重要的是，要正确认识和处理实践教学正效应与负效应的关系，在大学生走向社会、直面社会现实大背景的过程中，教师要实事求是地讲清当前社会存在的消极现象、负面情况及其原因，给学生打好“预防针”，教育学生辩证地认识问题，防止负效应的产生。否则，就有可能使教师在课堂上辛辛苦苦地帮助学生形成的理想信念，在一些负面的社会现象面前荡然无存。

5. 加强对大学生的思想政治特点和成长成才规律的研究，有的放矢地开展高校思想政治理论课教学改革。

在高校思想政治理论课教学改革中，人们大都关注教学改革与课程指导思想、课程设置、课程实施、课程评价等因素的深度关联性，而作为教学对象的大学生则只是被视为改革最终结果的承担者，并在一定程度上被排除在改革进程之外。但是，高校思想政治理论课与其他课程一样，必须以学生自身的阅历、知识背景和发展方向为基础，通过师生双方的互动，最终导向教育者预期的目标。

在1980年前后，我国先后实行了改革开放和独生子女两项深刻影响社会发展的重大政策。改革开放政策打破了计划经济体制，“集体”被推向社会，分拆为单个的“个体”，资源通过竞争在个体间进行分配，个人价值得以彰显。独生子女政策改变了中国传统的大家庭模式，在以父、母、子或女组成的小家庭中，人际关系趋向单一，兄弟姐妹关系逐渐淡化，同辈互助、平等合作的家族传统受到挑战。

目前，“90后”已步入大学时代。“90后”大学生的身高、体重、大脑皮层结构、神经系统等生理发育逐渐接近成年人的水平，大脑神经细胞结构功能的进一步完善和发展，使大学生的逻辑思维能力和抽象思维能力大大提高。他们思维活跃，对事物的反应敏捷，求知欲旺盛，有较强的抽象概括能力，独立思考能力大大增强。但是，由于缺少实践磨炼，其心理成熟远远落后于生理成熟，认知能力落后于活动能力，呈现出生理发展与心理发展相矛盾的特征，引起某些心理方面的冲突，如追求独立性与心理依赖性的冲突，情绪、情感与理智的冲突，求知欲强与辨别能力低的冲突，以及个别学生心理素质欠缺等。作为跨世纪的一代和高校思想政治理论课教学的对象，他们的心理特点、思维认知和价值观念带有深刻的时代烙印，他们的思想道德状况关系到祖国和民族的未来。因此，必须分析和把握新形势下“90后”大学生的个性特点，探索对大学生进行有效教育的成长、成才规律，从而有的放矢地推进高校思想政治理论课教学改革。

《中共中央国务院关于进一步加强和改进大学生思想政治教育的意见》（中发〔2004〕16号）把当代大学生的个性特点概括为：独立性、选择性、多变性和差异性日益增强。[1]

独立性是当代大学生最根本的个性特点，也是其选择性、多变性、差异性特点的根源。当代大学生在个人社会化的进程中，从学习阶段起就处于竞争状态，升学竞争、就业竞争乃至择偶竞争等，都培养了他们独立思考问题、解决问题的能力。教育改革、课程改革、高校招生制度改革、就业分配市场化改革等与青年一代的成长发展有着重大关系的改革，都是由他们承担了试金石的角色。不断变化的、全新的社会环境，既培养了当代大学生的独立性，也要求他们独立面对和解决诸多问题。

选择性是个人社会化的实现途径。在计划经济体制时代，从升学到就业，个人对自己的生活路径几乎没有选择的空间。在现代社会中，开放的社会环境提供了多样的生活和选择的可能。个人社会化有多种实现途径，如家庭教育、学校教育、社会教育、朋辈教育、传媒影响等。在此进程中，获得什么样的信息、接受什么样的观念、走什么样的路、与什么样的人同行，都是可以被选择的。每一次选择，都影响着当代大学生自身的个性发展和价值观的形成，而他们的个性和价值观反过来又决定了他们选择什么。可以说，当代大学生的社会化进程正是他们自己选择的结果。

多变性是多元价值冲突困境。开放的社会带来了多元价值观念的相互激荡，理想主义的教育内容和现实主义的社会生活，高尚人格的高成本和道德弱化的低成本，主流信息的单一和非主流信息的开放，这种充满矛盾与对立的社会生活造成了当代大学生复杂的价值观。集体和个人、规则和自由、理想与现实等多种因素综合作用于价值判断过程，因而他们的行为选择更加广泛、情况更加复杂多变、差异更加明显。即便在同一情境下，同一个人也可能会有截然不同的应对。普遍价值的缺失导致了价值冲突困境，影响着当代大学生的自我评价、价值判断和行为表现。

差异性是当代大学生个性的张扬。个性的独特性是一个人与其他人相区别的心理特点。个性的形成受到许多因素，特别是社会因素的影响和制约。正是个性形成的社会制约性决定了个性的差异性。在当代大学生的成长过程中，不断变化的社会影响着他们的家庭条件、个人经历、生活环境、

[1] 教育部社会科学司组编：《普通高校思想政治理论课文献选编（1949～2008）》，中国人民大学出版社2008年版，第202页。

教育背景，使他们形成了千差万别的个性，也导致了他们在思想观念、人际交往、价值取向上的差异，每个人都可以展示自己不同的目标规划和路径设计。

与此相应，当代大学生的思想政治特点主要有：

其一，当代大学生思想政治观念呈现出认同、乐观、上进的态势。我国大学生的基本政治态度是正确的，他们坚持中国共产党的领导，坚持社会主义道路，坚持马列主义、毛泽东思想和中国特色社会主义理论体系，对社会主义现代化建设事业和国家发展前景充满信心。大学生普遍具有高度的政治敏感性，思想上要求进步、争取入党的学生有增无减，信仰危机正在缓解。同时，大学生更加关注现实问题的解决，这是关心国家前途和命运的表现。但是，由于国际形势日趋复杂，各种文化相互激荡；国内改革深入发展，各种矛盾交错呈现，也导致大学生对一些深层次的政治问题的认识存在偏差。

其二，当代大学生对于热点和难点问题具有浓厚的兴趣。与改革巨大成就相伴的另类现象是，如何解决住房难、就业难、看病难以及分配不公正、教育不公平、发展不平衡、腐败蔓延等不良现象的增多，直接导致部分大学生对改革负面评价的增加，并产生一些深层次的隐忧，因而对改革的前景持观望和说不清的态度，有的大学生甚至认为前途渺茫。社会公德状况不尽如人意，并存在许多新的道德困惑。部分大学生认为深层次的道德观念和具体行为选择之间存在着差异，即对公德赋予很高的期望和价值，强烈要求改善社会公德，但对自身的道德实践却缺乏同样严格的要求，对现实中反道德行为标准表现出无可奈何、默认，甚至主动接受，加上现实社会不能对一些现象作出明确的道德评判，直接造成部分大学生在道德判断和行为选择方面的困惑。

其三，当代大学生对许多问题习惯于独立地进行比较和判断。他们对于前人的实践和结论不是直接接受，而是习惯于经过自己的重复体验再去认可，但这延长了认识的过程。一方面，他们特别关注社会的热点、难点问题，这是青年人对社会具有强烈责任心的表现。另一方面，他们又常常独立地、片面地对这些问题作出相关结论，他们认为自己通过互联网等形式掌握的资料和信息，比前辈有更加充分的理由和根据，已经足够作出一切结论。其实，他们的判断和结论往往带有偏向性，他们善于横向比较，但缺少历史的视野：他们善于局部比较，但不能作出全面的结论。

其四，当代大学生思维意识积极、活跃，渴望及时、多样的思想交流。这一特点是每一代青年学生的共性，然而在纷繁复杂、资讯横溢的当今社会，大学生的这一得天独厚的思想特点也给自己甚至是整个社会带来极大的挑战。对新思想、新潮流的研究、甄别和评判就成为至关重要的问题。

总之，大学生是高校思想政治理论课教学的对象，他们理想远大、充满活力、个性鲜明，代表着国家和民族的希望。大学生思想政治意识的主流积极、健康、向上，但也要看到，大学生处于从不成熟走向成熟的特殊阶段，可塑性强，不仅乐于接受正确的新观念，也容易为不正确的思想和导向所影响。特别是在新的形势下，世界范围内思想文化交流、交融、交锋日益频繁，对大学生的思想观念影响很大，需要不断增强大学生的政治锐敏性和政治鉴别力；国内经济社会发生深刻变革，社会思想价值观念越来越多元、多样、多变，使得大学生思想活动的独立性、选择性、多变性、差异性日趋明显，需要引导大学生树立正确的理想信念；互联网等新兴媒体迅猛发展，对大学生的学习、生活和思想观念产生越来越大的影响，需要不断提高教育教学工作的针对性和实效性。因此，在高校思想政治理论课教学改革中，主动适应大学生的思想特点和个性需求，注重学思结合、知行统一、因材施教，有效解决他们的思想认识问题和学习生活实际问题，着力提升大学生的理想信念、价值追求和思想品德，这是帮助大学生健康成长成才的内在要求，是培养他们坚定信仰、坚强意志、诚实品德和良好修养的重要途径。

6. 切实加强高校思想政治理论课教师队伍建设，提高其政治素养和理论素养。

高校思想政治理论课的理念设计和改革方案，最终要走进课堂，要深入学生头脑，其关键在于高校思想政治理论课教师。高校思想政治理论课教师队伍的思想政治素质和业务素质，决定着高校思想政治理论课的教学质量和教学效果。高校思想政治理论课教学对教师素质的要求是多方面的，而且是很高的，诸如高校思想政治理论课教师必须具备较高的思想政治素质，必须是坚定的马克思主义者，必须具有高度的政治责任感和使命感；必须具备高深的理论和业务素质，要有合理的知识结构，特别是扎实的马克思主义理论功底，要有较强的科研能力和教学能力，包括熟练运用现代化教学手段的能力；必须具备良好的职业道德素质，要热爱党的教育事业，热爱学生，律己守正，身心健康，等等。

加强教师队伍建设，是高校思想政治理论课教学改革的重中之重，“05方案”的实施和推进是一个有利契机。

其一，严把高校思想政治理论课教师的“入口关”。切实弥补高校思想政治理论课教师数量和结构两个方面的缺口，积极吸纳学历层次高、思想品德好、业务能力强的中青年优秀教师。同时，注意专兼职相结合，建立开放、灵活的人才配置机制，吸引、鼓励校内相关专业学术带头人和教学骨干、专职或兼职教师承担思想政治理论课、形势与政策课或某些章节、某些专题的教学任务。同时，注重发挥离退休哲学社会科学著名专家学者在高校思想政治理论课教育教学中的作用。

其二，健全教学科研组织。在机构编制方面统筹考虑，建立独立的、直属学校领导的思想政治理论课教学科研二级机构。选拔政治性强、业务精、作风正、懂管理的学术带头人和骨干教师，作为思想政治理论课教学科研组织负责人。培育、强化建设马克思主义理论学科点，发挥马克思主义理论学科点在高校思想政治理论课建设和教学改革中的支撑作用。

其三，加大高校思想政治理论课教师的培养培训。利用国家培训、省级培训、长期培训和短期培训相结合以及外出考察、社会实践等各种形式，实现高校思想政治理论课教师培训全覆盖、不断线，切实提高他们的思想政治素质和业务素质。充分利用项目带动、精彩一课等途径，帮助教师培育、形成和展现自己的成果。各高校要未雨绸缪，按照专业化的要求，调研、制定未来若干年教师队伍建设规划和教师个人职业生涯发展规划，对本校的全员培训、骨干研修、在职攻读博士学位、组织国内外考察、开展课题研究等作出明确要求，提供必要的经费支持。

其四，大力推进师德建设。要坚持把师德建设放在首要位置，把师德表现作为教师绩效考核的首要内容，引导广大教师以政治素质、高尚人格和渊博学识教书育人，成为大学生可亲、可敬、可信、可学的良师益友。

其五，强化教师实践锻炼。鼓励教师与企业和党政机关双向流动，通过挂职锻炼、咨询服务等形式，开阔眼界和思路，提高能力和水平。

其六，高度重视青年教师工作。近年来，各高校都陆续补充了大量青年教师，并已在思想政治理论课教师总量中占有很大比重。对青年教师，在政治上要严格要求，在专业上要着力培养，在生活上要热情关心，引导他们自觉肩负起立德树人、教书育人的光荣职责。

其七，加大学科建设和教学研究、科学研究的力度。教学和科研的关系，是高校讨论和关注的永恒话题。但是，无论如何，作为大学教师在教学的同时，必须进行科学研究，否则，就只能称其为“匠”而不能称其为“师”，其教学过程也不可能是充满理性思考、提升学生心智的过程。反之，无论是在研究型大学，还是在教学型大学，高校教师的科学研究，其最终目的还是要归结到育人上，这与研究院所的科学研究是不同的。要落实党和国家的有关政策，积极创造条件改变高校马克思主义理论学科的博士和硕士学位授权点数量偏少现状，做到所有的马克思主义理论学科的研究生导师给本科生讲授思想政治理论课，创造条件支持高校思想政治理论课教师申报各级各类课题、科研成果奖等，培养高校思想政治理论课教师的荣誉感、归属感、成就感、自豪感，促进教师的职业自信、自尊、自觉、自强。

有效地推进高校思想政治理论课教育教学，需要教师具有极为丰富的知识储备。同时，高校思想政治理论课教师既肩负着向大学生全面宣传党和国家路线、方针、政策的历史责任，也担当着培养学生具有良好思想意识、高尚道德情操、健全人格的社会责任。这就要求高校思想政治理论课教师必须始终注重政治理论的学习，只有通过不断学习，才能从思想深处理解、吃透新时期党和国家制定的路线、方针和政策的精神实质，进而丰富教学素材，提高自身的政治理论水平和分析问题、解决问题的能力；提高将理论知识的传授和青年学生的切身利益、成才愿望、思想实际、存在的人生困惑和模糊的社会认识有机结合的能力；才能大胆冲破传统教学模式，把关心学生成长成才和解决学生的思想实际问题作为自己的神圣职责；也才能对新时期高校思想政治理论课教学实效性的弱化原因有明确的认识，对新时期高校思想政治理论课教学必须体现的“以人为本，促进人的全面发展”的教育理念有更深层次的理解和认识。

7. 切实贯彻《高等学校思想政治理论课建设标准（暂行）》，认真组织、开展对高校思想政治理论课建设和教育教学工作的督导、检查、评估。

课程建设标准是对2004年以来高校思想政治理论课建设有关要求的量化和汇总，是推进工作的抓手，必须坚持这个标准，并反复对照这个标准进行检查。

其一，坚持“实事求是，重在建设”的方针。在督导、检查、评估的过程中，重点是部署自查。自查是督查的基础，各级教育主管部门和各高校要对照《高等学校思想政治理论课建设标准（暂行）》，严格自查，认真梳理和查找工作中的成绩和问题，做到心中有数。与标准差距确实较大的学校，必须限期整改，找出原因，进行分析研究，提出整改措施和整改时间表。

其二，突出重点，解决影响和制约高校思想政治理论课建设的关键问题。该标准所列内容很多，督查工作要着力解决关键问题。一是工作机制和机构建设问题。学校是否将高校思想政治理论课作为重点课程和重点学科建设，是否独立设置直属学校领导的、与学校其他二级院（系）行政同级的二级机构，是否有专业院系同等配备的教学设备和图书资料等。二是经费问题。本科院校是否按在校学生总数每生每年不低于20元、专科院校不低于15元的标准提取专项经费用于教师的学术交流和考察等。三是课程设置和实践教学问题。是否落实课程和学分及对应的课堂教学学时，无挪用或减少课时的情况。实践教学是否纳入教学计划，落实学分，是否建立相对稳定的校外实践教学基地。四是教师选配和培养培训问题。专任教师是否按不低于师生1：350～1：400的比例配备，是否落实每学年至少安排1/4的专任教师开展社会实践和学习考察活动，是否落实专任教师进行脱产或半脱产进修，每人每4年至少一次的要求。五是经济待遇和表彰评优问题。是否落实教师的实际平均收入不低于本校相关专业院系教师的平均水平，是否将表彰评优纳入学校各类教师表彰体系，并为思想政治理论课教师确定一定比例，进行统一表彰。

8. 进一步推进制度建设，强化高校思想政治理论课管理，妥善处理统一要求与分类指导的关系。

其一，建立和完善高校思想政治理论课教师队伍奖励激励机制、保障机制。

完善国家级、省级教师队伍奖励激励机制，加强校级奖励表彰。一是进一步探索建立国家级思想政治理论课教师队伍奖励激励机制，树立教书育人的先进典型。省级教育行政部门可以相应地组织开展省级高校思想政治理论课教学工作评比，实施马克思主义理论学科带头人和高校思想政治理论课教学名师培育工程。二是结合教育部和本地区关于高校思想政治理论课教师队伍建设的意见和实施办法，以贯彻落实教育部2011年发布的《高校思想政治理论课课程建设标准（暂行）》等为契机，省级教育行政部门根据本地区实际，建立健全省级高校思想政治理论课教学先进单位或先进教师的奖励激励机制，开展省级“高校思想政治理论课建设先进单位”和“高校思想政治理论课优秀教师”评选表彰，有条件的可以组织评选实践教学奖、教学能手竞赛活动奖等侧重于教学评比的奖项，对课程建设和教学成绩突出的高校及教师予以表彰奖励，并加大宣传推广力度。

加强高校思想政治理论课教师队伍保障机制建设。一是保障高校思想政治理论课教师数量。要给予政策支持，解决教师编制问题，吸引一批高学历、能力强的教师，使高校思想政治理论课教师与学生的比例达到国家规定的要求，为教学提供必要条件。二是在政策上对教师职称评定、岗位待遇等予以倾斜，将高校思想政治理论课教师的岗位津贴和课时补贴纳入学校内部分配体系和评估体系，保证教师的实际收入水平不低于本校教师的平均水平，在物质上激励教师的教学积极性。三是进一步建立健全高校思想政治理论课教师队伍能进能出、能上能下的流动机制或者是退出机制，把政治方向坚定、热爱教育事业、思想品德良好和教学科研扎实的高素质人才吸引到岗位上来，并杜绝个别教师利用课堂散布错误言论的现象。

其二，进一步重视和加强高校思想政治理论课教学管理、创新实践教学和课程考核考试方法改革。

尽管高校思想政治理论课课程建设取得了丰硕的成果，课堂教学效果显著提升，但中小班教学、探索考试方法改革、创新实践教学等仍存在观念、体制等诸多障碍。深入实施“05方案”，应着力建立高校思想政治理论课实践教学保障机制等教学管理制度建设，进一步推进高校社会实践活动与高校思想政治理论课实践教学的统筹力度，进一步加强学校与社会资源的统筹力度，确保高校思想政治理论课实践教学落实到位。此外，应进一步加大课程考核考试方法的改革力度，积极探索和建立学生知识认知和道德养成情况的科学考核评价方法和体系。

其三，进一步加强省级高校思想政治理论课教师培养培训工作，结合当地实际，探索师资队伍建设的新途径和新办法，努力建设一支高水平、高层次、结构优化、富有活力的高校思想政治理论课教师队伍。

加强新上岗教师培训。各地贯彻落实教育部关于加强高校思想政治理论课教师队伍的有关文件后，各省级高校相继出现了思想政治理论课专任教师中青年教师比例增加的趋势。当前及今后一段时间，应当按“先培训后上岗”的原则，开展新任和青年思想政治理论课教师岗前培训，让每一位新上岗教师都能接受岗前培训。同时，针对青年教师群体，组织开展省级或省际的高校思想政治理论课青年教师教学基本功赛事活动，锻造一批教学素质好、教改意识强的优秀青年教师。

进一步加强骨干教师的研修和提高。加强省级高校思想政治理论课教师培养培训基地建设，做好教学骨干和名师的培养。

加强高校优秀思想政治理论课教师的培养。以师德高尚、教学科研能力强为重点，培育培养省级高校思想政治理论课教学名师。

各有关部门应加大投入，畅通渠道，不断健全和完善高校思想政治理论课教师社情、国情甚至世情的考察机制。

其四，进一步加强统筹管理，处理好统一要求与分类指导的关系。

增强省级高校思想政治理论课管理工作的针对性，省（直辖市、自治区）属高校数量多，不同办学层次、不同类别高校的情况不同，差异大，在贯彻落实文件的过程中，会出现学校之间发展不平衡的情况，以及统一的要求与多样的需求之间的矛盾。深入贯彻落实“05 方案”，如何既严格统一要求，又恰当地兼顾到不同层次的需求，体现分类指导的精神，需要进一步加强省级统筹管理，提高工作的针对性；同时还需要加强对新建本科高校和薄弱高校教学科研二级机构建设和思想政治理论课教师队伍的扶持、指导和管理力度。

9. 正确认识和处理各种关系，合理构建推进高校思想政治理论课建设和教育教学改革的运行体系。

高校思想政治理论课要对历史负责、对未来负责、对大学生负责，要重视培养大学生的祖国情怀、道德情怀、人文情怀、社会情怀。因此，必须妥善处理高校思想政治理论课建设和教育教学改革中的各种矛盾和关系，形成和谐发展的良好氛围。

高校思想政治理论课建设和教学改革，要正确认识和处理若干方面的关系，诸如学与信的关系，教与学的关系，中学教学与大学教学的关系，课程建设与教学的关系，大班上课与教学效果的关系，考试与质量评价的关系，教学与学科建设、科研的关系，等等。在此基础上，着力强化其支撑体系，诸如政策支持体系、学科建设体系、教材与教辅体系、课堂教学体系、实践教学体系、学生学业考核体系、课程建设评估体系等，从而形成高校思想政治理论课教学改革的新的合力。

解放思想无止境，课程改革无穷期。作为对大学生进行思想政治教育的主渠道、主阵地、主课堂，高校思想政治理论课教学改革是一个动态的与时俱进的过程，是一项系统工程，它涉及教育理念、体制机制、经费投入、学科和专业建设等许多方面。我们要以高度的历史使命感和政治责任感，以实施高校思想政治理论课“05 方案”为有利契机，坚持以教材建设为基础，以教学改革为重点，以师资建设为关键，以学科建设为支撑，以宏观指导为保障，切实改进高校思想政治理论课教学状况，确保取得成效，使高校思想政治理论课建设水平达到一个新的高度，并成为大学生真心喜爱、终生受益的优秀课程，并为新一轮高校思想政治理论课教学改革奠定基础、积累经验、开辟新路。

四、本章小结

我们正处在一个大变革的时代。高校思想政治理论课教学中面临的新矛盾和新问题，都是形势所发生的新变化、教学对象所具有的新特点、技术手段所实现的新更替等带来的，这就要求在继承和坚持以往传统思路和方法优长的基础上，不断探索与推进高校思想政治理论课教学改革与创新。

高校思想政治理论课教学改革的目标是明确的，即要全面加强思想政治理论课的学科建设、课程建设、教材建设和教师队伍建设，切实改革教学内容，改进教学方法，改善教学手段，努力增强思想政治理论课的吸引力和感染力。这是因为，加强高校思想政治理论课教学改革，直接关系到大学生的理论素质和思想政治素质，关系到他们能否融入当今社会主流意识和主流思想，关系到中国特色社会主义事业合格建设者和可靠接班人的培养，直接体现党的教育方针，是一项政治要求。当前，我国高等教育已进入内涵式发展的新阶段，对人才培养规格和教育教学有了新的要求，不仅要求重视知识、能力、技能传授，而且更加重视素质、品德、理想、信念的培养，这就需要进一步深刻理解高校思想政治理论课课程性质和特点，并使之主动融入、服务人才培养工作。在高校思想政治理论课教学改革中，把握当前环境的新变化、当代大学生的新特点，切实找准教与学的契合点，适应学生的学习需求，综合运用灵活多样的教学方法，增强教学的实效性和吸引力。

增强高校思想政治理论课的实效性与吸引力是一项长期的工作任务，这也是用科学理论武装大学生的首要问题。因此，推进高校思想政治理论课教学改革，就必须首先牢牢把握高校思想政治理论课建设的基本要求。在地位作用上，要进一步强调高校思想政治理论课是中国特色社会主义大学的本质体现，是引导大学生树立正确的世界观、人生观、价值观的重要途径。在工作思路上，要进一步强调以师资队伍建设为关键，以教材建设和学科建设为支撑，以教学方法改革为突破口，以宏观指导为保证，全面加强和改进高校思政理论课建设。在教学内容上，要进一步强调坚持用马克思主义中国化最新成果武装大学生，深入开展社会主义核心价值体系和社会主义核心价值观教育，帮助大学生树立正确的理想信念，坚定走中国特色社会主义道路的决心和信心。在教学方法上，进一步强调要以学生为本，积极探索符合教育教学规律和学生学习特点的教育方法和教学模式，充分调动学生学习的积极性和主动性，增强思想政治理论课的亲和力、吸引力和感染力；学生有兴趣、有积极性，愿意学，是改善教学状况的主要的方面，反之，学生没有自主性，教学效果就很难体现出来。❶ 在教学与科研的关系上，要进一步加强对马克思主义理论学科和思想政治理论课建设的政策引导与支持，从学科建设的高度对待教学，从教学需要的角度强化科学研究，以教学中遇到的重要问题为切入点，加快推进学科建设、加快强化基础条件建设，从而达到教学科研相互促进的目的。在教师队伍建设上，要进一步强调既要提高教师地位，又要加强教师管理，严把政治关、业务关和师德关，努力建设一支“让党放心，让学生满意”的高校思想政治理论课教师队伍。

明显改善高校思想政治理论课的教育教学效果也是一项系统工程，需要进一步深刻领会党中央育人为本的总体要求，努力把握课程本质要求和

---

❶ 在《论语》里，“学”字出现了56次，“教”字出现了7次。俗话说：“师傅领进门，修行在个人。”在今天的教学实践中，它依然具有启迪意义。

发展方向，在新的历史起点上加强思想政治理论课建设，推进思想政治理论课教学改革。这就需要上级主管部门的宏观指导和支持，需要高校的有效组织和管理，需要广大思想政治理论课教师的主动实践和推进，需要发挥协同作战的综合优势，持之以恒地攻坚克难，着力解决思想认识不够到位、支撑体系不够完善、师资队伍建设和学科建设比较薄弱、课程内容比较枯燥、教学方法比较单一、管理水平比较落后等问题，并寻求与此相应的对策，破解这些问题，把高校思想政治理论课的教育教学提高到一个新的水平。

结 语

高校思想政治理论课教学改革是一个系统工程，高校思想政治理论课本身的活力和生命力就在于持续推进教学改革。

通过研究，我们可以形成如下基本共识：

1. 高校思想政治理论课具有特殊性，是世界各国都高度重视的课程。高校思想政治理论课不是一门课程，而是由若干门课程组成的系列课程，具有学科性质；不是纯知识性课程，而是同时又具有鲜明的思想性的课程。因此，高校思想政治理论课教学有自己特殊的规律，即马克思主义理论体系转化为高校思想政治理论课课程体系，课程体系转化为教学体系，教学体系转化为大学生思想政治素质及综合素质体系，进而转化为大学生信仰体系和行动体系。具体表现为：以知识教育为依托实现科学价值观教育，以能力培养促进科学价值观的形成和巩固，教书育人过程中德育主客体交替与互动，坚持主导价值观教育与鼓励学生个性发展相结合，"两个课堂"和"两支队伍"相结合的德育，德育各环节相互配合、补充和促进的系统运作，等等。

2. 高校思想政治理论课教育改革的立足点是当代大学生，总的要求是必须加强对当代大学生这一特殊群体的研究，有针对性地推进教学改革。不同时代的大学生，具有不同的特征和诉求。社会主义市场经济实践与生活方式的变化对大学生具有积极的影响，这是主导方面，诸如大学生越来越具有独立思考的意识，自主、自立意识更强，更加关注自身个性发展和个性展示；重视全面提高自身的整体素质，尤其是能力发展，更加希望在社会生活中获得平等、公正的对待，以及具有平等、通畅的表达自己观点和思想的途径，参政议政意识和社会责任感增强；同时也日益习惯于从全球和人类的角度看问题。

社会主义市场经济实践与生活方式的变化对大学生也具有消极的影响，诸如个人主义、利己主义成为相当一部分大学生的主导价值观，部分大学生的拜金主义思想意识有所增长，与此同时，他们的祖国、人民的意识有所淡化；部分大学生不加分析地、盲目推崇西方社会政治制度和价值观，主张全盘西化，对社会主义、共产主义理想、信念产生怀疑和困惑；一些大学生把西方政治学、经济学、哲学、心理学等理论看作解决中国问题的灵丹妙药，主张用它们取代马克思主义理论，对我国坚持以马克思主义为指导思想的必要性产生怀疑。其后果就是：部分大学生对马克思主义理论学习有比较强的逆反心理，学习缺乏主动性和科学态度，等。

高校思想政治理论课教学改革必须针对学生的特点、学习需求和成才愿望，深入考虑学习动力机制问题，准确把握需求导向、问题导向、成果导向、利益导向。课堂教学范式的改革，要研究研究型、民主型、团队式教学，要积极尝试强化问题教学法、案例教学法、专题教学法、辩论教学法等。

3. 高校思想政治理论课建设和教学改革是一个不断推进的历史过程。同时，高校思想政治理论课建设和教育教学改革也是一个复杂的、综合性的系统工程，影响和制约因素是多维的、立体的。进入21世纪以来特别是“05方案”实施以来，高校思想政治理论课建设和教育教学改革取得了显著成绩，积累了丰富的经验，但是，也存在着不容忽视的问题和需要加强与改进的地方，必须不断提出新的思路和对策。高校思想政治理论课的难点和焦点在于构筑合力，不断提高其吸引力和实效性。高校思想政治理论课教学改革研究的难点和焦点也在于如何不断提高其吸引力和实效性，以及如何制定和运用衡量判定其吸引力和实效性的测度，使高校思想政治理论课教学状况不断得到新的改善。

在学术界专家、学者和高校思想政治理论课一线教师辛勤耕耘、努力实践的基础上，通过研究，我们提供了进一步思考的新的起点，主要体现在以下方面：

第一，全面分析了高校思想政治理论课建设诸环节、诸因素的关系，科学论证了21世纪初高校思想政治理论课的着眼点和着力点。

在研究中，必须坚持实事求是的原则，根据高校思想政治理论课本身的独特性，以育人为根本，以师资队伍为关键，以高校思想政治理论课教学的吸引力和实效性为着眼点和着力点，注重系统性、综合性、科学性，从而为解决培养什么样的人、怎样培养这样的人的大问题以及办什么样的高等教育、怎样办高等教育的大问题提供了坚实的理论支撑。

第二，全面分析了21世纪初高校思想政治理论课教学改革的内外部环境因素及其互动关系，理性对待高校思想政治理论课教学改革的演进和规律。

在研究中，必须坚持与时俱进的原则，因为马克思主义是随着时代、实践和科学的发展而发展的理论。高校思想政治理论课建设和教学改革的逻辑主线和规律是把马克思主义理论体系转化为高校思想政治理论课课程体系，把高校思想政治理论课课程体系转化为教学体系，把高校思想政治理论课教学体系转化为大学生思想政治素质及综合素质体系，把大学生思想政治素质及综合素质体系转化为大学生信仰体系和行动体系。把握规律性有助于不断拓展对高校思想政治理论课教学改革研究的广度和深度。高校思想政治理论课必须因应这一特征和规律，真正做到使不断发展的马克思主义理论进教材、进课堂、进头脑。高校思想政治理论课建设是一个不断完善的过程，高校思想政治理论课教学改革是一个永无止境的过程。从这个意义上说，“05方案”也只是意味着拨动了下一次课程调整和改革的倒计时。加强高校思想政治理论课教学改革研究，其实是着眼长远，未雨绸缪。

第三，在全面分析21世纪初10余年来高校思想政治理论课教学改革的基础上，总结成绩和经验，梳理问题与不足，进一步解放思想，提出了今后加强和推进高校思想政治理论课教学改革的思路和对策。

高校思想政治理论课建设任重道远，没有穷期，因此，必须坚持继承与拓新、统一性与灵活性相结合，政治功能与理论功能即育人功能与知识传授功能相结合，立足当前，着眼长远，统筹规划，整体设计，分步实施，分工合作，配套推进，积极而为，量力而行，务求实效。高校思想政治理论课教学必须从根本上改变“以教师为中心”的理念，真正做到“以教师为主导，以学生为主体”，使教师从“传道者”变为“引路人”，变“灌”为“导”；使学生从“接受者”变为“参与者”，变“静”为“动”。因此，高校思想政治理论课教学改革，要着眼于、着力于实效，并聚焦三个方面：(1) 课堂教学方法改革，使教材优势转化为教学优势，包括实行理论与实际、灌输与启发、抽象思维与形象思维、原理阐述与范例分析等相结合的教学方法，提高课堂教学质量，使课堂教学更具有理论穿透力和学术感染力；(2) 考核方式改革，改变单纯的知识点考核，突出评价学生对社会认知和人生价值的思考；(3) 教师结构改革，进一步采取措施，加强教师队伍建设，重点加强高校思想政治理论课教师的专业化建设，同时吸收包括哲学社会科学专业教师在内的各种力量参与高校思想政治理论课教学，以及高校思想政治理论课教学组织机构改革、教师评聘机制改革等。作为一个整体，高校思想政治理论课教育教学要努力实现多方面的改革和创新，诸如：(1) 教学内容创新。须坚持以人为本的理念，整合教学内容，增强教学内容的时代性、现实性和科学性。(2) 教学方法、教学方式和教学手段创新。探索师生互动式、研究式教学方法，充分利用多媒体、网络等教学手段，提高高校思想政治理论课教学的针对性、实效性，增强其吸引力、感染力。(3) 实践教学创新。理论联系实际，建立社会实践基地，充分利用各种社会资源，提高大学生观察和研究社会现象、分析和解决社会问题的实际能力。(4) 体制机制创新。建立高校思想政治理论课师资伍建设机制和合作机制，充分发挥社会及学校各部门、哲学社会科学各专业在高校思想政治理论课建设中的重要作用，形成联动和合力。(5) 学生学业考核方法创新。采取灵活多样、客观有效的考核方式方法，检测和评估大学生思想政治理论课学习、运用的效果和水平。(6) 进一步总结改革开放以来高校思想政治理论课教育教学的成就、经验和教训，分析其基本态势，揭示高校思想政治理论课的本质特征、社会功能，以及高校思想政治理论课教育教学的基本规律、原则和方法，预判其未来走势。在此基础上，着力强化政策支持体系、学科建设体系、教材与教辅体系、课堂教学体系、实践教学体系、学生学业考核体系、课程建设评估体系，从而形成高校思想政治理论课教学改革的新的合力。

高校思想政治理论课教学改革研究的重要性，从根本上来说，源于高校思想政治理论课本身的重要性和高校思想政治理论课教学改革本身的重要性。因此，在研究中提出思路和对策固然重要，但更为重要的是不断推进高校思想政治理论课教学改革的实践。马克思曾指出：“一步实际运动比一打纲领更重要。”[1] 21世纪初高校思想政治理论课教学改革研究，旨在推进高校思想政治理论课教学改革实践，增强其针对性、实效性，帮助大学生打开走向世界之门，积极吸纳人类优秀文明的精华，从“洋为中用”变为“世为中用”；帮助大学生打开自己内心之门，确立作为一名当代人应有的世界观、人生观、价值观、法律观、道德观，力避成为“空心”之人；帮助大学生打开通向未来之门，因为未来代表了理想和梦想，而大学生作为青年人是属于未来的。正如2014年5月4日习近平在北京大学师生座谈会上的讲话中所指出的：“现在，我们比历史上任何时期都更接近中华民族伟大复兴的目标，比历史上任何时期都更有信心、更有能力实现这个目标。”“现在在高校学习的大学生都是20岁左右，到2020年全面建成小康社会时，很多人还不到30岁；到本世纪中叶基本实现现代化时，很多人还不到60岁。”“当代青年建功立业的舞台空前广阔、梦想成真的前景空前光明。”“当代中国青年一定能够担当起党和人民赋予的历史重任，在激扬青春、开拓人生、奉献社会的进程中书写无愧于时代的壮丽篇章！”

由于高校思想政治理论教学改革效果的滞后性，以及高校思想政治理论教学改革效果测评精确性的难度，对高校思想政治理论教学改革效果测评的实证研究则成为制约我们深度思考的一个薄弱环节。马克思曾说过：“一门科学只有在成功地运用数学时，才能达到真正完善的程度。”[2] 高校思想政治理论课教学改革实效性的评价同样必须坚持定量评价与定性评价相结合的原则。这也正是我们今后在高校思想政治理论课教学实践与教学研究中需要进一步加强和拓宽的领域以及努力的方向。

---

[1] 《马克思恩格斯选集》（第3卷），人民出版社1995年版，第296页。

[2] 《马克思恩格斯全集》（第2卷），人民出版社1971年版，第163页。

参考文献

[1] 马克思恩格斯选集（第 1 ~ 4 卷）[M]. 北京：人民出版社，1995.

[2] 列宁选集（第 1 ~ 4 卷）[M]. 北京：人民出版社，1995.

[3] 马克思恩格斯列宁论教育 [M]. 北京：人民教育出版社，2000.

[4] 毛泽东周恩来刘少奇邓小平论教育 [M]. 北京：人民教育出版社，2000.

[5] [美] 克拉克·科尔. 高等教育不能回避历史——21 世纪的问题 [M]. 王承绪，译. 杭州：浙江教育出版社，2001.

[6] [美] 詹姆斯·杜德斯达. 21 世纪的大学 [M]. 刘彤，译. 北京：北京大学出版社，2005.

[7] [英] 约翰·亨利·纽曼. 大学的理想（节本）[M]. 徐辉，顾建新，何曙荣，译. 杭州：浙江教育出版社，2001.

[8] [西班牙] 奥尔特加·加塞特. 大学的使命 [M]. 徐小洲，陈军，译. 杭州：浙江教育出版社，2001.

[9] [英] 彼德斯. 道德发展与道德教育 [M]. 邬冬星，译. 杭州：浙江教育出版社，2000.

[10] [捷] 夸美纽斯. 大教学论 [M]. 傅任敢，译. 北京：教育科学出版社，1999.

[11] 周远清. 中国当代教育家文存·周远清卷 [M]. 上海：华东师范大学出版社，2006.

[12] 纪宝成. 中国当代教育家文存·纪宝成卷 [M]. 上海：华东师范大学出版社，2006.

[13] 潘懋元. 中国当代教育家文存·潘懋元卷 [M]. 上海: 华东师范大学出版社, 2006.

[14] 杨福家. 中国当代教育家文存·杨福家卷 [M]. 上海: 华东师范大学出版社, 2006.

[15] 田建国. 战略视野中的高等教育 [M]. 青岛: 中国海洋大学出版社, 2006.

[16] 韩延明等. 改革视野中的高等教育 [M]. 青岛: 中国海洋大学出版社, 2006.

[17] 张维迎. 大学的逻辑 [M]. 北京: 北京大学出版社, 2004.

[18] 陈平原. 大学何为 [M]. 北京: 北京大学出版社, 2006.

[19] 丁学良. 什么是一流大学? [M]. 北京: 北京大学出版社, 2004.

[20] 林建华. 比较与借鉴: 东西方社会主义的理论和实践 [M]. 济南: 山东大学出版社, 2005.

[21] 牟成文. 以人为本研究——以科学发展观为视角 [M]. 武汉: 湖北人民出版社, 2005.

[22] 王伟廉. 中国大学教学运行机制研究 [M]. 广州: 广东高等教育出版社, 2005.

[23] 宋尚桂, 王希普等. 大学通识教育的理论与模式 [M]. 青岛: 中国海洋大学出版社, 2007.

[24] 宋伯宁, 蔡先金主编. 高校通识教育理论与实践研究 [M]. 青岛: 中国海洋大学出版社, 2008.

[25] 黄俊杰. 大学通识教育的理念与实践 [M]. 台北: "中华民国"通识教育学会, 2008.

[26] 黄俊杰. 大学通识教育探索: 台湾经验与启示 [M]. 台北: "中华民国" 通识教育学会, 2008.

[27] 黄俊杰. 转型中的大学通识教育: 理念、现况与展望 [M]. 台北: "中华民国" 通识教育学会, 2009.

[28] 蔡先金, 宋尚桂. 大学学分制的理论与实践 [M]. 青岛: 中国海洋大学出版社, 2006.

[29] 赵炬明, 余东升主编. 院校研究与现代大学管理讲演录 [M].

青岛：中国海洋大学出版社，2006.

[30] 韩立福主编. 当代国际教育教学模式导读 [M]. 北京：首都师范大学出版社，2006.

[31] 韩立福主编. 当代国际教育理论基础导读 [M]. 北京：首都师范大学出版社，2006.

[32] 董泉增，李剑萍等. 大学的管理与质量 [C]. 济南：山东大学出版社，2006.

[33] 贺国庆. 德国和美国大学发达史 [M]. 北京：人民教育出版社，1998.

[34] 王英杰，刘宝村. 国际视野中的大学创新教育 [M]. 太原：山西教育出版社，2005.

[35] 储朝晖. 中国大学精神的历史与省思 [M]. 太原：山西教育出版社，2006.

[36] 韩延明. 大学理念论纲 [M]. 北京：人民教育出版社，2003.

[37] 单中惠，朱镜人主编. 外国教育经典解读 [M]. 上海：上海教育出版社，2004.

[38] 张焕庭主编. 西方资产阶级教育论著选 [M]. 北京：人民教育出版社，1979.

[39] 田正平，肖朗主编. 中国教育经典解读 [M]. 上海：上海教育出版社，2005.

[40] 李剑萍. 中国现代教育史论 [M]. 北京：人民出版社，2005.

[41] 潘懋元主编. 中国高等教育百年 [M]. 广州：广东高等教育出版社，2003.

[42] 李均. 中国高等教育研究史 [M]. 广州：广东高等教育出版社，2005.

[43] 贺国庆，王保星，朱文富. 外国高等教育史 [M]. 北京：人民教育出版社，2003.

[44] 罗国杰主编. 马克思主义思想政治教育理论基础 [M]. 北京：高等教育出版社，2002.

[45] 许启贤主编. 中国共产党思想政治教育史 [M]. 北京：中国人民大学出版社，2004.

[46] 王爱平，李合亮．中国共产党思想政治教育理论的演进及对比研究［M］．长春：东北师范大学出版社，2006.

[47] 石云霞主编．“两课”教学法研究［M］．武汉：武汉大学出版社，2002.

[48] 邝丽湛主编．思想政治（品德）课教学模式［M］．广州：广东高等教育出版社，2006.

[49] 骆郁廷．高校思想政治理论课程论［M］．武汉：武汉大学出版社，2006.

[50] 石云霞主编．“马克思主义理论课”“思想品德课”“两课”教学法研究［M］．武汉：武汉大学出版社，2003.

[51] 顾海良，佘双好．高校思想政治理论课程教学改革研究［M］．武汉：武汉大学出版社，2006.

[52] 国家教委印发《关于高校马克思主义理论课和思想品德课教学改革的若干意见》的通知（教社科〔1995〕10号）［Z］.

[53] 中共中央宣传部 教育部关于进一步加强和改进高等学校思想政治理论课的意见（教社政〔2005〕5号）［Z］.

[54] 教育部办公厅关于印发《高校思想政治理论课管理工作会议纪要》的通知（教社政厅〔2005〕1号）［Z］.

[55] 中共中央宣传部、教育部关于印发《［中共中央宣传部 教育部关于进一步加强和改进高等学校思想政治理论课的意见］实施方案》的通知（教社政〔2005〕9号）［Z］.

[56] 教育部关于印发《高等学校思想政治理论课建设标准（暂行）》的通知（教社科〔2011〕1号）［Z］.

[57] 国家中长期教育改革和发展规划纲要（2010～2020年）［M］．北京：人民出版社，2010.

[58] 顾海良．高校思想政治理论课程体系的演化及其基本特点［J］．教学与研究，2007（2）.

[59] 骆郁廷．高校思想政治理论课建设的规律性初探［J］．思想理论教育导刊，2007（3）.

[60] 李伟．对高校思想政治理论课改革方案的思考［J］．大庆师范学院学报，2008（3）.

[61] 孙玉娟，吴玲．关于高校思想政治理论课课程整合的现实思考[J]．胜利油田党校学报，2007（1）．

[62] 顾海良．马克思主义理论学科建设与思想政治理论课关系笔谈——为高校思想政治理论课程建设提供坚实支撑[J]．思想理论教育导刊，2007（9）．

[63] 确保高校思想政治理论课新课程方案高质量实施的有力举措——访教育部社科司司长杨光同志[J]．思想理论教育导刊，2007（5）．

[64] 秦广东．“05 新方案”下高校马克思主义理论课的困境和对策[J]．高教高职研究，2008（1）．

[65] 逄锦聚．“马克思主义理论研究和建设工程”重点教材建设工作启动三周年笔谈[J]．思想理论教育导刊，2007（5）．

[66] 逄锦聚．《马克思主义基本原理概论》编写体会和讲授建议[J]．思想理论教育导刊，2007（5）．

[67] 李文阁．用马克思主义中国化的理论成果武装青年——访《毛泽东思想、邓小平理论和“三个代表”重要思想概论》首席专家吴树青[J]．求是，2007（9）．

[68] 吴潜涛．《思想道德修养与法律基础》（2007 年修订版）的逻辑主线及教学中应注意的问题[J]．思想理论教育导刊，2007（9）．

[69] 陈大文，何建中．和谐社会建设与大学生法制教育——《思想道德修养与法律基础》（法制教育部分）修订说明及教学建议[J]．思想理论教育导刊，2007（9）．

[70] 武东生．如何把握“思想道德修养与法律基础”课教学中的“人生观”问题[J]．思想理论教育导刊，2007（3）．

[71] 徐曼．对高校思想政治理论课教学创新的思考——以《思想道德修养与法律基础》课为例[J]．思想理论教育导刊，2007（9）．

[72] 周溯源．正确地了解过去、认识现在、把握未来——就《中国近现代史纲要》出版访沙健孙，李文海，程中原，田居俭[J]．求是，2007（10）．

[73] 闫少华，闫名驰．论高校思想政治理论课的主要理念[J]．理论学刊，2011（5）．

[74] 原丽红．高校政治理论课的境界[J]．理论学习，2007（10）．

［75］马喜春，丁伟峰．当代大学生思想政治理论课学习消极性的原因及对策探析［J］．成都大学学报（教育科学版），2008（1）．

［76］郭秀兰，张丽娜．基于学生满意度的高校思想政治理论课教学方法创新［J］．思想政治教育研究，2011（2）．

［77］叶山生．关于思想政治理论课社会实践的哲学思考［J］．浙江师范大学学报（社科版），2007（4）．

［78］计卫舸，李克荣．重视高校思想政治理论课实践教学环节［J］．红旗文稿，2007（18）．

［79］谈慧．略论高校公共基础课的优化教学［J］．经济师，2007（1）．

［80］孙建设，屈长明．浅析创新教育的课堂教学策略［J］．经济师，2007（1）．

［81］刘贵芹，宇文利．学习胡锦涛同志关于大学生思想政治教育的重要论述［J］．教学与研究，2007（9）．

［82］．骆郁廷．自发与自觉：思想政治教育的重要范畴［J］．思想教育研究，2007（5）．

［83］李鸣，陈春联．和谐社会视野下的高校思想政治理论课的建设和创新［J］．教学与研究，2006（11）．

［84］刘贵芹．用社会主义核心价值体系引导大学生健康成长［J］．学校党建与思想教育，2007（8）．

［85］朱晓菲．资本主义国家思想政治教育的借鉴与启示［J］．思想政治教育研究，2007（4）．

［86］阮一凯，傅安洲．德国政治教育国家资源体系及其对我国思想政治工作的启示［J］．黑龙江高教研究，2007（10）．

［87］石书臣，高丽娟．中美高校坚持思想政治教育主导性比较研究［J］．思想教育研究，2007（7）．

［88］王友良，周勇．日本思想政治教育之剖析［J］．南华大学学报（社科版），2006（6）．

［89］蔡晓良．高校思想政治理论课程评价的历史演进及其启示［J］．学校党建与思想教育，2007（7）．

［90］李资源．高校思想政治理论课教学评价指标体系研究的现状与思

考［J］. 思想理论教育导刊，2007（2）.

［91］朱丽颖. 关于提升高校思想政治理论课实效性的调查研究［J］. 辽宁师范大学学报（社科版），2006（6）.

［92］教育部. 用科学发展观指导大学生思想政治教育［N］. 光明日报，2005－8－23.

［93］梅荣政. 科学认识思想政治理论课的学科定位［J］. 思想理论教育导刊，2006（5）.

［94］陈锡喜. 直面思想政治理论课程体系建设的结构性矛盾［J］. 思想理论教育，2005（6）.

［95］赵建华. 高校思想政治理论课教学方法改革的几个问题［J］. 中国大学教学，2005（12）.

［96］骆郁廷. 试论高校思想政治理论课教学评价的特殊性［J］. 教学与研究，2007（4）.

［97］杨瑞森. 关于加强高校思想政治理论课学科建设的几个问题［J］. 思想理论教育导刊，2006（5）.

［98］吕宗华. 关于1998年以来高校马克思主义理论课研究综述［J］. 辽宁教育行政学院学报，2009（12）.

［99］高璐. “05方案”以来高校马克思主义理论课改革研究综述［J］. 思想政治教育研究，2008（3）.

［100］刘文革. 思想政治理论课教学实效性研究［D］. 首都师范大学，2011.

［101］韦诸霞. 美国公民品质教育及其对我国高校思想政治理论课教育的启示［J］. 黑龙江史志，2009（6）.

［102］李楠. 美国大学通识教育课程考核的特点及其对我国高校思想政治理论课考试改革的启示［J］. 思想理论教育导刊，2011（5）.

［103］Robert Paul Resch，“Althusser and the Renewal of Marxist Social Theory”，Berkeley：University of California Press，1992.

［104］Derek Bok，“University and the Future of America”，Durham：Duke University Press，1990.

［105］S. Slaughter and L. L. Leslie，“Academic Capitalism：Politics，Policies，and the Entrepreneurial University”，Baltimore：Johns Hopkins University

Press, 1997.

[106] Frank Rhodes, "The New American University", in Looking to the Twenty - First Century Higher Education in Transition, Urbana: University of Illinois Press, 1995.

[107] Donald N. Langenberg, "Taking Control of Change: Reinventing the Public University for the 21st Century", Los Angeles: University of California Press, 1994.

[108] A. Bartlett Giamatti, "A Free and Ordered Space: The Real World of the University", New York: W. W. Norton, 1988.

[109] Lawrence W. Levine, "The Opening of the American Mind", Boston: Beacon Press, 1996.

[110] Eric Foner, "The Story of American Freedom", New York: W. W. Norton and Company, 1988.

[111] Alfred North Whitehead, "Essays in Science and Philosophy", New York: Philosophical Library, 1947.

[112] Donald. R. Kinder and Lynn M. Sanders, "Divided by Color: Racial Politics and Democratic Ideals", Chicago: University of Chicago Press, 1996.

[113] Jaroslav Peliken, "The Idea of the University: A Reexamination", New Haven: Yale University Press, 1992.

[114] Shirley Tilghman chair, "Trends in the Early Careers of Life Scientists", National Research Council, Washington, D. C.: Nationgal Academy Press, 1998.

[115] Richard Lanham, "The Electronic Word: Democracy, Technology, and the Aras", Chicago: University of Chicago Press, 1993.

[116] Harold T. Shapiro, "The New University? The 'New' Liberal Education?" in Changing jn a World of Change, Ithaca: Cornell University Press, 1995.

[117] Clark Kerr, "The Uses of the University", Cambridge: Harvard University Press, 1982.

[118] Graham Bowley, "Feature: University Challenge", Financial Times, 15 October 2004.

[119] Clark Kerr et. al., "Higher Education Cannot Escape History: Issues for the Twenty – first Century", Albany: State University of New York Press, 1994.

[120] C. P. Snow, "The Two Cultures", Cambridge: Cambridge University Press, 1998.

[121] Craig C. Howard, "Theories of General Education: A Critical Approach", New York: St. Martin's Press, 1992.

后　记

2012年11月在中国共产党第十八次代表大会上当选为总书记、2013年3月在中华人民共和国第十二届全国人民代表大会第一次会议上当选为国家主席之后，习近平一再饱含深情地阐释“中国梦”。他指出：“生活在我们伟大祖国和伟大时代的中国人民，共同享有人生出彩的机会，共同享有梦想成真的机会，共同享有同祖国和时代一起成长与进步的机会”。闻听这一振聋发聩之言，我深有感触。虽然已奔向知天命之年，虽然我先后于1995年、1997年、2002年破格晋升为副教授和教授、获批博士生导师，但是我依然梦想不灭。因为我从事的是马克思主义理论研究和高校思想政治理论课教学这一特殊而重要的工作。它需要激情和梦想。我最大的兴趣是读书与思考。读书与思考已经成为我的一种生活方式。我最大的快乐是笔耕墨耘。笔耕墨耕已经成为我心随所愿的情感慰藉。我最大的成就是教书育人。教书育人已经成为我坚强的精神支柱。育人先育己，教学相长，是恒定的道理。

在我的追梦路上，得到了众多老师和朋友的教诲与指导、关爱与扶持。

首先，感谢我的老师——厦门大学高等教育发展研究中心主任、厦门大学教育科学研究院副院长、博士生导师别敦荣教授。别老师儒雅、睿智、敦厚、明达，他的人格魅力、专业造诣、大家风范使他成为我人生道路上名副其实的良师。别老师一再叮咛、督促、鞭策我不懈前行。在选题和写作以及本书的修改过程中，别老师都给予我悉心指导，不厌其烦，从书稿架构、标题拟定到观点凝炼、语句斟酌，从资料搜集、资料运用到学术训练、学术规范，无不浸润着别老师的关爱和心血。正是别老师的言传身教，使我愈加深刻地领悟了学术的内蕴。对此，我无以为报，我只有在我的职业生涯中以别老师为楷模，谨遵师道，教书育人，甘做人梯。

感谢北方工业大学沈志莉教授、秦志勇教授、袁本文教授、毛燕梅教授、马全明教授、李志强副教授和刘祥坠老师、张秋萍老师等；感谢华中科技大学杨叔子教授、刘献君教授、冯向东教授、张应强教授、沈红教授、涂又光教授、文辅相教授、赵炬明教授、刘家俊教授和刘雅老师、董中专老师等；感谢教育部高等教育教学评估中心李志宏教授；感谢厦门大学潘懋元教授、邬大光教授，中山大学李延保教授，清华大学谢维和教授；感谢中共山东省委高校工委田建国教授、深圳大学曹天禄教授；感谢山东省教育厅高等教育处处长宋伯宁和副处长刘珂、刘宝君、孟令君、曾宪文、李霞等；感谢鲁东大学副校长刘焕阳教授、济南大学宋尚桂教授；感谢聊城大学魏宪朝教授、陈德正教授、赵建立教授和都超、董文良、尹桂平、冯庆奎等同志；感谢我指导的博士研究生——江汉大学舒新教授、聊城大学李华锋教授、云南大学袁群副教授、怀化学院向国华副教授、山东农业大学李媛媛博士；感谢中国社会科学杂志社李放、中国浦东干部学院学报李冲锋、山东社会杂志社周文升等。多年来，他们从不同的方面给予我教导和启发、帮助和鼓励，我永远铭记在心。我特别感谢知识产权出版社李学军先生，正是由于他的鼎力帮助、热心协调、精心审阅，本书才得以顺利问世。

2011 年 9 月，我从故乡山东调到北方工业大学工作，全家迁京。尽管工作调动使我耗费不少精力，对新的环境和工作也有一个逐步适应的过程，但毕竟结束了教学、科研、行政集于一身的繁杂和重负。同时，我感谢我的家人，感谢我的父母、岳父母、妻女的付出和辛劳，他们是我职业生涯中的坚强后盾和温馨保障。2007 年 9 月，我的女儿林千叶以优异成绩考取山东大学经济学院。2011 年 9 月，她又远赴英国巴斯大学学习。2012 年 9 月回国后，她报名参加了国家公务员考试，并以优异成绩被国家工商行政管理总局录用。女儿的成长是我引以为傲的，也促动我不懈前行。妻子张月平更是用她柔弱的双肩坚固地支撑起整个家庭的大厦，她有自己的工作和专业，并于 2008 年晋升为副主任护师，但是她更在意我的进步和女儿的成长。近年来，我先后荣获全国优秀教师、齐鲁文化英才、山东省教学名师、山东省高校十大优秀教师、山东青年五四奖章、山东省高校优秀共产党员、学校优秀共产党员领导干部等称号，但是，我始终认为，这荣誉浸润了妻子更多的心血和汗水。她应与我共享这一切工作成果，只是她更乐于默默地站在我的背后。

在本书写作和修改的过程中，我参考了大量文献和著作，它们给予我宝贵的启迪和助益。虽然我尽可能把这些文献和著作及其作者列在文后，但肯定会有疏漏。在此，谨向这一领域所有的前行者致以衷心的敬意和谢意！虽然我为本书撰写付出了自己的努力，但由于实践经验欠丰富、专业学养欠丰厚，因此，本书肯定会有这样或那样的问题甚至谬误，我真诚希望得到各位专家和老师的教正，走好今后的追梦路，且梦想成真。追梦、圆梦，一路走来，对所有帮助我的老师和朋友，我只有感动、感激和感谢！

林建华

2014年5月于北京西山山麓

北方工业大学